U0516232

权威·前沿·原创

皮书系列为
"十二五""十三五""十四五"时期国家重点出版物出版专项规划项目

BLUE BOOK

智 库 成 果 出 版 与 传 播 平 台

深圳蓝皮书

BLUE BOOK OF SHENZHEN

深圳智慧城市建设报告（2022）

ANNUAL REPORT ON THE CONSTRUCTION OF SMART CITY IN SHENZHEN (2022)

主　编／袁义才　陈　凯

副主编／郭　晨　陈晓宁

社会科学文献出版社

SOCIAL SCIENCES ACADEMIC PRESS (CHINA)

图书在版编目（CIP）数据

深圳智慧城市建设报告. 2022 / 袁义才，陈凯主编
. --北京：社会科学文献出版社，2022.12
（深圳蓝皮书）
ISBN 978-7-5228-1328-8

Ⅰ.①深… Ⅱ.①袁… ②陈… Ⅲ.①现代化城市-
城市建设-研究-深圳-2022 Ⅳ.①F299.276.53

中国版本图书馆 CIP 数据核字（2022）第 254040 号

深圳蓝皮书
深圳智慧城市建设报告（2022）

主　　编／袁义才　陈　凯
副 主 编／郭　晨　陈晓宁

出 版 人／王利民
组稿编辑／任文武
责任编辑／郭　峰
文稿编辑／程亚欣
责任印制／王京美

出　　版／社会科学文献出版社·城市和绿色发展分社（010）59367143
　　　　　地址：北京市北三环中路甲 29 号院华龙大厦　邮编：100029
　　　　　网址：www.ssap.com.cn
发　　行／社会科学文献出版社（010）59367028
印　　装／三河市东方印刷有限公司

规　　格／开　本：787mm×1092mm　1/16
　　　　　印　张：15.5　字　数：229 千字
版　　次／2022 年 12 月第 1 版　2022 年 12 月第 1 次印刷
书　　号／ISBN 978-7-5228-1328-8
定　　价／128.00 元

读者服务电话：4008918866

主要编撰者简介

袁义才　南开大学毕业，经济学博士，美国加州大学伯克利分校访问学者（2013年），研究员，现任深圳市社会科学院粤港澳大湾区研究中心主任、国际化城市研究所所长，深圳市政协委员（第七届），深圳市决策咨询委员会专家，兼任中国城市经济学会学科建设专业委员会常务委员、深圳市城市经济研究会副会长、深圳市软科学研究会副会长。主要研究领域为区域经济、公共经济、科技管理，公开发表论文60多篇，参与合作出版著作5部，代表作有《公共经济学新论》《公共产品的产权经济学分析》等；参与或主持了30多项国家、省、市、院级重点研究课题，主持"'一带一路'倡议背景下粤港澳大湾区城市群多层次协同发展机制研究""'双区驱动'下深入推进珠江口东岸国际一流都市圈协同发展体制机制研究"等市级课题；多项成果获省市哲学社会科学优秀成果奖。

陈　凯　南开大学毕业，经济学硕士，现任创新科技有限公司董事长兼首席执行官，长期从事企业高级管理工作，具有多年政府、跨国公司工作经验，连续多年荣获中国信息产业年度经济人物称号。拥有一百多项国内外发明专利和著作权，并先后承担了多项国家、省部、市级重大科技项目，带领公司发展成为立足中国、完全自主研发的云计算和大数据存储领域的领导厂商、工信部产业化重点支持大数据企业、国家级专精特新"小巨人"企业，曾连续三年获得国家十大新兴高科技企业称号，成为国家发改委云城市承建单位、工信部高科技自主创新基金获奖单位。

郭　晨　清华大学创新领军工程博士，深圳市智慧城市科技发展集团有限公司总规划师、深圳市数字政府专家咨询委员会副主任、雄安新区规划编制工作推进专家组专家、国家一级注册建筑师，深圳市政协委员（第七届）。长期致力于城市科学研究与关键技术应用，持续关注数字城市化、智慧城市群等城市科学前沿交叉领域；近年来深度参与或主持了国家重点研发计划"粤港澳大湾区城市群综合决策和协同服务研究与示范"、广东省科技计划"粤港澳大湾区综合性国家科学中心建设分析与策略研究"等重大课题攻关和《深圳经济特区数据条例》《智慧城市建设深圳共识》等重要文件起草。

陈晓宁　同济大学工程硕士，建筑学专业高级工程师，注册城市规划师，现任深圳市信息基础设施投资发展有限公司董事长、深圳市知联会副会长、深圳市政协委员，同时担任深圳市城市规划学会/协会理事、中国城市科学研究会城市治理专业委员会委员及深圳市多功能智能杆专家委员会专家。擅长项目投融资、城市规划及建筑设计、信息基础设施等新基建领域的投建管养运。

摘　要

以新型智慧城市为目标，我国智慧城市建设已经进入纵深推进阶段。深圳作为国内首批新型智慧城市建设试点城市之一，从高水平建设数字政府起步，走在我国智慧城市建设的前列。

深圳为打造国际新型智慧城市标杆和"数字中国"城市典范，建设成为全球数字先锋城市，正在着力建设"数字孪生城市"，适度超前部署智慧城市基础设施，全面推进民生服务领域智慧化，完善城市治理"一网统管"，加快发展数字经济，持续加强智慧城市建设的组织领导、财政与社会资金投入、大数据人才支撑等。

深圳推进智慧城市规划建设，重点推进数字公共服务供给，加大大数据产业发展支持力度。深圳市卓有成效地构建数字化基层治理模式，在互联网数据中心、多功能智能杆建设方面不断取得新进展。

在智慧城市公共服务方面，深圳市以数字化技术建构新型智慧养老及社区服务模式，通过"龙岗一张图"助力提升龙岗区社会治理精细化水平，通过打造坪山区全民健康信息平台，构建全新的智慧医疗服务模式。

深圳智慧城市建设注重同时提升智慧法治水平，为推进数据保护与开放立法，深圳研究并科学制定了《深圳经济特区数据条例》。

关键词： 数字政府　新型智慧城市　数字经济　大数据

目 录 ⟍⟩

Ⅰ 总报告

Ⅱ 规划篇

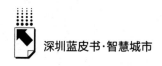
Ⅲ 基建篇

Ⅳ 公共服务篇

Ⅴ 法规篇

Ⅵ 国际篇

皮书数据库阅读**使用指南**

总 报 告

General Report

B.1

深圳智慧城市建设研究报告

袁义才　陈庭翰　陈曦*

摘 要： 智慧城市缘起于美国，在我国经历四个发展阶段，以建设新型智慧城市为目标不断向纵深推进。深圳作为国内首批新型智慧城市建设试点城市之一，经过多年探索实践，在智慧城市发展水平、网上政务服务能力等方面走在全国前列。为打造国际新型智慧城市标杆和"数字中国"城市典范、建设全球数字先锋城市，深圳正在着力建设"数字孪生城市"，适度超前部署智慧城市基础设施，全面推进民生服务领域智慧化，加快城市治理"一网统管"，加快发展数字经济，持续增强网络安全能力，并且从加强智慧城市建设组织领导、落实财政与社会资金投入、强化人才支撑等方面优化保障政策和措施。

* 袁义才，经济学博士，深圳市社会科学院粤港澳大湾区研究中心主任兼国际化城市研究所所长、研究员，主要研究方向为区域经济、公共经济、科技管理；陈庭翰，经济学博士，深圳市社会科学院国际化城市研究所助理研究员，主要研究方向为技术经济；陈曦，深圳市城市经济研究会助理研究员，主要研究方向为区域经济、科技管理。

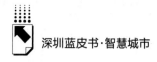
关键词： 智慧城市　新型智慧城市　数字政府　数字经济

　　智慧城市通过综合运用物联网、云计算、下一代互联网等现代科学技术，汇聚信息资源，统筹业务应用系统，推动城市运营、管理智能化。建设智慧城市是实施创新驱动发展战略、推进新型城镇化的重要举措，特别是实现超大城市智慧治理、科学治理，推动城市治理体系和治理能力现代化的重要路径。习近平总书记在深圳经济特区建立40周年庆祝大会上的讲话中指出，深圳要发挥信息产业发展优势，推动城市管理手段、管理模式、管理理念创新，让城市运转更聪明、更智慧。在此背景下，深圳市委、市政府以打造全球数字先锋城市为目标，积极推进建设数字政府和新型智慧城市，着力形成数字经济新优势，构建城市数字化发展新格局。

一　从智慧城市到新型智慧城市

（一）智慧城市的源起

　　2008年爆发的全球金融危机，孕育了以物联网为代表的新技术革命。受此影响，美国首次提出"智慧地球"的新理念，基本设想是通过物联网和云计算等技术结合，实现数字地球与物理世界的整合，促使全球达到一种"智慧"的状态。"智慧城市"是"智慧地球"的体现形式，不仅可以为解决城市发展过程中出现的交通拥堵、环境恶化等突出问题提供有效的解决途径，而且可以通过数字化赋能带动新兴产业的发展，为城市提供一种全新发展模式。建设智慧城市很快成为一种发展热潮，世界各国纷纷将推进智慧城市建设作为城市发展的重要策略，中国也迅速加入建设智慧城市行列。

（二）智慧城市的内涵

美国 IBM 公司最早提出"智慧城市"的概念，核心是运用数字信息和通信技术手段感知、分析、整合城市运行核心系统的各项关键信息，对包括民生、环保、公共安全、城市服务、工商业活动在内的各种需求做出快速、智能的响应，提高城市运行效率，为居民创造更美好的生活环境。智慧城市概念此后由全球各地政府及组织机构陆续传播、扩充、演变。如今，智慧城市的核心内涵包括三方面。首先，城市管理上更加智能化、精细化。作为信息技术发展的产物，智慧城市通过运用新一代信息技术，减少信息不对称，使城市管理部门能够更准确、方便、快捷地管理整个城市系统，进一步提高城市运行的智能化水平。其次，城市更加和谐、可持续发展。城市作为一个生态系统，其中的各子系统通过大数据、云计算、互联网等信息技术实现新的联系，在城市经济的可持续发展、城市空间结构的合理布局等方面体现一定的创新性、先进性，这样的创新性、先进性又能极大地推动城市的可持续发展，促进城市更加和谐。最后，居民更具幸福感。智慧城市创新运用科技手段推动城市快速发展、智能化转变，提高政府公共服务效率，使居民的工作生活更加便利，让城市更宜居，进而提升居民的幸福感、获得感。

（三）国内智慧城市建设历程

智慧城市从概念到实践，逐渐成为全球城市发展关注的热点，也较早成为中国城市信息化及新型城镇化发展的方向。国内智慧城市的建设和发展历程，可以分为四个阶段。

第一阶段：2008~2012 年，智慧城市概念导入阶段。2010 年 11 月科技部等单位联合举办"2010 中国智慧城市论坛"，随后"2010 中国物联网与智慧城市建设高峰论坛"在北京召开。2012 年 9 月，北京正式启动"慧典先锋"计划，大力度推进智慧城市相关项目，北京城市规划由此经历了从智能北京到智慧北京的过程。这一时期，智慧城市的建设理念在国内逐步被接受和推广，但各地基本是"摸着石头过河"，探索使用各类信息技术解决城市单个问题，智慧应用相对分散和无序，对智慧城市建设还没有系统性、整体性推进。

第二阶段：2013～2015年，智慧城市试点探索阶段。2012年底，住房和城乡建设部印发了《国家智慧城市试点暂行管理办法》和《国家智慧城市（区、镇）试点指标体系（试行）》两份文件，在全国范围内推进智慧城市的试点工作，试点范围包括城市、区和镇。住建部还成立了智慧城市创建工作领导小组，全面负责智慧城市试点组织实施工作，并组建了由城市规划、市政、公共服务、园林绿化、信息技术等方面的管理和技术专家组成的国家智慧城市专家委员会，负责智慧城市试点评审、智慧城市创建的技术指导和验收评定工作。2013年1月首批90个国家智慧城市试点公布，2013年8月第二批103个国家智慧城市试点公布，2015年4月第三批97个国家智慧城市试点公布，三批次国家智慧城市试点共达290个。其间，其他部委也出台了相关政策文件。2014年《国家新型城镇化规划（2014—2020年）》出台，提出到2020年，建成一批特色鲜明的智慧城市。智慧城市作为城市发展的一种新模式，被列为我国城市发展的三大目标之一。2014年8月，国家发改委等八部委联合印发了《关于促进智慧城市健康发展的指导意见》，为我国智慧城市建设提出更为具体的指引。智慧城市至此上升为国家战略，并逐渐步入规范发展阶段。

第三阶段：2016～2020年，新型智慧城市大规模建设阶段。2015年12月，中央网信办、国家互联网信息办共同提出了"新型智慧城市"概念，并在广东深圳、福建福州和浙江嘉兴三个城市进行先行试点建设。新型智慧城市建设强调以人为本、融合共享、统筹集约、创新协同、可管可控、因地制宜。2016年3月，国家"十三五"规划明确提出要"以基础设施智能化、公共服务便利化、社会治理精细化为重点，充分运用现代信息技术和大数据，建设一批新型示范性智慧城市"。随后国家发改委提出在"十三五"期间推出100个新型智慧城市试点的目标。2016年12月，国务院正式发布的《"十三五"国家信息化规划》明确了新型智慧城市建设的行动目标："到

2018 年，分级分类建设 100 个新型示范性智慧城市；到 2020 年新型智慧城市建设取得卓著成效"。紧接着国家发改委、中央网信办牵头会同国家标准委、教育部等 25 个相关部门共同成立我国新型智慧城市建设部际协调工作组，组织开展新型智慧城市评价工作，推动《智慧城市顶层设计指南》《智慧城市信息技术运营指南》《信息安全技术智慧城市建设信息安全保障指南》等国家标准相继出台。各地新型智慧城市建设加速落地，建设成果逐步向区县和农村延伸。

第四阶段：2021 年至今，智慧城市集成融合阶段。随着 5G、大数据、人工智能、区块链等新信息技术的应用，智慧城市向平台集约整合、资源融合共享、系统高效开发、数字全面赋能的集成融合期演进，智慧城市模式从单点突破的 1.0 逐步发展到多元化融合渗透的 3.0。全国各地数字技术应用日益广泛，"城市大脑""数字底座""孪生城市"等新理念开始被大范围接受和付诸实践。截至 2021 年，全国已有数百个城市规划建设"城市大脑"。智慧城市建设加速城市数据、资源和技术的融合，实现纵横联合、上下融通、职能共享。

（四）新型智慧城市的特征

中国智慧城市概念最初由住建部提出，之后随着智慧城市的实践，认知也在不断发展变化。2014 年，国家发改委文件从数字化与技术角度将智慧城市界定为通过运用物联网、云计算、大数据、空间地理信息集成等新一代信息技术，促使城市规划、建设、管理和服务智慧化的一种新理念和新模式。2016 年中国进入新型智慧城市大规模建设阶段之后，中国新型智慧城市以为民服务全程全时、城市治理高效有序、数据开放共融共享、经济发展绿色开源、网络空间安全清朗为主要目标，通过体系规划、信息主导、改革创新，推进新一代信息技术与城市现代化深度融合、迭代演进。新型智慧城市本质是全心全意为人民服务的具体措施与体现。

新型智慧城市是结合我国城市信息化和新型城镇化发展实际提出的，是智慧城市概念在中国的深化发展。我国城镇化快速发展，诸多"城市病"

也随之而来，新型城镇化成为新方向，以新一代信息技术为重要支撑的新型智慧城市建设是我国新型城镇化的重要路径，也是实现我国城市治理体系与治理能力现代化的必然选择。新型智慧城市因应新发展阶段、新发展理念、新发展格局，以提升人民群众的幸福感和满意度为核心，利用信息、知识和数据资源系统性解决城市的复杂性问题，体现新型智慧城市的决策机制和创新发展模式。

同一般性的智慧城市相比，我国的新型智慧城市具有以下几个特点。一是坚持以人为中心。不同于国外智慧城市理念重在推广物联网、云计算等信息技术产品，我国新型智慧城市理念核心是以"人"为本，以为民、便民、利民、惠民为出发点，把居民的需求和幸福感放在首位，更加注重的是对人的服务。二是体现深度融合。我国新型智慧城市大力推进技术融合、数据融合和业务融合，着力打通"信息孤岛"和消除"数据壁垒"，推进数据共享和数据融合，促使互联网、新一代信息技术与城市治理深度融合，提升城市管理和服务水平。三是注重共享与协同。新型智慧城市以海量、动态的数据为基础，超越了简单的城市信息化过程，通过互联互通特别是城市层面的数据融通，推进跨层级、跨地域、跨系统、跨部门、跨业务的城市协同管理和服务，实现城市治理智慧化。四是贯彻创新驱动。新型智慧城市从根本上说是利用新一代信息技术对城市进行重塑和再造，是利用现代信息技术对城市固有秩序和利益格局做出调整，借助数据资源畅通流动、开放共享的属性，倒逼城市不合理的管理体制、治理结构、服务模式、产业布局不断优化。

经过多地不断探索和实践，我国新型智慧城市建设得以持续优化，促进了城市管理的科学化、精细化、智能化，已经成为当今时代引领我国城市发展的新理念、城市运行的新模式和城市管理的新方式。

（五）智慧城市发展趋势

1. 智慧城市建设呈现新趋势

智慧城市基础设施已经呈现全面感知新趋势。5G 技术的发展促进城市智能设施统筹布局，增强城市数字感知能力及公共决策、公共服务能力。例如，城市智能交通系统通过充分应用物联网、空间感知等新一代信息技术，实现对道路和交通状况全面感知，推动交通运输更安全、更高效、更经济。智能水表、水传感器接入 5G、Wifi6、NB-IOT 等高速网络，进行信息实时采集、汇集和分析，直接监测设备状态，提升了管理效率和效能。道路桥梁监控系统可以利用传感器监控桥梁的结构稳固性，提前排除道路桥梁的安全隐患。

智慧城市管理中枢呈现平台化趋势。城市大数据平台全面提升多源异构数据采集、处理、开发、分析、展现、治理等能力，实现城市数据从共享交换、开放开发转向对大数据全生命周期的治理。基于平台的应用开放创新，加速共性业务组件的沉淀复用，实现低门槛的城市服务应用创新，支撑城市服务快速适应市场变化，满足居民个性化需求，实现治理和应急事件处理效率的全面提升。

智慧城市治理呈现智能化趋势。得益于新一代信息技术的融合发展和创新应用，社会治理能力大幅提升，使得城市治理手段和治理方式更加数字化、智能化，"互联网+监管"的城市智慧治理格局得以加快构建完善。例如，各城市充分运用大数据等技术，推进智慧城市社会信用体系建设，实现对市场风险跟踪预警，从而在工商、质检、食药监等领域能够探索远程监管、移动监管、预警防控，进而为提升智慧城市的市场监管服务效能、优化消费环境和营商环境提供关键支撑。城市安防建设也更加智能化。智能视频监控能够在不需要人为干预的情况下，利用人脸识别、机器视觉、深度学习、视频结构化处理等技术，对视频图像进行目标检测识别、行为特征提取、画面增强优化、轨迹跟踪分析，进而通过对海量视频数据进行智能关联分析，实时预判目标行为，模拟目标移动轨迹，对违法行为进行报警和联动处置，从而实现事前预警预判、事中应急响应、事后回看取证，变"被动预防、事故驱动"为"主动防御、预判处置"。

2. 智慧城市数字化态势

数字时代已全面到来，数字化变革趋势正在席卷全球。新一代信息技术正加速向经济建设、社会治理、民生服务、科技创新等领域全面渗透，数字经济发展势头强劲，数字化产品和服务已成为工作和生活不可或缺的一部分，数字化转型已逐步融入城市发展的各领域和各环节。

数字政府和智慧城市建设已成为推进国家治理体系和治理能力现代化的有力抓手。全国超500个城市开展了智慧城市建设，以"一网通办"、"一网统管"和"一网协同"等为标志的政府数字化转型不断推进城市治理体系和治理能力现代化。数字政府和智慧城市建设加快推进，为推动相关业务流程再造、提升公共服务质量和精细化管理提供了新模式和新手段，必将成为创新治理模式、提升治理效能的有力抓手。

数据已成为高质量发展的重要资源。数据作为新型生产要素，被正式写入《中共中央 国务院关于构建更加完善的要素市场化配置体制机制的意见》，标志着数据已和其他要素一起，成为经济价值创造本元，成为数字经济时代的基础性资源、战略性资源。随着边缘计算、无人驾驶、工业互联网等新技术新应用的普及推广，数据产生和存储即将迎来指数级增长。

移动化、可视化、智能化已成为数字政府和智慧城市建设的新趋势和新特点。5G、云计算、大数据、物联网、人工智能、区块链等新一代信息技术日益成熟，其所形成的数据将给社会生活和工作方式带来全方位变革。"掌上政府、指尖办事、移动办公、远程办公"不断加速普及，以可视化城市空间数字平台为底座的数字孪生城市快速发展，智能技术与应用创新进入双向赋能、良性互动的新阶段，城市治理、协同办公、公共服务、政府决策和数字生活等领域的移动化、可视化、智能化水平将不断提升。

二　智慧城市体系架构与技术支撑

（一）智慧城市体系架构

智慧城市体系架构是支撑智慧城市建设的指导性技术框架模型，由基础设施层、平台层、应用层、网络/信息安全保障体系、政策及标准规范体系、统一运营体系等模块以及各个模块所包含的系统、组件、设施、应用等组成。

1.基础设施层

基础设施层包含智慧城市建设所需的物联终端、边缘数据中心、网络互联、云数据中心等各类基础设施。

物联终端：包括感知模块、应用处理器模块、通信模块等。感知模块提供对环境空间的智能感知能力，对城市范围内基础设施、环境、建筑、安全等方面进行状态监测和信息采集；应用处理器模块完成感知数据的计算以及业务控制的逻辑处理；通信模块负责建立通信链路，进行感知数据和控制命令的传输。

边缘数据中心：包括部署边缘数据中心所需的场地和设施，计算资源、存储资源和网络资源，为感知终端设备提供更快的服务响应、更高的信息处理效率，满足实时业务、应用智能、安全与隐私保护等应用需求。

网络互联：包括政务外网、业务专网、物联专网、互联网等，为智慧城市建设提供大容量、高带宽、高可靠的光网络和全城覆盖的无线宽带网络所组成的网络通信基础设施。

云数据中心：包括部署云数据中心所需的场地和设施，以及计算资源、存储资源和网络资源，为智慧城市建设提供统一的数据存储、计算和共享，以及应用系统集中部署和管理的基础设施与资源。

2.平台层

平台层为智慧城市建设提供应用中台、业务中台、数据中台、能力中台等各类支撑平台。

应用中台：为上层应用提供公共的基础组件、集成组件，统一的API，并集成各类系统，支撑应用系统的开发、整合和应用。

业务中台：以组件化方式封装并提供共性核心的业务能力，实现服务在不同场景中的业务能力重用，并以接口的形式提供给前台使用。

数据中台：提供智慧城市资源目录管理、数据采集接入、数据共享交换、数据资源库、数据融合、数据治理、数据分析、服务目录管理、数据服

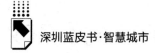

务支撑、数据资产管理、数据运营等能力和服务。

能力中台：为上层业务系统提供通用的ICT能力支撑，包括物联感知管理、融合通信、视频共享、城市信息模型、地理信息、人工智能（AI）、区块链等。

3. 应用层

应用层包含智慧城市的管理、治理、服务等不同领域的业务应用，包括城市运行管理中心，以及民生服务、城市治理、产业经济和生态宜居等领域应用。

城市运行管理中心：集成城市大数据运营、综合管理、市民服务、应急协同指挥等功能，形成技术、业务、数据的高度融合，为应用提供跨层级、跨区域、跨系统、跨部门、跨业务综合协同的管理和服务。

民生服务应用：整合城市民生服务，打造统一的城市服务入口，深化政务服务"一网通办"能力。为市民提供养老、社保、水电气等重点领域民生服务，为企业提供电子证照、电子印章等服务，推进公共服务"在线可及"。

城市治理应用：整合城市治理领域系统，加强数据共享和业务协同，形成纵横协同联动的智慧治理体系，支撑执法业务一体化，包括智慧警务、智慧市场监管、智慧交通、智慧司法、智慧应急、智慧金融监管等应用领域。

产业经济应用：聚焦城市产业，以信息化技术手段整合产业链资源，推进数字技术与实体经济融合，包括智慧园区、智慧产业等应用领域。

生态宜居应用：建立生态环保"测管治"协同机制，提升生态环保综合执法效率，包括空气污染、水质污染、污染天气、地质灾害、水旱灾害、公园管理等应用领域。

（二）智慧城市技术支撑

智慧城市的发展需要多种信息技术的支撑，包括5G、人工智能、物联网、云计算、大数据、边缘计算、区块链等新一代信息技术。

1. 5G——智慧城市的骨骼支撑

5G 具有超大带宽、超大连接、超低时延特性，推动移动通信技术开启了从消费侧向生产侧全面渗透的进程。随着无线移动通信网络系统带宽的增大和能力的增强，面向个人和行业的移动应用快速发展，5G 不仅是提升网络性能的技术，而且是面向新型智慧城市垂直领域的基础智能网络。作为新型智慧城市发展的新动能，5G 推动城市进入新智慧阶段，促进各项高品质、高价值、高科技的新型应用得以普及，实现城市高度数字化、网络化、智能化，打造数字孪生城市，带来居民生活、城市管理新体验。

5G 技术可提供高速率移动互联网服务，支持高清视频、网络游戏、VR/AR、云桌面、车联网等高带宽需求业务，通过 5G 技术进行高速数据传输和实时交互，能够快速响应上下行用户请求，实现超低时延用户体验。海量物联网传感器布局到城市公共基础设施，如在道路、智能交通灯、垃圾箱、车辆、城市建筑、学校、医院等配备物联网传感器，超清摄像头网络和其他传感器通过 5G 切片网络传输到城市运行管理中心，可实现城市运行状态的精细感知，能够凭借高分辨率追踪资产、定位被盗车辆，实时协调数百名追踪人员，同时管理十字路口、分析交通动向。

5G 技术使通信网络更智能化、性能更极致化、频谱更丰富化、应用更广阔化，通过优化网络服务、提供差异化网络切片服务，充分赋能电网、自动驾驶、智能制造、智能交通等新型智慧城市垂直领域应用。

2. 人工智能——智慧城市的超级大脑

人工智能赋能机器与物，使其具有主动学习、自主组织和决策的能力，包括构建接近人类智能或与人类智能类似的推理、知识、规划、学习、交流、感知、移动和操作物体的能力。通过开发人工智能算法，机器能够胜任一些通常需要人类智慧才能完成的复杂工作，并生产出新的能以与人类智慧相似的方式做出反应的智能机器。人工智能技术通过算法和算力来实现人机协同功能，深度学习是人工智能算法算力研究的主要方向之一。目前，深度学习模型包括卷积神经网络、循环神经网络，已经在语音识别、人脸识别、图像识别、自然语言理解等领域取得突破。

随着 5G 网络的部署,边缘智能得到快速发展。人工智能主要聚焦智能终端的快速反应和协同能力,智能无人系统等大量智能终端在智慧城市中的部署,使其对智能服务的实时依赖性更加强烈。边缘计算等新技术应用使智能模型与算法部署在网络边缘或终端上成为可能,就近向业务需求方提供网络、计算、存储、应用等核心能力,满足通信、业务、安全等各方面的关键性能需求。

人工智能聚焦网络、服务、管理、安全和应用等领域,逐渐大规模向工业、农业、交通、医疗、金融等场景渗透,全面支撑智慧城市建设。例如,5G 网络中 V2X 技术融合人工智能,为满足自动驾驶中车与车、车与路、车与网的通信需求,以及实现精确、可靠和安全的自动驾驶提供了手段,可提高城市居民出行效率,满足居民多样化出行需求;海量数据链接的人工智能应用场景基于 5G 提供的超大带宽、超低时延的网络能力,可有效降低城市人工巡查成本,实现城市科学化、精细化和智能化管理。

3. 物联网——智慧城市的感知神经

物联网技术在智慧城市发展中占有举足轻重的地位。物联网技术是通过射频识别(RFID)、红外感应器、全球定位系统、激光扫描器等信息传感设备,按照统一的通信标准协议,实现对各类基础设施的智能化识别、定位、跟踪、监控和管理。智慧城市以物联网技术为核心传感技术,在城市角落部署具有广泛感知能力的智能传感器,可以实现与互联网、城市无线网、政府办公网、工业以太网等各类业务的互联互通,对城市各类公共基础设施、建筑、安全设施等安装的传感器的感知信息进行采集,对各类运行参数进行监测,以及对超过标准运行的参数值发出报警信号,通过智能化物联网获取并传输各类基础设施、建筑和安全设施方面运行的实时信息。

物联网作为城市神经网络,将智慧城市各运行系统连接起来,便于实时掌握智慧城市运行状态,其主要应用场景为远程抄表、智慧井盖、智慧环保、智慧消防、智慧泊车、智慧照明等。随着 5G 技术的成熟应用,真正以物联网连接的新型智慧城市快速形成。智慧城市基于 5G 技术进行移动物联网的规划和建设,利用网络技术和传感器技术提供各种物联网服务,同时增强"云、网、边、端"物联专网全链条能力，建立具有更高效互联感知的物联网开放平台，可以满足行业定制化、个性化需求，提升物联网的商用价值，实现城市"物与物、人与物"的全面信息化。

4. 云计算——智慧城市的共享中心

云计算在智慧城市运行中发挥着重要作用，运用云计算技术可以从城市物联网中获取和存储大量信息资源，在有限时间内对采集的大量信息数据资源进行计算、处理，并对相应动作及时做出响应反馈，实现城市信息自动化管理。

智慧城市各部门各应用平台通过云计算技术进行虚拟化和集群化。虚拟化在基础硬件资源中虚拟出多套操作系统，可以充分利用信息资源的扩展性和模块化特性，形成类似桌面虚拟化和服务器虚拟化的应用；集群化技术采用云存储技术，将城市公共基础设施监控与管理数据库、城市社会民生服务数据库等城市各部门业务大数据库集中存储起来，并形成分布式应用。云计算最终将两者结合，集成为智慧城市互联互通、完整协调的信息基础设施运行和管理应用系统。

云计算技术结合 5G 技术主要应用在智慧城市公共事务管理部门，进一步强化道路、交通、井盖、路灯、环保、电网、水务和燃气等应用平台的相互联系，使各项感知信息数据能够及时、高效地传递到各应用平台，提出相应的管理调度策略，提升城市运行效率，推动智慧城市数据中心高效运行，真正让城市变得数字化、动态化、灵活化。例如，云计算应用在智慧城市政务、金融、医疗等业务领域，分别具有提高政府办公效率、优化金融交易平台信息数据、及时传递医疗病例信息数据等优点。

5. 大数据——智慧城市的血液循环

智慧城市通过打通各个行业领域的数据，包括对政务、金融、消防、交通、医疗等各个智慧应用横向融合打通，为整个城市的经营管理决策提供数据支撑服务。在智慧城市广泛智能化应用服务建设中，每天都会产生海量、异构、多源的城市时空大数据，这些数据并不能直接形成应用，需要大数据技术的支撑才能形成各种应用，为城市管理者提供运行状态的决策支撑。

大数据技术可以加快海量数据的传输、处理和归融速度，使数据的获取渠道和维度更加完整，更加容易实现海量数据的内容挖掘和聚类分析。从城市管理角度而言，依托运营商信令数据、城市感知数据、政务数据和互联网第三方数据，经过大数据分析，可以充分挖掘城市社会、经济、人口、文化、交通、舆情各个方面的信息数据，对其进行整合后建立城市大数据平台，在城市运行管理中心展示对经济、人口、应急灾害、道路交通监测、社情民意等综合分析后的数据指标，从而全力支撑城市管理的决策，并快速响应做出应急处理，提升城市管理与公共服务能力。

6. 边缘计算——智慧城市的能力分支

边缘计算技术主要应用于智慧城市工业自动化、视频优化、自动驾驶等新业务场景。其基本思想是把云计算平台迁移到网络边缘，将传统移动通信网、互联网、物联网等业务进行深度融合，减少业务交付中的端到端延迟。由于中心服务器下放到网络边缘节点，数据资料的处理和应用程序的运行都在边缘处理，因此不需要将大量数据上传到核心管理平台上。

随着城市运行数据量的增大，各种业务对海量数据信息的实时性交互需求也相应提高。通过在边缘服务器上对数据进行实时分析和处理，可以根据业务实时状况和虚拟化资源对业务做出相应优化调整，从而增强数据安全性、降低数据传输时延、优化业务稳定性。

边缘计算应用在自动驾驶场景中，可以建立车路协同的智能自动化决策平台，通过汽车靠近车辆的边缘服务器进行计算，缩短数据传输的物理距离，结合 5G 低时延功能，解决单车智能的自动驾驶感知受限、决策失误、车路协同困难等多种问题。

7. 区块链——智慧城市的信用支撑

区块链技术是智慧城市建设中必不可少的技术基础。区块链技术推动智慧城市向更可靠、更安全的方向发展。区块链具有去中心化、信息隐私保护、历史记录防篡改、可追溯信息源等特点，可以为城市数据的可信流转提供低成本解决方案。融合点对点网络、数据加密、共识机制、智能合约等技术，创造性地建立起以技术本身而非第三方主体为背书的信任机制，为在不可信网络中进行信息与价值传递交换提供低成本的解决方案。

区块链技术应用于智慧城市中市民生活的方方面面，市民使用社交网络、消费互联网等会产生大量个人数据、行为数据，通过使用区块链技术将这些数据存储在去中心化数据平台，基于密码学技术可确保链上的交易记录不被篡改和个人隐私数据不被泄露。区块链技术应用在智慧城市政务数据方面，可以打通各级政务数据，实现共享开放，同时可以保障居民信息安全，备份政府部门政务数据。

三 深圳智慧城市建设现状

深圳市在国内较早布局建设智慧城市，并率先制定了智慧城市建设中长期发展规划《智慧深圳规划纲要（2011-2020年）》。深圳在2018年就制定了《深圳市新型智慧城市建设总体方案》和《深圳市新型智慧城市"六个一"实施方案》，提出到2020年实现"六个一"的发展目标，即实现"一图全面感知、一号走遍深圳、一键可知全局、一体运行联动、一站创新创业、一屏智享生活"的发展目标，并在坚持"一盘棋""一体化"建设原则的基础上，进一步明确深圳市智慧城市总体框架、主要目标任务和实现路径，以期尽快建成国家新型智慧城市标杆市，达到世界一流水平。2022年6月深圳市政务服务数据管理局联合市发展改革委发布了最新的《深圳市数字政府和智慧城市"十四五"发展规划》。该规划是促进深圳数字政府和智慧城市建设的综合性、基础性、指导性文件，预示着深圳数字政府和智慧城市建设规划图更加清晰明确。该规划提出，到2025年，深圳要打造国际新型智慧城市标杆和"数字中国"城市典范，建设成为全球数字先锋城市；到2035年，数字化转型驱动生产方式、生活方式和治理方式变革成效更加显著，实现从数字化到智能化的新飞跃，全面支撑深圳市城市治理体系和治理能力现代化，使深圳成为更具竞争力、创新力、影响力的全球数字先锋城市。经过十多年探索与发展，深圳市智慧城市建设取得了明显成效，已经初步实现"六个一"的发展目标，在智慧城市发展水平、网上政务服务能力

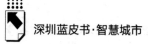

等多项权威评估中位列全国第一。特别是新冠肺炎疫情发生以来，深圳市数字化建设成果应用在抗击疫情、推动复工复产等多个方面，所发挥的作用极为突出。

（一）构建了高效集约的信息基础设施支撑体系

按照"集约建设，共建共享"的原则，深圳构建了包括宽带网络、党政机关网络平台、政务云平台在内的高效集约的基础设施支撑体系，夯实智慧城市建设根基。

深圳积极落实国家"宽带中国"战略，着力打造"宽带中国"示范城市和国家一流信息港，已连续多年被确认为"最互联网"城市，获得"宽带中国"示范城市最佳实践奖。"千兆光网"基本实现全覆盖，深圳市公共场所免费 WLAN 覆盖率超过 90%。5G 建设领跑全国，深圳市至今已经累计建成 5G 基站 5.1 万个，成为国内最早完成 5G 独立组网全覆盖和覆盖密度最大的城市。深圳物联感知 NB-IoT 网络已全市覆盖，形成了智慧城市的感知信息传输网络，实现智能水表、智能燃气表等自动抄表，并在全国率先开展全市范围的多功能智能杆部署。深圳市梅林数据中心、坂田数据中心和深汕数据中心正加快规划建设，形成"两地三中心"的城市大数据中心布局。

深圳市党政机关网络平台已经相当发达，政务网络延伸至街道和社区，其中，政务内网覆盖到街道办，接入 400 多家单位；外网覆盖到社区，接入400 多家单位及 500 多个社区工作站。深圳市大数据资源管理中心按照"集约高效、共享开放、安全可靠、按需服务"的原则，以"云网合一、云数联动"为构架，搭建"1+11+N"开放兼容的统一政务云平台，承载各市直部门的政务业务系统，形成"1"个全市政务云平台、"11"个区级政务云平台、"N"个特色云部门的总体架构，实现资源整合、管运分离、数据融合、业务贯通，推动深圳全市信息化建设由分散建设向集约化建设和云服务模式转变。

深圳还在国内较早搭建了空间基础信息平台，通过提供电子地图、遥感影像、地名地址、城市三维模型等基础地理信息服务，实现了市、区两级之间，市级部门之间地理信息的共建共享。该平台在深圳城市规划建设、国土资源、应急、教育、环保、水务、医疗、公安、气象等90余个政府部门得到广泛应用。智慧深圳时空信息云平台已经在数字深圳空间基础信息平台基础上做了升级，积累了良好的用户基础。

深圳已经建成了信息资源共享交换平台、统一身份认证平台、政府网站生成平台、安全管理综合信息系统等统一的应用支撑平台，为政府各部门信息化建设提供应用支撑服务。深圳算力设施建设引领创新发展，拥有国家超级计算深圳中心、"鹏城云脑"等高性能计算中心。其中，国家超级计算深圳中心运算速度可达1271万亿次/秒，居国内前列，基本可以满足全市单位、企业对超级计算资源的需求。

（二）建成全市统一的信息资源共享体系

深圳目前是国家发改委确定并授牌的唯一一个国家"政务信息共享示范市"，已建立全市统一的包括管理制度、信息资源库、信息共享平台和监督考核机制等方面在内的信息资源共享体系。

深圳建成了全市统一的公共信息资源库，包括人口、法人、房屋、空间地理、电子证照、公共信用六大基础库，社会建设、市场监管、行政审批三大主题库以及相关业务库，数据总规模在全国各级城市中位居前列。深圳已经实现了人口身份证号码、统一社会信用代码、房屋编码"三码关联"。

深圳建成了全市统一的政务信息资源共享平台，已接入全市86家单位和全市11个区（新区、合作区），资源目录累计8018类，为"互联网+政务服务"、"织网工程"、商事主体登记及许可审批信息公示平台、综合监管服务平台、公共信用管理平台、市政务数据开放平台、教育双免核验、市小汽车增量调控系统、市公安局居住证二期项目等应用提供数据支撑。深圳还建立了全市统一的社区网格管理大数据平台和综合信息采集系统，初步建成了实有人口、房屋、法人等基础数据库，可以实时共享给各级部门使用。此外，深圳已制定并以市政府文件形式印发了《深圳市促进大数据发展行动计划（2016—2018年）》，推动建设包括政务大数据中心、各部门大数据应用和数据开放平台在内的大数据应用体系，基本形成一体化的政府大数据中心，建成统一的政府数据开放平台，向社会公众免费开放4亿多条数据，涉及教育科技、交通运输、文体休闲、卫生健康等14个领域。

（三）智慧政务服务水平全国领先

深圳数字政府改革深入推进，政务服务"一网通办"全面推行，一体化政务服务能力评估连续四年（2018～2021年）位列全国重点城市第一，政务服务持续智能化、便捷化，助力营商环境不断优化。

深圳大力推行"掌上服务、指尖服务、刷脸办事"，推出全市统一政务服务App——"i深圳"，全面汇聚政务服务、公共服务和便民服务资源，已接入3个中直单位、43个市级单位和11个区的8000余项服务，提供"一屏一账号"线上服务统一入口，推动政务服务由"网上办"向"掌上办"延伸。"i深圳"累计下载超2000万次，累计注册用户超1400万个。

（四）城市治理更加精细智能

深圳率先构建了全国首个新型智慧城市运行管理中心——市政府管理服务指挥中心及区级分中心、部门分中心，该中心是集城市大数据运营、城市规划、综合管理、应急协同指挥等功能于一体，技术、业务、数据高度融合的跨层级、跨区域、跨系统、跨部门、跨业务综合协同的管理和服务平台，也是城市运行管理的"大脑"和"神经中枢"。该中心以市、区两级中心协同联动的方式，通过对政府数据、社会数据和城市感知数据的融合分析，实现对城市运行状态的全面感知、态势预测、事件预警和决策支持，提高跨层级、跨区域、跨系统、跨部门、跨业务的协同指挥能力，形成"平战结合"的城市运行管理新模式。

深圳市政府管理服务指挥中心目前已接入全市82套系统，汇集各部门100类业务数据，构建了200多项城市生命体征监测一级指标，推动经济运行、交通管理等 14 个领域的数据汇集和融合关联，实现全市 360 多万家商事主体一网呈现。同时，该指挥中心还接入了全量三维可视化地图，融合以网格化管理为基础的"块数据"智能底板，实时感知城市的人口热力分布、各类城市部件、服务设施。该指挥中心按照统一的架构和建设标准，建立市、区、街道三级联动指挥调度体系，通过通信联动、数据联动、应用联动和物理联动的方式，实现各级指挥中心互联互通，以及应急事件统一指挥、分级响应、上下联动。

（五）民生服务更加优质便捷

深圳市依托"i 深圳"和"粤省事"等智慧民生综合服务平台提供生活缴费、不动产登记等丰富的服务，为市民提供便利，同时加强在交通、医疗、环保、社保等多方面的智慧应用建设。

（六）数字经济发展领跑全国

依托雄厚的电子信息制造业和软件行业基础，深圳加快打造数字经济创新发展试验区，取得了显著成效。2021 年，深圳市数字经济核心产业增加值突破 9000 亿元，占全市 GDP 比重升至 30.6%，总量和比重均位居全国第一。从细分领域看，深圳电子信息制造业产业规模约占全国的 1/5。2021 年深圳 22 家企业入选中国电子信息竞争力百强企业，总量居全国大中城市首位。在人工智能、云计算、区块链等技术领域，深圳拥有华为、腾讯、平安等一批国际知名企业，同时还培育了一大批高速成长的创新型中小企业，形成雄厚的数字经济产业基础。

（七）地方性数据法规率先出台，网络安全保障有力

数据日益成为基础性战略资源和重要生产要素，深圳坚持"保护与发展并重，以保护为基础，以发展为目标，以保护促进发展"的指导思想，率先出台《深圳经济特区数据条例》。该条例是自 2020 年 3 月党中央、国务院首次提出培育数据要素市场战略以来，国内第一次以地方立法形式系

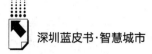
统探索数据权益、个人数据保护、公共数据管理等数据要素市场相关基础制度，对探索数据治理体系和治理能力现代化具有先行示范和里程碑意义。

深圳坚持网络安全同步规划、同步设计和同步建设，不断推进网络安全和信任体系建设；建立市级网络安全态势感知和应急处置平台，及时发现网络空间安全隐患和威胁，实现对重点行业和重点领域网络安全态势感知和应急处置；制定《深圳市网络安全事件应急预案》，明确各方职责，规范网络安全事件分级、预警、处置、评估等工作流程和要求。平稳度过各类网络安全重要保障期，深圳数字政府网络安全指数评估连续两年（2020 年、2021年）位居全省第一。高水平举办"湾区创见·2020 网络安全大会"，填补华南地区全国性网络安全大会的空白。

四 深圳智慧城市建设存在的问题

（一）统筹推进能力有待加强

智慧城市建设是一项复杂的系统工程，涉及多个行业领域，要立足城市建设与发展的全局，进行综合考虑和统筹安排。作为超大城市，深圳按照一体化的总体架构统筹推进智慧城市建设，工作复杂度较高，涉及部门较多，跨部门、跨行业统筹难度大，协调力度不足等问题依然存在，工作机制还需进一步理顺。

（二）数据集成共享不足

政府内部积累了海量的数据和信息，尽管深圳已建成政务信息资源共享平台，但是仍然不断有数据需通过线下渠道共享或者无法共享。由于数据源头多样、结构各异，数据治理难度大，数据管理机制和数据质量控制流程还不完善，目前共享开放的数据有限，且信息共享尚未有统一的标准，也没有规章制度对数据分享做出明确要求。此外，企业、非政府组织以及群众也会产生数据，这些数据也是支撑智慧城市运行管理的重要组成部分。不少企业、非政府组织以节约数据整理成本或者保护商业机密为由，不愿意交出自己手中的数据，政府对社会数据的采集仍存在困难，政府数据与社会数据的融通有待提升。

（三）安全管理有待加强

尽管深圳通过了全国首部综合性数据立法——《深圳经济特区数据条例》，明确了数据相关权益范围和类型，强化了个人数据保护，构建了数据治理的制度安排，但智慧城市在运行中安全管理仍待加强。物联网、大数据等新一代信息通信技术为智慧城市在平台、网络、设备等层面提供强大可靠支撑的同时，也带来了信息安全隐患和威胁。如互联网、电信网、电视网以及新一代信息技术的综合使用，实现了随时随地接入的能力，但也意味着多种异构网络通信传输模型相对复杂，可能出现算法破解、协议破解、中间人攻击等诸多攻击方式，以及密钥、协议、核心算法、证书等被破解的情况。我国目前信息的有效保护和合法使用仍存在技术和法律方面的不足，这使得信息安全成为智慧城市发展面临的最大挑战之一。

（四）发展资源受到约束

在资金方面，智慧城市从软硬件建设到运行管理，政府财政需要投入数亿元、数十亿元甚至数百亿元的巨额资金，而中小企业作为发展主体，由于面临融资难、融资贵等问题，智慧技术的研发和成果转化从偏好低风险的金融机构获得支持的力度有限。在技术方面，智慧城市的发展需要物联网、云计算、区块链、人工智能、5G 等多种信息技术的支撑，虽然深圳在新一代信息技术方面国内领先，但不少核心科技仍掌握在欧美发达国家手中。在人才方面，智慧城市专业化技术人才和管理人才缺乏。以大数据人才为例，与北上广等城市相比，深圳大数据基础专业人才储备不足，深圳相关人才主要依靠从外部引进。尽管深圳各种培训机构和各大高校也开始强化大数据人才的培养，但短期内深圳大数据领域的高端人才仍然存在较大缺口。既懂得智慧城市建设又懂得政府运行、城市管理的人才在深圳更是十分稀少。

（五）相应的规则标准规范体系有待完善

《深圳经济特区数据条例》为深圳数据要素市场培育奠定了良好基础，但数据标准化体系尚未建立，涉及政府与企业、企业与企业间跨组织、跨机构的数据流通等很多难点问题还未解决，相应配套规范制度和政策有待健全。当前，各部门主要围绕本部门核心业务来建设应用系统，以满足自身业务管理和服务，难以打破各自为政、条块分割的建设局面，易造成"数据烟囱"、"信息孤岛"和碎片化应用等问题，且受不同建设主体、不同建设时间带来的差异影响，各区各部门系统架构、数据标准等存在不一致的现象，导致数据对接困难、系统间协同性差等问题，影响整体建设成效，因此需进一步完善标准规范体系。

（六）共建生态尚未形成

智慧城市建设与发展是一项政府引导、全民参与、政企合作、多方共建的系统工程。如何发挥市场资源配置的决定性作用、鼓励社会多元参与是智慧城市可持续发展面临的关键问题。深圳智慧城市建设目前主要依靠政府投资，社会资本参与不足。一方面由于公益性、民生服务类项目较多，投资金额大，回收周期长，企业投资动力不足；另一方面由于智慧城市项目的社会化盈利模式还不清晰，智慧城市领域 PPP 模式缺少明确而规范的收益时间、收益标准和运作模式，因此收益不确定性较高，风险较大，对社会资本的吸引力明显不足。政府在智慧城市建设过程中处于绝对主导地位，市场主体、社会公众在建设规划与评估中参与不足，市民感知到的只是与其工作生活直接相关的方面，对智慧城市更强大的功能和作用所知较少，认识也就比较肤浅。深圳社会公众参与智慧城市建设的制度体系还不完善，针对公众的参与范围、参与方式、参与途径等还缺乏可供操作的程序性规范，社会公众参与程度有待提升。

五 深圳智慧城市建设基本思路

（一）指导思想

以习近平新时代中国特色社会主义思想为指导，坚持新发展理念，紧紧围绕粤港澳大湾区和深圳先行示范区"双区驱动"重大部署，加强政府引导，以增强人民群众获得感、幸福感、安全感为目标，突出数据关键生产要素地位，以新一代信息技术与城市发展深度融合为主线，提升智慧城市基础底座，加强城市精细化、智慧化管理，在提升城市品质和整体形象上实现新突破，打造社会治理高效、政务服务优质、群众生活满意的深圳智慧城市名片，奋力谱写新时代更加出彩的绚丽篇章。

（二）基本原则

1. 顶层规划，统筹布局

统筹考虑智慧城市发展格局，强化顶层设计和分类指导，全面落实国家、省政府建设工作总体部署和要求，构建深圳条块结合、一体协同的智慧城市建设总体架构，明确智慧城市建设的重点内容和标准规范，推动整合优化和协同共享，加快形成深圳全市"一盘棋"建设格局。

2. 创新驱动，先行示范

坚持把创新摆在重要位置，促进信息技术与政府管理深度融合，推动城市管理手段、管理模式、管理理念创新，加快政企协同创新，探索智慧城市建设新模式、新途径，实现在更多重点领域试点示范。

3. 以人为本，便民惠民

践行以人民为中心的发展理念，智慧城市建设从群众和企业最关心的问题、城市治理的痛点入手，坚持便民惠民导向，着力推进政府治理能力现代化，注重社会参与和服务体验，真正让智慧城市建设更好地满足公众需求，促进公共服务均等化、便捷化，增强人民群众获得感、幸福感、安全感。

4.应用为重，数据赋能

坚持以应用需求为导向，为市场主体和社会公众提供方便快捷、优质高效的智慧城市服务。利用数字技术，激活数据要素潜能，挖掘数据价值，提升数据赋能城市治理能力，通过信息开放共享、公共服务优化、城市智慧管理等，全面推进社会治理、公共安全、城市建设、生态环境等领域智慧应用体系建设。

5.标准引领，安全高效

充分发挥标准规范引领作用，构建包含政务服务、数据资源、业务接口、数据共享、数据安全等在内的全市统一智慧城市标准规范体系。强化安全意识，建设全要素、多层次的安全防护体系，打造自主可控、安全高效的技术路线，提高智慧城市各重点领域的安全可靠水平。

6.多元参与，共建共享

充分发挥市场配置资源的决定性作用，加强政府统筹协调和组织引导作用，鼓励和支持企业、社会组织、群众等多方力量共同参与智慧城市建设，建立反馈、交流、互动渠道，强化政民、政企互动，完善政企合作模式，构建"企业主建、政府主用、社会共享"的智慧城市建设运营体系，形成共建共治共享的城市新发展格局。

（三）发展目标

全面落实《深圳市人民政府关于加快智慧城市和数字政府建设的若干意见》《深圳市数字政府和智慧城市"十四五"发展规划》，顺应新一轮信息技术和科技革命发展浪潮，坚持深圳市"一盘棋""一体化"建设，运用互联网、大数据、人工智能等信息技术手段，实现基础设施更优化、数据融合更有效、支撑平台更完善、政务服务更便捷、城市治理更精细、产业转型更高效、惠民服务更细致、生态环境更宜居，打造数字底座标杆城市、数字经济领跑城市、数字社会示范城市、数字政府引领城市、数字生态样板城市。到 2025 年，深圳将打造成具有深度学习能力的鹏城智能体，成为全球新型智慧城市标杆和"数字中国"城市典范。到 2035 年，深圳将建设成为更具竞争力、创新力、影响力的全球数字先锋城市。

（四）重点任务

一是适度超前部署智慧城市基础设施。遵循城市空间结构和功能布局，统筹谋划、适度超前，推动通信网络全面提速，加快终端设备全面感知，统筹布局大数据中心和"云边"协同的算力基础设施，加快人工智能基础设施整合提升及区块链技术基础设施建设，建成万物互联、动态感知、智能联动的国际一流数字支撑体系，建设"数字孪生城市"，打造城市智能中枢。

二是推动公共服务智慧化供给。把现代数字技术与民生应用紧密结合在一起，实施"数字市民"计划，推进公共服务"一屏享、一体办"，全面提升民生服务领域智慧化水平，提高市民的便捷感、安全感以及对城市的认知感、亲和感、公正感。

三是强化城市治理"整体联动"。大力推动科技赋能基层治理，结合"放管服"改革深化，加快城市治理"一网统管"，贯彻实施《深圳经济特区数据暂行条例》，深化智慧城市合作。

四是推动数字经济加快发展。着力培育数据要素市场，推动人工智能、物联网、区块链等数字经济产业创新发展，实施"云上城市"行动，加快企业"上云用数赋智"，以数字经济发展赋能智慧城市建设。

五是增强网络安全能力。健全网络信息安全法规，加强安全技术研发与应用创新，增强网络安全保障能力，提高深圳智慧城市数据安全防护水平。

六 深圳智慧城市建设重点举措

（一）完善基础设施建设，夯实智慧城市根基

建设布局需求驱动、高效智能的新型信息基础设施，推进城市基础设施

与数字技术深度融合，推进智能化综合性数字信息基础设施建设，为智慧城市建设提供强大的基础支撑。

1. 加快部署物联感知体系

构建天、空、地全面感知、全域操控的城市运行智能感知体系，搭建智慧城市"神经网络"。推进交通、能源、环境保护、应急等领域的城市基础设施物联网化改造，加快各类传感器在道路桥梁、建筑工地、地下管网、河湖管理、公园绿道、生态环境、地质灾害、安全应急、治安防控、气象监测等场合的部署，结合卫星与无人机遥感监测技术，实现天、空、地立体城市感知。积极寻找跨行业资源整合和深化共享方式，推进具有"一杆多用"功能的城市智慧杆塔、综合管廊等新型物联网集成载体建设，引导产业园区和制造业企业开展物联网技术及产业升级示范应用。

构建覆盖深圳全市视频监控"一张网"。围绕智慧城市建设各领域需求，进一步扩大视频感知范围，整合公安、综合执法、交通、市政管理、环境保护、应急等主要部门已建及拟建视频监控设备和社会视频监控资源，将楼宇建筑内部监控、校园监控、工业园区监控等覆盖区域纳入城市视频监控体系，形成覆盖各级交通路口、出入口、重点场所、人员密集区、校园、工业园区等区域的全方位、立体化城市视频感知网。

2. 打造高速泛在的通信网络

加快5G及千兆宽带网络建设。推进以多功能智能杆为载体的5G微基站建设，开拓5G室内分布系统共享新模式，推动5G室内分布系统、5G行业虚拟专网及特定区域5G网络建设主体多元化改革试点，实现5G网络在重点场所以及特定场景下的深度覆盖。持续推进骨干网和城域网扩容升级，提升骨干网络承载能力，扩充互联网出口带宽。全面推进千兆光网建设，加速"千兆小区"建设，推进老旧小区光网改造，实现"千兆到户、万兆入企"，打造全球"双千兆、全光网"标杆城市。

优化提升电子政务网络。推进政务传输网的升级改造，大力提高网络带宽，构建千兆级接入、万兆级汇聚、十万兆级核心交换的政务传输网，持续提升全市电子政务网络业务承载能力，推动政务网络横向互联和纵向贯通，形成标准统一、安全可靠的全市政务服务"一张网"。按照深圳全市各区各部门需求，统筹建设全网冗余和跨区域、跨业务扩展的视频会议、应急指挥、视频监控、三维图像、物联感知、医疗、教育等各类统一、专业的业务承载交换网，实现政务传输网资源的高效利用，满足全市各区各部门业务扩容需求。

高效改造电子政务外网。加快推进电子政务外网骨干网扩容和备份链路建设，提升电子政务外网的承载能力，满足办公系统、语音、视频等数据高带宽业务应用的需要。推进政务网络互联网区域 IPv6 改造，加快推进电子政务外网安全防护体系升级与完善，确保电子政务外网基础应用运行安全。推进各部门业务专网向统一政务内、外网整合，建设政务外网统一互联网出口，加快推进政务外网延伸，构建市、区、街道、社区四级全覆盖的电子政务外网。

高标准提升互联网能级。积极推进 IPv6 部署落实工作，着力实现深圳全市新建信息基础设施全面应用 IPv6，已建信息基础设施进行 IPv6 升级改造。加快推进深圳互联网数据中心、云服务平台、域名系统等应用基础设施的 IPv6 改造。推进 IPv6 的规模应用，优先推进深圳市政府门户网站、广播电视媒体网站、银行网站、国企门户网站等全面应用 IPv6，逐步推进商业网站、App 的 IPv6 应用。建设覆盖深圳全市、支持 5G、物联网业务的下一代广播电视网络，推进以 4K/8K 为核心的超高清互动数字家庭网络建设。

3. 加速织就算力"一张网"

推进深圳市大数据中心建设。加快规划建设梅林数据中心、坂田数据中心和深汕数据中心，形成一体化城市大数据中心格局，打造全市公共数据汇聚共享平台和政企数据协同枢纽。推动深圳全市数据中心节能技改，整合改造能耗高、规模小、效率低的分散数据中心。加快建设粤港澳大湾区大数据中心、全球海洋大数据中心，深化数据资源的汇聚、流动、处理、应用。

积极部署"云边"协同计算设施。面向 5G 网络和智慧城市应用场景，推动运营商汇聚机房、接入机房等既有电信设施改造，布局贴近终端设备的边缘计算节点，形成集网络传输、计算、存储、软件应用等于一体的开放型边缘计算服务能力，为现场应用设备提供低时延、高可靠、强安全的近端计算服务。围绕智慧交通、智能网联车、智能工厂、智慧医疗等具有低时延、高可靠、广连接需求的领域，优先在深圳交通枢纽、道路、工业园区、医院等区域布局移动边缘计算节点。

加快建设超级计算中心。以综合性国家科学中心建设为契机，升级"鹏城云脑"和国家超级计算深圳中心，打造全球通用超算和智能计算高地。建成 E 级"超级计算"机及其配套设施，开展生物、材料、气象、地质、海洋等科学领域应用，积极推动超级计算（简称"超算"）产业软硬件发展。建成千 P 级人工智能算力系统，开展数据处理、模拟计算、模型训练等人工智能计算服务，积极推动人工智能领域技术研究和新应用、新业态发展。

4. 强化数字平台支撑

升级政务云平台。面向未来城市治理、民生服务和产业发展等各类智慧应用存储和计算需求，推动深圳智慧政务云中心服务器、存储设备、虚拟化软件、安全配套设备等软硬件设施扩容升级，加快整合深圳各部门已自建的计算和存储资源，逐步取消自建机房，提升跨域服务、跨网传输、跨机房存储调度能力。完善平台即服务层（PaaS）能力，提供应用系统开发与运行的统一支撑服务以及稳定可靠的云数据库服务，实现业务快速响应、应用快速部署，全面提升云服务能力。

构建物联感知平台。通过统筹建设物联感知平台，建立深圳城市物联网接入标准、协议标准和管理标准体系，实现各领域、各网络体系内物联感知设备的互联互通和数据的全贯通。构建深圳基于对象标识符的统一设备标识体系和安全体系，强化物联网安全。

建立人工智能平台。通过建立深圳全市统一的人工智能平台，为各部门提供智能分析服务，实现智能分析需求的下发和智能分析数据的接收。人工智能平台提供视频、图像、语音、文字分析识别和认知推理等人工智能服务，支撑各部门业务应用智能化升级。

分步建立新一代空间地理信息基础平台。以深圳全市空间地理库为基础，融合时空大数据平台、"多规合一"空间信息平台、地理信息公共服务平台、空间地理信息共享平台等空间基础平台，逐步建成新一代空间地理信息基础平台。汇集、关联深圳其他政府部门各类空间数据，纵向贯穿深圳市、区、街道、社区四级，横向实现跨部门、跨领域、跨区域空间资源共享交换，逐步形成体系完整、覆盖全域的深圳城市空间"一张图"。

建设视频云服务平台。以"多维感知、资源汇聚、数据融合、平台开放、服务集成、智慧应用"为理念，推进深圳市政府公共安全视频监控共享云建设，全面整合接入相关政府部门以及社会视频监控资源，并对反恐目标单位、重点要害部位、人群密集场所视频图像进行结构化分析。以部门需求为导向，依权限开放共享深圳城市视频资源，根据各部门职责及业务需求分配视频信息查看权限，实现按需调取，全面提升城市视频信息共享水平。

优化业务支撑平台。围绕深圳社会治理、城市管理、民生服务等领域相关业务的共性需要，建设深圳全市统一的各类业务协同服务平台。实现身份认证平台整合，达成多终端统一账户获取全市政务服务，支撑和兼容多种核验方式，提供多种场景的跨系统服务，准许全市所有业务办理系统的同一账号单点登录服务。实现电子证照平台整合，与国家政务服务平台统一电子证照系统实现对接，提供电子证照全国互认互信、电子印章认证、数字签名认证和信息加解密等认证服务。优化提升深圳信用信息共享平台，推动深圳信用综合评价、大数据分析、全方位业务购买协同与管理，促进信用监管、政务诚信建设，拓展信用信息更高水平开放应用。

（二）发挥数据要素价值，创建赋智赋能的数据强市

1. 强化数据归集整合

加快完善深圳数据资源目录，适时扩大数据资源目录范围，对数据资源目录实施全域性、动态化管理。按照"一数一源、一源多用"原则，规范深圳公共数据采集归集，制定完善深圳公共数据采集标准、流程和方法，扩

大公共数据按需归集和管理范围，实现数据"按需归集，应归尽归"。按照"谁采集、谁负责""谁校核、谁负责"的原则，落实数据质量责任，强化数据质量管理，提高采集数据的准确性、完整性和时效性。整合跨部门数据，进一步完善深圳人口、法人、公共信用、房屋和空间地理、电子证照等基础数据库，推进医疗健康、生态环境、交通运输、教育文化等各领域主题数据库建设，按需布局深圳专题数据库。对照深圳"20+8"产业集群划分，加快相关行业数据汇集整合。支持深圳公共数据、行业数据、社会数据广泛汇聚，逐步形成"城市数据湖"。

2. 加强数据共享调用

完善深圳政务信息资源共享平台，推动横向的各部门政务数据资源的共享交换和纵向的省、市、区三级政务数据资源的双向流动。完善深圳公共数据共享架构体系，制定全市统一的数据共享交换规则与流程，健全数据共享供需对接和异议协调评判机制，建立数据共享责任清单，进一步提高数据需求满足率。加快推进深圳"数据高铁"建设，打造更加畅通、高效的数据共享通道，推动数据实时、全样、巨量汇聚共享。完善深圳市区一体化数据共享协调机制，推进党委、政府、人大、政协、法院、检察院等系统的数据全面共享，实现数据"应共享尽共享"。加快建立完善深圳市数据闭环流转机制，加强与省一体化、智能化公共数据平台对接，推动部门数据按需调取和落地，探索开展深圳政务数据资源在深莞惠地区跨区域共享交换。

3. 深化数据开放应用

持续完善深圳市公共数据开放平台管理系统，提升监测监控、数据脱敏、出口校验等模块功能，确保数据开放和应用安全合规。加快梳理深圳市各类可开放数据，制定和完善深圳市数据开放制度、数据分类标准及管理规范，分年度实施数据开放计划，落实各部门数据开放和维护责任。进一步扩大深圳市数据开放领域，优先推动普惠金融、文化旅游、市场监管、民生保障等领域数据向社会开放。创新深圳大数据应用模式，鼓励基于特定场景的大数据创新应用，在一些重点领域着力挖掘、孵化、推广一批高质量的创新型示范应用，推动一批数据开放优质应用项目在深圳落地孵化，形成集聚示范效应。在一些重点领域尝试选取试点应用场景，引导企业开放自身数据资源，打造安全可控的开发环境，推动公共数据与社会数据深度融合、开发利用，形成有意义的示范带动效应。鼓励大数据创新创业，通过在深圳举办开放数据创新应用大赛等多种形式，建立创新创业培育、孵化机制，变数据资源为数据产业，促进深圳市大数据产业发展。

（三）大力发展数字经济，赋予智慧城市发展活力

1. 着力提升数字产业化发展能级

不断扩大深圳市数字产业化规模。围绕人工智能、区块链、大数据、云计算、高端软件、信息安全等领域，加快实施一批重大工程，着力提升深圳数字产业能级，补齐产业发展短板，突破产业链瓶颈，推动深圳数字经济迈向全球价值链中高端。着力推动深圳市5G全产业链发展，充分发挥深圳龙头企业引领带动作用，加强技术创新与融合应用，将深圳打造成为5G创新最活跃、应用场景最丰富的世界级5G应用示范标杆城市。加快发展深圳人工智能产业，推进计算机视听觉、新型人机交互等应用技术大规模产业化，建设深圳国家新一代人工智能创新发展试验区。把握前沿技术发展趋势，加快发展深圳量子通信、第三代半导体、未来网络等高端前沿数字产业，夯实产业基础，促进建设国家数字经济创新发展试验区。积极开展重点领域示范应用，组织打造一批突破性创新成果转化应用示范，抢占产业竞争发展制高点。构建完善的"硬件+软件+平台+服务"数字产业生态，培育重点垂直领域关联产业，增强深圳企业联合攻关、场景创新、应用验证和普及推广能力，形成一批新技术、新产品、新业态、新模式，培育深圳数字经济新增长点。

大力培育深圳数字产业企业主体。加强深圳市数字产业战略部署，以"因地制宜、集群发展"为导向，引进一批在大数据、工业互联网、云计算、信息技术应用创新、5G应用等领域规模优势明显、具备产业链整合能力的数字经济平台型龙头企业。鼓励深圳市部分数字经济龙头企业实现

"云"化、平台化、服务化转型,带动深圳本地供应链企业协同发展。加速深圳数字经济产业链关键资源整合,加快形成一批自主创新能力、品牌知名度、资源整合能力突出的数字经济领军企业。加强深圳创新企业孵化,聚焦数字经济领域,建立"瞪羚"企业、"独角兽"企业及其他高成长种子企业等培育资源库,根据不同行业、规模的企业精准施策、分类扶持。加快培育深圳数字经济上市企业,每年遴选一批经营状况好、竞争力强的数字经济重点拟上市企业入库,推动企业在境内外多层次资本市场挂牌上市。大力支持深圳数字产业"个转企、小升规、规改股、股上市",形成顶天立地、铺天盖地的数字经济企业群。坚持专业化、精品化的小微企业发展之路,鼓励更多企业聚焦数字产业细分市场,专注发展具有竞争力的生产技术或产品,突出专业化、精细化、特色化、新颖化。优化中小微企业、初创企业的支持政策和政府服务保障,推进专精特新"小巨人"成长计划,启动数字产业小微企业认定工作,建立健全创新导师制度,引导小微企业参与数字技术和产业创新活动。

推进深圳数字产业集群发展。积极对接国家软件产业高质量发展专项,着力突破关键基础软件、大型工业软件、核心应用软件、信息安全软件等核心技术的研发和应用,建设深圳信创产业基地和基础软件创新中心,培育一批具有国际领先地位的云服务提供商,着力打造国际一流的软件与信息服务产业集群。加大深圳市对共识机制、数据存储、加密算法、隐私保护和智能合约等关键数字技术研发的支持力度,推动在区块链与量子信息底层核心技术、组件化通用技术、细分行业专业技术上实现带头突破、重点提升,抢占技术发展制高点,推动深圳企业参与量子信息领域标准制定、健全量子信息技术标准体系和技术规范,大力建设深圳量子信息产业园,加快培育深圳区块链与量子信息产业集群。依托深圳广电集团、报业集团等重点企业,推出一批引领新型文化消费的数字创意设备和产品,瞄准 VR/AR、数字化采集与建模、AI 绘制、人机交互、智能生成与设计等关键核心应用技术集中攻关,推动数字创意与创新设计等产业加快发展,鼓励跨行业、跨领域合作,加快培育高质量数字创意产业集群。

2. 推进制造业数字化转型

着力推进深圳数字技术赋能新制造。鼓励和引导深圳市制造业企业通过采用数字化技术和先进工艺，推进生产车间、生产线、企业装备数字化、智能化、网络化改造，建立数字车间、智慧工厂，着力提高生产设备数字化率和联网率，提升关键工序数控化率，充分释放数字技术对产业发展的放大、叠加、倍增作用，全面提升企业研发、设计和生产水平。加大深圳市企业数字技术改造力度，创建一批智能制造示范企业和示范车间，加快形成一批数字化基础应用深入、带动性强、国内外领先的先进制造业龙头骨干企业。

推动智能制造产业升级。围绕智能制造标准体系、智能装备及产品、工业互联网及物联网、智慧工厂及数字车间、工业云和大数据、服务型制造等领域，培育发展深圳智能制造新业态、新技术、新模式，促进数字技术向市场、设计、生产等环节渗透，着力提高精准制造、敏捷制造、柔性制造、网络协同制造、大规模个性化定制能力，推动深圳智能制造产业链整合和价值提升。建立健全深圳市智能制造支撑服务体系，培育发展智能制造整体解决方案中介服务机构，构建以智能化为核心的新型制造体系。

提升深圳市工业互联网发展水平。加快深圳工业互联网平台的推广普及，支持"链主"企业、行业骨干企业建设行业级平台，引导行业领军企业打造企业级工业互联网平台，鼓励企业对接华为、腾讯等深圳优势企业平台，积极打造垂直行业和细分领域平台，为行业提供工业云服务。推进重点产业"园区大脑"建设，强化工业互联网与园区大脑的集成应用，强化园区智慧化运营、可视化管理，探索工业大数据创新应用，面向企业共性需求，完善供应链协同、政策兑现、银企对接等精准服务，建设一批数字化示范园区。

3. 促进服务业数字化升级

优化数字服务产业资源配置，面向金融、交通运输、商务商贸等传统行业，开拓数字技术应用场景，发展智慧物流、数字金融、在线办公、电子商务等新兴服务领域，推进数字服务组织形式、商业模式、管理方式创新发展，构建高端化、智能化、网络化产业发展新格局，着力提升生产性服务水平和服务质量。聚焦出行、旅游、体育、餐饮娱乐等领域，加快推进大数据用户分析，促进线上线下资源有效整合与利用，不断提高服务质量和效率，不断丰富智慧化服务和产品供给，推动深圳生活性服务业向高品质和多样化升级。

大力发展新业态、新模式。深化新一代信息技术在深圳消费领域的应用，依托于大数据、物联网、人工智能、高精度地图定位等新兴技术提升深圳电子商务平台的流通效率和服务质量。拓展深圳无接触式消费体验，鼓励办公楼宇、住宅小区、商业街区、旅游景区布局建设智慧超市、智慧商店、智慧餐厅、智慧驿站、智慧书店；以提升产品档次、拓展服务种类、增强消费体验为目标，加快发展线上到线下、消费者到企业、客户对工厂等新模式平台，发展电商直播、体验消费等新零售模式。加快培育深圳共享经济，大力发展共享出行、共享租住、共享 WiFi、共享物品、共享导游等新兴业态。鼓励深圳本土有实力的平台企业自建或助建综合类、消费服务类、跨境贸易类等互联网服务平台，提升壮大平台经济。

4. 加强数字技术创新

大力建设高能级数字技术创新平台。聚焦深圳数字经济产业创新需求，精准布局关键数字技术平台、数字资源条件平台、数字科技服务平台等数字产业通用型高层次重大平台，构建深圳创新型数字经济企业全链条服务体系。支持深圳市高校、科研院所与企业联合，面向国家战略需求，在优势创新领域培育和建设国家重点实验室。继续支持开源社区、开发者平台等新型数字科技协作平台发展，培育大中小企业和社会开发者开放协作的数字产业创新生态，带动深圳创新型企业快速发展壮大。探索组建产学研用联合体，支持各类新型研发机构开展集群产业关键共性技术研发攻关，加速科技成果转化。

突破关键共性数字技术。在集成电路、大数据、云计算、人工智能、物联网、区块链、量子信息、类脑计算、新型显示等领域，支持深圳市龙头企业与科研院所加强合作，实施一批重大科技专项，推动实现数字关键核心技术自主可控。加快深圳在核心电子器件、芯片设计、芯片制造等集成电路"卡脖子"技术方面攻关。着力突破传感器、控制芯片、短距离无线通信、数据管理和挖掘、协同控制等物联网核心技术。加强区块链理论研究和底层技术的突破创新，开展智能合约技术、多重共识算法、非对称加密算法、分布式容错机制、分布式存储机制等关键技术研究。提前布局和大力支持第六代移动通信（6G）网络体系架构创新与关键共性技术研究。鼓励深圳龙头企业、高校、科研院所、行业组织等加大基础共性标准、关键技术标准、应用示范标准的联合研制及推广力度，推进深圳市团体标准、地方标准上升为国家标准。

（四）打造智慧便民的数字社会，构筑宜居之城

1. 拓展智慧教育

落实《教育信息化2.0行动计划》，以构建信息化、未来式教育服务体系为宗旨，建设智慧教育高地。进一步优化深圳教育云资源平台，开展优质教学资源开放共享工作，建立深圳名师课堂、名校网络课堂、专递课堂、直播课堂、点播课堂、试题资源等优质应用"云超市"，汇聚更多覆盖深圳小初高的优质教育资源，形成包含学生信息、教师资源、教学教研、网络备课、优质课堂、课后作业、学业考试、学生学习等方面的智慧教育资源主题库。发挥平台集聚融合效应，汇聚深圳全市职教资源，逐步实现教师教学应用全覆盖、学生学习应用全覆盖，实现网络家庭教育全覆盖。加强深圳智慧校园建设，加快5G、WiFi、IPv6等技术应用，实现监控、门禁、传感器、电器等感知终端布置及集成整合，打造智慧教室。推广普及应用创客空间、移动终端等新型教学平台。促进深圳信息技术与教育教学实践深度融合，依托5G网络技术实现基于高清视频信息的远程协同教育教学与在线资源共享，开展"5G+AR/VR"沉浸式教学和基于人工智能的教育教学测评与管理。

2. 推进智慧医疗健康发展

以"人口家庭、电子健康档案、电子病历"医疗数据资源库为基础，以居民全生命周期健康管理和医疗卫生全流程智能服务为指引，强化业务驱动的深圳医疗健康数据整合归集，完善深圳全民健康信息数据库。推动电子病历数据集成，推广电子健康卡在深圳全市医疗卫生机构普及应用。加大医

疗卫生服务智能化设备配置工作力度，优化医疗导诊、物资标识、物流仓储、智能穿戴、动态监测、语音识别等场景的智能应用。推进深圳二级及以上公立医院"智慧医院"示范建设，提升智慧化医疗服务应用水平。完善深圳智慧医疗便民服务平台，以"健康深圳"App 和微信公众号为统一服务渠道，为深圳市民提供统一便捷的预约挂号、在线问诊、分时候诊、诊间结算等全流程在线诊疗服务及个人健康档案信息、健康画像、疾病预测等健康服务，为老年人、妇幼、慢病患者等特殊人群提供健康信息跟踪、护理信息推送服务。深化医疗机器人应用，加快人工智能、大数据等技术在远程手术、医疗影像诊断等方面的普及应用。利用移动设备和智能可穿戴设备实现深圳市个人健康体征动态监测，开展疾病智能预测预警，为居民提供个性化的健康管理和医疗服务。

3. 推广智慧人社一体化

面向社会公众，推广智慧人社一体化服务，加快形成深圳覆盖广泛、服务创新、数据互通、业务融合的服务体系。依托网上办事大厅、微信小程序、自助服务一体机等构建"业务同源、多元统一"的公共服务渠道，推动深圳人社公共服务事项全面"网上办"，实现人社业务"指尖办理"。持续推进人社领域"放管服"改革，进一步整合事项、优化流程、精简材料、压缩时限，形成流程优化、服务智能、便民高效的深圳人社服务格局。围绕社会保险、劳动就业、人才服务、劳动关系四大核心业务，打造深圳"智慧人社"应用体系，鼓励人社各业务领域的应用创新，推动业务经办高效化、公共服务智能化、管理监控精确化、决策分析科学化。持续推广以社会保障卡为载体的"一卡通"服务管理模式，推动深圳社会保障卡线上线下应用融合，深化社会保障卡在公共服务领域的应用。建立特殊和困难老年人电子档案，建设完善深圳市级养老管理服务信息平台。支持智慧养老机构建设，推进"智慧养老院""智慧养老社区"试点建设，推进"互联网+护理服务"，鼓励发展智慧居家和社区养老服务。

4. 开展智慧社区建设

建设"物联网+智慧社区"一体化综合管控信息服务平台，整合接入社区智慧门禁、智慧停车、智慧绿化、智慧巡查、智慧物业等系统，实现深圳社区服务和管理功能综合集成。逐步构建数字孪生社区，推进智慧社区三维可视化线上管理，推动实现深圳社区人、物、设备设施等全方位的空间管控和远程实时管控，提升社区智慧化服务水平。推动基层治理与党建业务系统的数据融合和协同联动，推动"网上议事厅""微提案"从社区向网格延伸，鼓励多元主体参与基层治理。

5. 加快发展智慧文旅

整合深圳全市旅游服务平台。鼓励深圳全市景区开展多渠道购票、景区一键报警、智能停车、AI多语种游伴、景区内外公厕位置导航等全域智慧景区服务。大力发展文化旅游，推动全市各级图书馆、文化馆、博物馆、美术馆智能化升级，为用户提供丰富的观览体验，推出一批智慧文化旅游精品项目。汇聚休闲旅游行业数据资源，创新休闲旅游大数据应用，提高旅游行业监管与应急指挥调度能力，提升深圳休闲旅游服务水平。大力发展体育旅游，整合常态化、具有滨海运动休闲特色的国际、国内赛事活动，根据对赛事活动的大数据分析，掌握深圳市民及游客对赛事活动的需求，促进体育赛事服务的智慧化升级。

（五）构建智慧高效的数字政府

1. 构建优质便捷的智慧政务服务体系

深化政务服务"一网通办"。优化升级深圳一体化在线政务服务平台，升级平台功能，推进实现深圳政务服务事项全面上网运行。在深圳加快推行"免证办"服务，推动电子证照、电子印章和电子档案应用，依托大数据和人工智能等先进技术，实现"秒批秒办""无感审批"。增强广东政务服务网深圳分站"一网通办"能力，按照"应上尽上"的要求，提高网上政务服务事项覆盖度，推动深圳更多政务服务事项实现"零跑动"。优化"i深圳" App服务，推动深圳政务服务向移动终端延伸拓展，实现政务服务"随时办、随地办、随手办"。

加快新技术在深圳政务服务领域的创新应用。依托自然人基础数据库、业务数据库，充分利用大数据、人工智能等先进技术，探索构建深圳自然人和法人组织"数字画像"，深入了解服务需求，开展定制服务、主动服务、精准服务，持续提升办事服务的便利度、快捷度、满意度。推动5G、人工智能、4K/8K高清视频等先进技术在深圳政务服务实体大厅的创新应用，探索"5G+4K/8K"高清远程联合审批。针对部分办件量大、流程简易的高频政务服务事项，充分利用语音识别、自然语言理解、机器人等人工智能技术，加快实现无人干预自动办理。利用区块链及其衍生技术，深化"最多跑一次"改革，实现业务的跨部门、跨区域协同办理、合规办理，提升深圳线上线下一体化政务服务能力。

2. 深化智慧治理

推进深圳市经济管理智慧化。加强深圳市发展改革、财税、金融、审计、统计、商务等经济管理部门数字化建设，围绕科学决策、监测预警、精准服务、要素保障、综合评价等应用场景实施智慧化发展。强化经济运行监测分析和地方金融风险监测预警，整合财税、金融、统计、投资项目、消费物价、产业发展、要素保障、生态环境等领域数据，建成集宏观、中观、微观经济数据于一体的深圳经济运行数据库。完善深圳经济运行监测预警指标体系，建立经济分析模型、风险识别感知预警模型和经济政策仿真模型，强化深圳经济政策监测分析，有效预判、及时发现和快速处置重大风险问题。

提升深圳市场监管能力。持续推进深圳"互联网+监管"平台建设，逐步构建集动态监测、科学研判、风险预警、辅助决策等功能于一体的深圳智慧监管体系。推进行政检查、行政处罚、行政强制等移动执法能力建设，探索通过远程、移动、非接触式监管方式提升执法监管效率，提高非现场实时执法监管水平。构建跨部门、跨层级的市场监管与服务体系，推动多部门、全领域联合监管常态化，实现税务、市场监管等部门监管与服务协同联动，提高商事服务便捷化水平。结合推进"双随机、一公开"监管、产品质量追溯等工作，加快推进公共信用信息平台一体化建设，建立金融、市场监管、税收缴纳、安全生产、环境保护等领域信用信息交换共享机制，构建覆盖所有市场主体的信用监管体系，提高放管并重、宽进严管、事中事后监管能力。

深入推进深圳智慧警务建设。推进深圳智慧警务提档升级，部署推广智能化警务装备，升级现有警务、综治移动终端和车载终端，依托5G、人工智能、大数据等前沿技术开展警务创新应用，全力构建"规划超前、标准领先、应用一流"的智慧警务大格局。推进深圳公共安全大数据应用，关联整合公安、综治、应急、市场监管等公共安全业务数据与社会数据，强化城市海量多维公共安全数据的智能分析能力，提升情报研判、案件侦破、犯罪预防和警务指挥智能化水平。构建智慧社区警务业务中台，推进深圳社区警务标准化，强化与基层社会治理智能化建设资源整合、内外协同，全面实现社区警务"要素管控智能化、信息支撑精准化、任务处置标准化、服务群众便捷化、社区治理协同化、工作监督实时化"。

构建深圳智慧应急协调指挥体系。着力整合深圳各类应急管理系统，建设集应急通信资源管控、融合指挥调度、无人机"飞控"管理、卫星监测预警、森林火灾监测、突发事件预警发布等功能于一体的应急管理智慧综合运行管理平台，构建多方联动的深圳智慧应急协调指挥体系。强化应急数据、资源共享互通，完善安全生产感知、自然灾害感知、城市安全感知、应急处置现场感知网络和公共卫生突发事件监测网络，汇聚深圳全市应急基础数据，接入水利、气象、自然资源等部门的应急力量、装备物资、重大基础设施等各类数据，形成应急基础信息主题库，为预测预警、辅助决策、指挥调度等业务提供数据支撑。完善数字化应急预案，实现灾害事故快速关联、响应和启动。建立深圳灾害风险预警信息发布机制，基于电信运营商移动终端大数据平台及"防灾减灾避险一张图"，实现多渠道快速发布。加强智慧消防建设，建设本地"消防一张图"，围绕火灾防控，开展消防主题应用建设，打造消防救援统一门户，建成一整套可感知、可防控、敏捷高效的深圳智慧消防救援体系。

优化深圳智慧交通管理和服务。深入推进深圳市交通信息化、智能化建设，完善集道路交通监测、决策、控制、服务于一体的交通大数据集成指挥平台，实现深圳全市重点区域路况信息、交通管制、交通组织的可视化管理。拓展交通管理大数据应用,逐步实现交通事故的主动发现、主动处置和预知预警。按需逐步推进深圳交通信号机设施设备的更新换代,提升信号机联网率,扩大视频监控、违法抓拍、电子警察等交通监控设备的覆盖面,加大智能传感器、射频识别和智能控制等物联网技术在道路交通基础设施中的推广应用力度。

增强深圳公共安全视频支撑能力。进一步推进雪亮工程补点、升级、扩面,提高深圳市重点区域、街道、社区视频监控覆盖密度,增加具有人脸识别功能的监控点位,通过高清摄像头拍摄图像和5G网络实时回传,实现连续无缝轨迹监控,提高视频巡查能力。加快推进视频图像智能化应用,依托视频云平台,整合共享深圳全市公共视频资源,强化视频图像解析能力,推动视频图像与业务实战深度结合,支撑视频云图像综合应用、视频图像侦查等多功能应用,实现深圳公共安全视频监控"立体展现、全域共享、智能应用"。

提升深圳生态环境治理能力。建立统一实时的在线环境监测应用,加强对水、土壤、噪声、海洋、辐射和气象等生态环境要素监测,利用新兴信息技术和新型监测手段,提升深圳生态环境全要素立体监测能力,全面掌握生态环境要素变化。依托大数据、区块链等技术,开展生态环境污染精准溯源分析,建设环保项目智能审批、环保社情民意智能感知、环保热点案件智能跟踪、污染源排放智能研判、环境质量模拟推演、"区块链+排污权交易"等智能分析应用,实现"数智融合"的深圳智慧生态环境管理。

提升智慧水务管理服务水平。完善深圳防洪排涝联合调度和推进城市排水设施建设,整合深圳全市供水水质监测信息和供水管网监测信息,加快建设全域感知、动态监测、精准调控、协同管理和高效应用的深圳智慧水务平台,实现防汛减灾和水资源调度等工作的全量信息汇集、实时立体感知。整合深圳各部门防洪排涝管理相关信息,在排水设施关键节点、易涝积水点布设必要的智能化感知终端设备,与城市信息模型(CIM)平台深度融合,与地理信息应用服务平台充分衔接。完善海绵城市管理应用,整合深圳全市雨水、地下水、污水和管网等涉水资源信息,助力建设海绵城市。

3. 深化政府运行"一网协同"

推动深圳市政府内部办事"零跑动"。建立健全深圳跨层级、跨区域、跨部门的信息共享和业务协同机制，推进各级各类报表简化合并、在线报送数据"一张表"，实现深圳市政府机关内部办事"少填、少报、快办"。依托深圳市政务综合办公平台和移动办公应用，推动政府机关内部非涉密事项实现"零跑动"全程网上办理。

（六）筑牢智慧城市安全底座

1. 构筑网络安全防护体系

提升深圳网络安全应急能力。健全深圳全市网络安全态势感知体系，加强对关键信息基础设施的保护，实现重要网站和信息系统的全天候、全方位监测响应。推进一体化网络安全应急指挥，定期组织开展深圳市跨部门、跨行业应急演练，提高网络安全事件外置、分析、追踪溯源以及遭受网络攻击后的快速恢复能力。

建设深圳全市统一的网络安全运维体系。构建覆盖网络安全、数据安全、系统与应用安全等各层面的深圳全市统一、协同联动的安全运维机制，打造平台、人员、流程三位一体的安全运维体系，提升和加强深圳常态化监测、感知、分析、预警和处置的网络安全运维保障能力。

提高网络安全新技术应用水平。大力推动5G、云计算、人工智能等新一代信息技术在深圳市安全领域的应用，提高政务云、网、平台、数据、系统等关键基础设施安全保护水平，增强公共网络的云、网、端一体化网络安全技术能力。推进网络安全服务模式创新，加强深圳网络安全专业化服务能力。

2. 健全数据安全防护体系

建立深圳数据安全监测与管理平台。选择采用多种数据安全技术手段，保障数据在产生、采集、传输、存储、使用、共享、销毁的生命周期内的保密性、完整性、可用性。

完善深圳数据资源分类分级和授权使用制度。结合深圳各行业、各领域数据资源属性特点，不断优化数据分类分级标准。制定措施，明确深圳数据

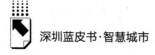

要素市场各参与主体的权益及安全保障主体责任，健全数据共享和开放维度以及授权使用制度。

七　保障政策和措施

（一）加强组织领导

加强深圳市智慧城市和数字政府建设领导小组对智慧城市建设的统筹领导，完善多部门分工协作机制，围绕统一智慧城市框架，形成整体推进路径。制定和落实深圳市智慧城市和数字政府建设领导小组会议、会商、报告和督办制度，通过定期例会，加强统筹谋划、统一部署，协调解决重大问题，推动深圳市各区、各部门充分整合利用现有体制机制，全面担负起大数据管理及城市运行管理职责。不断优化与智慧城市建设相适应的深圳市组织管理和长效运行体系，持续提高政府数据管理和运营能力。

（二）落实资金保障

坚持财政投资与市场化运作并重的原则，进一步提升政府性基金的引导作用，通过专项财政资金投入来撬动社会资本的广泛参与，形成多元化的智慧城市建设资金保障体系。积极争取国家、广东省相关部门专项资金支持，争取在深圳开展各类试点或示范项目。在深圳发起设立一定规模的智慧产业发展基金，利用和引导现有的基金群投资于具有前瞻性的智慧城市项目建设。通过特许经营、项目外包、政府购买服务、投资补助、信贷与发行债券等方式吸引社会资本、民间资本参与深圳智慧城市建设与项目运营。

（三）强化人才支撑

在现有各项人才政策的基础上，结合深圳新型智慧城市建设的实际需要，建立适应新型智慧城市建设的人才引进、培养和流动机制。加强智慧城市领军人才、高层次管理人才和高水平创新创业团队引进，建立深圳本地智慧城市及大数据人才数据库，定期开展人才培训工作，重点培养具有扎实理论基础和丰富实践经验的复合型人才。加强深圳市党政干部数字素养专题培训，增强干部队伍运用数字化思维解决实际问题的能力。培育深圳智慧城市和数字政府高端研究机构，打造新型智库和协同创新平台，为智慧城市建设提供智力支持。

（四）推动全民共建

实施全民数字素养提升计划，发挥智慧城市宣传、体验等功能，提升深圳市民对新型智慧城市建设的认知度和参与度。完善智慧城市项目长期运营合作伙伴机制，进一步加大智慧城市建设向社会购买服务的力度。探索多元参与的应用场景建设模式，鼓励深圳市高校、科研院所、企业和社会机构积极参与应用场景开发。

（五）健全制度规范

研究制定项目建设、政务服务、数据交易、网络安全等各项配套管理制度，逐步完善深圳市智慧城市建设制度规范体系。完善有关法规制度，为深圳市数据共享开放、开发利用、资产管理、运营运维、安全管理等提供法规依据。探索构建区域间智慧城市建设相关标准，推进深圳都市圈一体化治理能力建设。

（六）强化考核评估

加强对深圳智慧城市建设项目的管理，加强项目前期审批、进度管理和竣工验收工作，定期检查智慧城市各领域发展水平、建设任务落实情况、项目建成应用效果，加强智慧城市建设成效评估。逐步建立目标责任制和责任考核制，将深圳智慧城市建设项目申报落实情况和项目应用评估结果纳入年度绩效考核内容，并作为后续项目立项的重要依据。探索引入第三方机构对工程咨询、设计、监理、验收测试和成效评价等工程建设全过程实施质量跟踪。

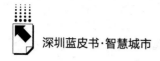

（七）加强示范引领

鼓励深圳市各区、各部门加大智慧城市项目建设力度，实施应用场景"揭榜挂帅"工程，打造智慧城市典型示范场景，逐步推广至全市。加大对深圳市各区、各部门智慧城市建设工作、典型示范场景的宣传推广力度。加强智慧城市领域的国际国内交流与合作，在深圳举办多种具有国际影响力的智慧城市论坛，依托各类论坛、峰会等积极展示深圳智慧城市建设成果。

参考文献

宋鑫、郝东东、闫隆平：《上海市新型智慧城市建设的研究与探索》，《经济研究导刊》2022 年第 9 期。

楚天骄：《借鉴国际经验，建设面向未来的智慧城市——"十四五"期间上海智慧城市建设目标和思路研究》，《科学发展》2019 年第 9 期。

王操、李农：《上海打造卓越全球城市的路径分析——基于国际智慧城市经验的借鉴》，《城市观察》2017 年第 4 期。

张宇、许宏鼎：《深圳新型智慧城市建设成效、经验及其对成都的启示》，《成都行政学院学报》2018 年第 6 期。

常丁懿、石娟、郑鹏：《中国 5G 新型智慧城市：内涵、问题与路径》，《科学管理研究》2022 年第 2 期。

郭明军：《基于市民感知的深圳智慧城市建设问题研究》，西北大学，硕士学位论文，2021。

规 划 篇
Planning Part

B.2
加大数字公共服务的供给，
促进数字经济全面发展

丁一 王宫 洪佳丹*

摘 要： 加大数字公共服务的供给，充分挖掘"新基建"的潜在价值，有利于促进深圳高质量发展。当前，深圳市在公共服务数字化领域的发展已初显成效，BIM 应用探索和推广已形成了一批成果，但数字基础设施的公共服务化有待推进，在 CIM 平台建设领域尚未达到全国领先水平，亟须加快脚步将新型基础设施转化为新型公共服务，构建基于"云网感数智"的数字公共服务供给，加快建立城市级 CIM/BIM 数字化标准体系，加快城市数字经济发展，保障城市高效运行，让新基建的硕果惠及千行百业，造福千家万户。

* 丁一，博士，深圳市智慧城市科技发展集团有限公司场景所所长，主要研究方向为智慧城市建设研究；王宫，博士，深圳市智慧城市规划设计研究院高级工程师，主要研究方向为智慧城市顶层规划、政策设计；洪佳丹，深圳市智慧城市规划设计研究院工程师，主要研究方向为智慧城市、数字经济等。

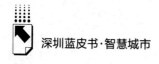
关键词： 数字公共服务 数字经济 新型基础设施 CIM/BIM

一 发展城市数字公共服务的重大意义

城市的吸引力源自公共服务的集中供给。公共服务的质量决定了人口的流向、要素的集聚和城市的兴衰。内燃机时代，更密集的加油站和更低廉的油价意味着城市竞争力更强；电气化时代，更稳定的供电和更便宜的电价意味着城市竞争力更强；互联网时代，更快的网络意味着城市竞争力更强。迎接数字时代，得数字公共服务者得数字经济发展。哪座城市能够率先提供全球最优的数字公共服务，就能打造数字经济发展的最优营商环境，成为世界级的数字经济枢纽。

数字公共服务包含传统公共服务的数字化和数字基础设施的公共服务化。对今日深圳而言，亟须加快脚步将新型基础设施转化为新型公共服务，抢占数字时代先机，让新基建的硕果尽快惠及千行百业，造福千家万户。

加大数字公共服务的供给，充分挖掘"新基建"的潜在价值成为深圳高质量发展的当务之急。以新基建支撑的数字公共服务供给，应当以降低数字经济发展门槛、缩小数字经济发展差距、促进数字经济合作、提高数字经济水平为目标，促进城市高质量发展。

城市信息模型（CIM）/建筑信息模型（BIM）的建设地位特别突出。近年来，我国政府发布的多个文件明确要求加快推进城市信息模型平台建设。2020年，住房和城乡建设部等七部委在《关于加快推进新型城市基础设施建设的指导意见》中提出，全面推进城市信息模型平台建设，与工程建设项目审批改革平台连接，推进BIM审图模式。2021年，国家"十四五"规划明确提出，完善城市信息模型平台和运行管理服务平台，构建城市数据资源体系，推进城市数据大脑建设。近期，深圳发布《关于加快推进建筑信息模型技术应用的实施意见（试行）》，要求推动基于BIM的审批监管，加大自主知识产权软件系列的研发应用力度，加强 BIM 数据资产统筹管理，深圳全市所有重要工程项目建立 BIM 并导入空间平台，对接 CIM 平台。

加快推进城市信息模型平台建设，是探索建设数字孪生城市的重要路径。为落实深圳市建设"数字孪生城市"和"鹏城自进化智能体"的重大决策部署，打造国际新型智慧城市标杆和"数字中国"城市典范，加快建成全球数字先锋城市，全面推进 CIM/BIM 基础平台建设，构建保障城市高效运转、赋能城市精明增长的重要手段，是深圳建设先行示范区的当务之急。

二 深圳数字公共服务的现状

1.新基建的快速发展为数字公共服务提供了基础支撑

2018 年以来，党中央、国务院多次做出加快 5G、数据中心、工业互联网、物联网、人工智能等新型基础设施建设的重要指示和工作部署，新型基础设施已经成为新时代国家战略性、先导性、关键性基础设施。截至 2021 年，深圳市光纤接入端口占比为 80.4%，城域网出口总带宽达到 14.4Tbps，5G 用户占比和流量占比均为全国第一，数据中心机架规模达到 10 万个，拥有国家超级计算深圳中心和鹏城云脑等高性能计算中心，连续三年在中国城市人工智能算力排行榜中位列前三。可以看出，深圳数字基础设施建设的大部分指标已经达到全国领先水平、接近全球领先水平，具备率先探索数字公共服务供给的基础。

2.深圳 CIM/BIM 平台应用基础不断夯实

深圳围绕"数字底座"项目全力开展存量数据融合和重点建筑建模，推动各类规划图层、建筑物编码、地楼房数据、商事主体、交通等主题数据融合导入，夯实平台应用基础。2022 年，深圳前海共创建整合了 147 个建设项目的 BIM 模型，涉及 10 个专业类别。深圳工务署现累计 BIM 应用项目 105 个，其中在建项目 68 个。深圳水务局通过近两年的 BIM 应用，形成了约 900 个 BIM 模型，超过 100 份 BIM 应用成果，为智慧水务的建设奠定了一定的基础。为推动平台的典型场景应用，深圳市建设工信局产业发展可视化分析平台、住房建设空间信息展示发布系统、三维燃气管网（8000千米）、城市公交实时定位、盐田港综合运营管理可视化平台等多个典型场景，应用价值初步显现。同时，深圳市推进国产化BIM的技术调研和商业论证，研究BIM国产化以及商业化推广的可行路径。

三　深圳数字公共服务供给存在的问题和挑战

1.公共服务数字化初显成效，数字公共服务化亟待推进

当前深圳已针对食品供给、交通出行、医疗教育、政务服务等关乎民生的传统公共服务进行数字化转型，示范效应显著。以政务服务为例，深圳市以数据资源共建、共享、共用为突破口，全面深化政务服务"一网通办"。深圳全市统一政务服务App"i深圳"为深圳市政务服务、社会治理、疫情防控及复工复产等做出了重要贡献。同时，深圳市以"深i企"为统一归口，形成线上线下"整体式"智慧企业服务平台。

当前深圳对数字基础资源的公共服务化供给程度有待加强。数字产业链条一些环节的中小企业在其自身产业数字化或数字产业化发展过程中，存在数字基础资源使用成本或门槛较高的痛点，较大程度限制了深圳数字经济的发展，亟须通过推进数字公共服务化来解决这个问题。

2.深圳CIM、BIM发展与全国领先目标还有一定距离

深圳以全球数字先锋城市为发展目标，在CIM平台建设上离全国领先目标还有一定距离。根据不完全统计，我国绝大多数省级行政区均发布过与推动本省CIM发展直接或间接相关的政策文件，其中广东省数量最多，但目前深圳关于CIM的相关政策较少。相比雄安新区和南京，深圳亟须加强全市CIM平台的统一规划，统筹推进CIM平台的建设。相比广州，深圳缺乏全市统一的CIM平台专业运营体系。与此同时，深圳作为先行示范区，需要围绕CIM/BIM相关技术，在关键领域加快形成一批自主可控的创新成果，加快探索国产化软件BIM推广路径。强化CIM平台安全防护能力，形

成覆盖网络、系统、数据全链条的安全保障体系。

3.加快推进数字公共服务供给是深圳数字经济发展的当务之急

新基建构建了适应数字经济与未来社会发展需求的基础设施体系，加快推进数字公共服务是当务之急。数据中心、5G基站、感知设备等新型基础设施平均使用年限或维护周期约5年，远远短于传统基础设施（平均使用年限30年左右）。随着深圳新基建的迅猛发展，若不加大数字公共服务供给力度，必将造成新基建的巨大资源浪费。

新基建作为数字化社会的基础建设，既需要发挥新技术的推动作用，也需要依靠社会公共服务与数字经济发展需求场景的广泛参与以挖掘其潜在应用价值。新基建是数字经济发展的基石、转型升级的重要支撑，深圳加快推进基于新基建的数字公共服务供给体系建设不仅是数字经济发展所需，也是深圳城市高质量发展的题中应有之义。

四 国内外 CIM/BIM 建设现状比较研究

1.国外 CIM/BIM 建设现状分析

在国外，多数发达国家已经将 BIM 技术提升到国家层面进行推动，设计和施工单位也将 BIM 技术作为承接项目的必备能力之一。在 BIM 技术的实施应用过程中，美国、英国、新加坡、日本、韩国等国也相继推出了各自的技术标准和技术政策。

2003年，美国总务管理局（General Service Administration，GSA）推出了全国 3D-4D-BIM 计划。截至2017年，美国72%的建筑公司正在使用 BIM 技术。

英国是最早在国家层面推进实施 BIM 技术的国家，并于2019年发布 BIM 技术最新标准及指导，在制定 BIM 技术全球标准中扮演关键角色。

芬兰、挪威和瑞典等北欧国家是最早采用 BIM 技术的国家，其公开标准和要求相对成熟。2012年3月，芬兰 Building SMART 发布了"通用 BIM 需求"；挪威国家铁路公司 Bane NOR 要求所有铁路基础设施项目的规划、设计和施工应使用基于 BIM 的方法和工具；截至2018年，瑞典95%以上的在建项目拥有BIM，专业领域包含了结构、建筑、机电等。

2007年新加坡建设局发布了世界上首个BIM技术电子提交系统（e-Submission System），并且最终在2015年前实现所有建筑面积大于5000平方米的项目都必须提交BIM的目标。

日本在BIM领域的发展已经相当完善，在各种软件支撑下BIM获得了深入细致的应用，相关审核、提交平台确保了BIM信息的交换，其建筑学会的BIM应用指南规范了人员、软件、平台的配合，可见相关行业在BIM领域起到了重要的推广作用。

2010年4月，韩国公共采购服务中心发布了BIM路线图，同时，韩国建设技术研究院编制了《国家级建筑环境BIM发展的指导意见》，建立施工CALS（持续采办和全生命周期支持）图纸标准和制定3D设计信息使用标准。韩国政府比较重视BIM的发展，通过建立BIM知识库，实现半自动化建模。韩国在模型审查中使用深度学习、自然语言处理等先进技术，并建立规则库，辅助模型审查；在运维方面，使用了多种先进软硬件（无人机、激光扫描仪等），实现已有建筑建模以及管理。

与我国相比，国外的BIM应用具有软件更加多元化、注重信息的纵向（阶段）横向（专业）交换、正向设计率高、开放标准应用率高、技术研发能力强、资金投入多、项目周期长等特点。

2.国内部分省市CIM/BIM建设现状研究

国内在CIM/BIM建设应用上，已经取得了一定的建设成效。截至2021年8月，全国政府及相关部门公开发布的CIM政策及标准文件合计117项。目前，全国BIM报建审批平台建设方面取得较为突出成果的省市主要有上海、厦门、南京、雄安新区、广州以及湖南等。

上海从市级层面颁布实施BIM技术相关政策18项，领域涵盖房屋建筑、市政基础设施、交通运输、园林绿化、水务和海洋等多个类别。2020年上海市政府投资项目中应用BIM技术的项目占比94%，为国内BIM普及率最高的城市。目前上海市还未建立BIM报批报建、施工图审查等一体化平台。

厦门市目前以 BIM 报建试点为契机，建立 BIM 数据库，完成了 12 个试点项目 BIM 报建，涵盖大型公共建筑、房建项目、大型综合体、市政工程等项目。

南京市开展了"BIM/CIM 试点"总体设计工作，完成了基于 CIM 的规划报建、BIM 审查审批系统建设、施工图三维数字化审查系统建设、竣工验收备案系统建设，并编制了《南京市工程建设项目 BIM 规划报建交付标准（试行）》《南京市工程建设项目 BIM 规划报建数据标准（试行）》《南京市工程建设项目 BIM 规划报建技术审查规范》《建筑功能分类和编码标准》等一批 BIM 和 CIM 标准文件。

雄安新区开发建设了"规划建设 BIM 管理平台"，实现项目审批全流程的数字化管理，以现状运营（BIM0）—总规（BIM1）—控制性规划（BIM2）—建筑设计（BIM3）—施工（BIM4）—竣工验收（BIM5）构建数据积累、迭代的闭合流程。新区制定了《雄安新区规划建设 BIM 管理平台规划成果入库管理办法》《雄安新区规划建设 BIM 管理平台数据提供管理办法》，实现 BIM0—BIM5 各阶段数据成果的获取和使用服务。

广州市 2019 年底启动了城市信息模型（CIM）平台项目建设，构建了一个 CIM 基础数据库、一个 CIM 基础平台、一个智慧城市一体化运营中心、两个基于审批制度改革的辅助系统以及一个基于 CIM 的统一业务办理平台。广州市已建设完成基于 CIM 的规划报建 BIM 审查审批系统、施工图三维数字化审查系统、竣工验收备案系统。

湖南省住建厅立项"湖南省 BIM 审查系统"，采用通用、统一的标准数据格式体系 XDB，规整多源 BIM，并且为支撑 BIM 的一键自动化审查研发了 BIM 审查引擎。目前湖南省施工图 BIM 审查系统已正式上线运行。

五 加大深圳数字公共服务供给的对策措施

1. 构建基于城市云的公共服务体系

针对当前深圳市云资源集约化程度低、中小企业使用云服务成本高的痛点，构建基于城市云的公共服务体系，深圳需要协同政府部门、公共企事业单位及各类市场主体，统筹汇聚城市"云资源池"，构建全市统一的算力调度平台，形成差异化的云服务供给能力。以公平普惠的服务机制，面向企业提供成本合理、部署灵活、配置快捷的公共云服务，提高深圳数字经济基础支撑能力。

一是建立全市公共云资源融合机制。实现深圳政务云、国资国企云互联互通，探索与市场化云资源的联结机制，形成全市一体化的"城市云"，加强基础设施建设和运营管理统筹，避免资源重复投入。

二是构建全市一体化算力调度平台。探索全市算力资源协同调度机制，参照电力管理研究算力调度管控模式，实现算力资源的集中管理和按需调度，促进多云之间、云网之间资源联动，打造一体化协同的算力服务资源池。

三是探索公平普惠的公共云服务供给模式。理顺深圳云服务市场需求情况和资源定价标准，平衡需求与供给，根据不同的云服务内容和服务等级，构建公开透明的定价机制，建立贯穿服务全周期的管控反馈体系。

2. 构建基于5G网络的公共服务体系

为优化5G应用发展环境，降低智能管理、智能物流、安防体系、远程医疗、远程教育等高带宽、低时延、广连接业务的发展门槛，亟须构建深圳基于5G网络的公共服务体系，促进数字经济应用落地。

一是探索5G企业专网的公共服务模式。面向深圳企业应用需求，推动5G企业专网公共服务化供给，减轻中小企业对5G专网使用的资费压力，促进5G在中小企业中的应用。

二是构建基于5G场景的公共服务收费模式。以提高覆盖率和适用性为目标，探索基于流量、速率、时延、特定服务、垂直行业应用等的多量纲、多层次的5G服务计费模式。

3. 加快建立城市级CIM/BIM数字化标准体系

一是建立与国际接轨的城市级BIM数字化标准体系。成立标准委员会，统一制定基于IFC国际标准的深圳市BIM数字化标准体系。以跨行业共建共享为原则，涵盖工程建设全生命周期，针对数据采集、更新、建模、融合、交换、存储、服务等全过程，构建开放、中立的 BIM 数据标准规范，打破厂商数据格式限制风险，实现模型互联互通、数据高效共享，为深圳智慧城市协同决策、协同治理夯实源头数据基础。同时与港澳标准融合，促进大湾区智慧城市一体化发展，适时以深圳标准申报国家标准，发挥深圳先试先行示范带动作用。

二是加快推进跨部门联动的工程项目 BIM 审批监管体系建设。建立深圳市工程项目相关监管部门协同联动机制，整合现有分散在各部门、各流程的项目审批监管业务系统，搭建覆盖立项报建、规划许可、施工许可、验收备案等全过程的工程项目 BIM 审批监管平台。基于统一的 BIM 数据标准、统一的可视化平台，汇聚工程建设关键环节 BIM 数据，畅通投资审核、空间审核、合规审核等审批过程，辅助审批决策，动态反映项目审批建设进度，解决工程项目数据不清、过程不明、监管缺乏抓手等问题，推动深圳市政府优化审批流程、提升审批效率，助力实现工程项目全生命周期管理数字化、智能化、协同化。

三是围绕公共空间和公共基础设施，构建动态数据接入的城市级 CIM/BIM 应用体系。以提升公共空间和公共基础设施建设运营能级为目标，打破碎片化、项目级 BIM 应用局限，推进跨领域深圳城市级 CIM/BIM 场景融合应用。联结深圳城市运行动态，统筹接入电信运营商、地铁、高速、供水、供电等动态数据，强化动态数据的标准化治理、实时监控、综合分析与自动预警，构建深圳城市级 CIM 数字底座，形成公共基础设施核心数字资产，加快推动全要素数字化的数字孪生城市场景落地，实现基础设施长效监管、持续养运。

四是聚焦民生所需，打造民生服务场景应用示范。在深圳市建筑、交通等成熟领域应用的基础上，探索切实服务民生的场景应用。例如，基于深圳市医疗公建 BIM 数据结合就诊业务流程，提供医院内就诊导航服务，方便市民就诊；基于深圳市学校食堂 BIM 数据、明厨亮灶数据以及校园供菜数据，构建动态实时监控的学校食品安全保障系统，让家长们放心孩子在校的饮食健康；基于 BIM 技术，构建食品、药品仓储存储建档，盘清储存情况，辅助深圳市食品、药品资源供给的管理调度。

五是打通产业链、创新链，培育自主知识产权的 BIM 生态体系。发挥深圳市政府引导作用，建立专项科研基金，加大对科研团队、中小企业的资金扶持力度，推动与 BIM 技术相关的建模软件、数据库、平台产品等的国产化研发进程，在关键领域加快形成一批自主可控的创新成果。发挥国企平台基础性、公共性、先导性作用，统筹深圳全市 BIM 平台数据安全可靠运营，持续孵化场景应用，充分挖掘 BIM 数据蕴藏的巨大价值。加强 BIM 技术与 5G、物联网、人工智能等前沿技术交叉融合，激发数字产业集成创新效能，促进深圳市数字经济高质量发展。

4. 建立健全物联感知数据公共服务机制

针对城市运行感知终端多头建设、分散管理，感知数据接口多样、类型复杂等现实问题，建议由深圳相关政府部门统筹建立物联感知数据公共服务机制，拓展城市感知数据跨区域、跨行业、跨领域开发利用，促进数字经济共建共享。

一是搭建深圳全市统一的物联感知平台。加快制定感知数据接入、解析、存储规范和接口协议适配标准，实现深圳全市物联感知信息的有效汇聚和整合，建成泛在感知、智能协同、高效敏捷的城市物联感知体系。

二是推进深圳物联感知数据分级分类管理。按照感知终端类型、所属主体、应用领域等对物联感知数据进行标签化管理，明确不同类型数据的开放共享程度和服务等级。

三是建立深圳物联感知数据公共服务机制。明确不同场景、不同区域、不同级别数据的公共服务原则，制定严格的服务审批流程，形成覆盖物联感知数据采集、传输、存储、使用全过程的安全可控服务闭环。

5. 提高深圳数据要素资源公共服务供给能力

积极推进深圳数据要素市场化配置改革试点，以目前深圳市政府数据开放平台为基础，扩大数据共享范围，提升数据要素资源公共服务供给能力。在安全可靠、合法合规的前提下，通过公共数据授权运营的模式，以数据服务、数据产品的形式促进深圳公共数据开放共享和数据要素有序流转，充分发挥数据要素的经济倍增效应。

一是制定深圳市公共数据资源服务目录。从公共数据安全保护等级、数据的时效性、数据的颗粒度等因素出发，制定深圳市公共数据分级分类标准，明确纳入公共服务的数据资源目录，针对不同的数据开放等级提供差异化数据服务。

二是开展深圳市公共数据授权运营试点。确立公共数据授权运营的体制和权责关系，建议授权深圳市地方国资平台企业开展公共数据服务试点，探索建立深圳市无偿服务和有偿服务相结合的公共数据服务模式。

三是搭建深圳市专业化公共数据服务平台。充分利用隐私计算、区块链等前沿技术手段，搭建深圳市融合多源数据、服务多业务领域、涵盖数据服务全流程的公共数据服务平台，向公众提供标准化数据处理和专业化数据服务。

6. 构建智能技术公共服务体系

以 AI 为代表的智能技术，目前正面临创新成果商业模式不清、应用场景落地门槛偏高等问题。通过构建深圳市智能技术公共服务体系，提供基于算法模型、训练数据、测试服务等 AI 资源的一体化公共服务，将有效降低 AI 开发利用门槛，促进资源供需对接，提高数字经济发展能级。

一是打通智能技术产业链和创新链。双向打通包括芯片、算法、终端、应用等在内的 AI 产业链，以及覆盖研发、测试、训练、孵化全过程的 AI 创新链，构建深圳市政产学研用深度融合的 AI 产业创新服务机制。

二是汇聚深圳市数据、算力等资源支撑能力。提供高效的算力、算法、数据以及重点技术产品测试评估服务，打造深圳市有效支撑 AI 技术创新和成果落地的高质量资源库，形成数据、算法、模型、场景要素齐全、高效联动的"一站式"AI 产业基础公共服务体系。

三是建立供需撮合机制。围绕深圳市产业链重点技术产品与核心应用场景，建立涵盖 AI 解决方案、技术服务、产品服务、商务服务的供需撮合机制，搭建线上线下相结合的撮合服务平台，实现高效精准的供需匹配对接。

B.3
深圳市大数据产业发展研究报告

陈凯　袁义才　李延明*

摘　要： 我国大数据产业正步入高质量发展阶段，总体规模位居世界第二。深圳市大数据产业发展走在全国前列，在5G基站、多功能智能杆等新型信息基础设施领域布局优势明显，智慧城市、数字政府等大数据应用领域也领先一步。目前深圳大数据中台架构、云存储呈加速拓展趋势，对加快建设大数据存储中心和深化融合应用提出较大业务需求。为推进大数据产业发展，深圳需要前瞻性开展大数据产业规划，不断加强大数据标准体系建设，推动大数据技术行业应用深化，加快大数据基础设施建设，推进数据要素市场建设，并不断加强大数据人才引进和培养，争当大数据应用全球标杆城市。

关键词： 数据　大数据产业　云计算　数字经济

随着数字化时代到来，数据成为新型生产要素，给传统生产方式带来重大变革，且为提高经济效益、开拓发展空间提供新动力。大数据是支撑数字经济发展的关键技术之一，深圳市围绕建设国际新型智慧城市标杆的目标，不断促进大数据与产业融合创新发展。

---

* 陈凯，经济学硕士，创新科技有限公司董事长，主要研究方向为科技创新等；袁义才，经济学博士，深圳市社会科学院粤港澳大湾区研究中心主任兼国际化城市研究所所长、研究员，主要研究方向为区域经济、公共经济、科技管理；李延明，经济学博士后上海交通大学深圳研究院研究员，主要研究方向为宏观经济。

一 国内大数据产业发展形势分析

随着 5G、物联网、云计算等新一代信息技术的创新发展，大数据国家战略的加速落地，我国大数据产业发展步入快车道。根据工业和信息化部 2021 年 11 月 30 日发布的《"十四五"大数据产业发展规划》，"十三五"时期，我国大数据产业快速发展，年均复合增长率超过 30%，2020 年超过 1 万亿元，大数据产业发展取得显著成效，逐渐成为支撑我国经济社会发展的优势产业。其中，数据中心的规模从 2015 年的 124 万家增长到 2020 年的 500 万家。按照规划目标，到 2025 年，我国大数据产业测算规模将突破 3 万亿元，年均复合增长率保持在 25% 左右。

近年来我国大数据产业取得快速发展，据赛迪研究院统计，我国大数据市场规模由 2019 年的 619.7 亿元增长至 2021 年的 863.1 亿元（见图 1），大数据市场规模包含了大数据相关硬件、软件、服务市场收入。在全球新冠肺炎疫情之下，我国经济率先复苏并总体保持增长态势，随着国家快速推动数字经济、数字中国、智慧城市等发展建设，未来大数据行业对经济社会的数字化创新驱动、融合带动作用将进一步增强，应用范围将得到进一步拓宽，

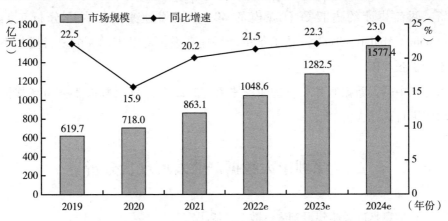

图 1 2019~2024 年中国大数据市场规模增速及预测

资料来源：赛迪研究院。

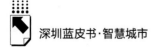

大数据市场也将保持持续快速的增长态势。

据国际数据公司（IDC）预测，2026 年中国大数据 IT 支出规模将达到 359.5 亿美元，市场规模位列单体国家第二。从增速的角度来看，中国大数据 IT 支出五年（2021~2026 年）复合增长率约为 21.4%，位列全球第一。中国大数据市场增速持续领跑全球，呈现强劲的增长态势，市场前景广阔。随着数字经济、数字化转型、新型基础设施等投资建设进一步加快，中国终端用户对大数据硬件、软件、服务的需求将稳步提升。

IDC 预测，到 2026 年，中国大数据硬件市场 IT 投资规模将达到 137.2 亿美元，约为 2021 年投资规模的 2 倍。值得关注的是，未来五年（2021~2026 年），硬件市场仍将是中国大数据市场占比最大的一级子市场，占比规模接近四成。从行业终端用户的角度来看，至 2026 年，专业服务、电信、金融等将成为大数据相关信息技术支出的主力行业。

聚焦中国大数据软件市场，2026 年大数据软件将成为第二大技术市场。2022~2026 年大数据软件市场投资规模将以 26.9% 的复合增长率强劲增长，软件信息技术投资规模逐年接近硬件市场。其中，人工智能软件平台（AI Software Platforms）市场和终端用户查询、报告和分析工具（End-User Query，Reporting and Analysis Tools）市场将主导中国大数据软件信息技术投资，两者共计约占投资总规模的 40%。从增速来看，内容分析工具（Content Analytics Tools）技术子市场增速亮眼，将以 41.1% 的复合增长率不断扩张规模。

从中国大数据服务市场的角度来看，2026 年中国大数据服务市场规模将接近百亿元大关。

二 深圳市大数据产业发展现状分析

1. 信息基础设施建设领先，数据资源丰富

深圳市信息基础设施建设全国领先，数据资源丰富，为大数据产业打造了良好的发展基础。2021 年深圳市获批成为全国首个基础设施高质量发展

试点，在新型基础设施领域布局优势明显。深圳市 5G 建设规模领跑全国，是全国首个实现 5G 独立组网全覆盖的城市，同时，深圳市 5G 基站密度也居国内第一，5G 标准必要专利总量全球领先，5G 产业规模、5G 终端出货量全球第一。2021 年，深圳市已建成 5G 基站 5.1 万个，多功能智能杆近 1.5 万根，光纤接入用户占比达 94.2%，国家超算深圳中心运算速度达 1271 万亿次/秒，是世界最早布局云计算、大数据、人工智能的超算中心之一。2021 年，深圳市 5G 用户超 900 万户，5G 流量占比达 30.78%，获得工信部评选的全国移动网络信号质量测评"主要道路、商业场所、公园和地铁"等四个"卓越城市"称号。

深圳市地处"一国两制"背景下的粤港澳大湾区，区域数据流量大，处于全国第一梯队，广东大数据主要集中于广州、深圳地区。

2. 大数据产业实力雄厚

深圳市大数据企业数量排名全国第一。近年来，我国大数据企业加速发展，并主要集中于北京、广东、上海等经济发达地区。目前，深圳市有大数据企业超过 1.6 万家，领先于上海、西安、广州、重庆和福州等大数据企业数量排名靠前的城市。据统计，2021 年在 1.6 万多家处于健康发展及以上阶段的优质大数据企业中，广东优质企业数量仅次于北京，主要分布于深圳、广州，两市合计约占广东优质企业的 90%，这主要是由于深圳和广州有较好的互联网发展基础，吸引了大量优秀大数据企业。

深圳市大数据产业链比较完善，呈大中小企业协同发展格局。在全国众多头部大数据企业中，深圳市的企业华为、腾讯、中兴通讯等行业巨头排名前列，华大基因、天源迪科、慧动创想等优质企业和微众银行、平安医保、碳云智能等"独角兽"企业也都地位突出。深圳市的大数据骨干企业华为、腾讯、中兴通讯、碳云智能等均是大数据技术、产品、服务和应用解决方案企业，华大基因、平安医保等企业是典型大数据融合应用企业。

3. 大数据企业创新动能强劲

近年来，深圳市大数据企业的专利活跃度不断提升、创新动能非常强劲。2022 年我国作为全球大数据技术第一来源国，大数据专利申请量占全球大数据专利总申请量的 80% 以上，远远领先于随后的韩国、美国等国家。这主要得益于深圳大企业的创新贡献，广东成为我国当前申请大数据专利数量最多的省份，领先于北京、江苏、上海等省市。2020 年，深圳大数据专利申请量达 2.41 万件、授权量达 1.68 万件，其中专利授权量排在全国 17 个重点城市的第 2 位。

4. 大数据支持环境良好

深圳市出台《深圳市促进大数据发展行动计划（2016—2018 年）》，明确提出要建成完善的大数据基础设施，形成较完善的具有核心自主知识产权的大数据产业链。《深圳市数字经济产业创新发展实施方案（2021—2023 年）》重点支持数据采集、数据清洗、数据分析挖掘、数据可视化、大数据行业应用等领域，促进大数据与各行各业融合创新发展，对深圳市大数据产业发挥了重要支撑作用。从数字政府发展指数来看，深圳数字政府建设领跑全国，并对大数据产业发展发挥很大支持作用。深圳建立数据交易所，打造数据交易的场景优势，助力加快建设全国数据交易统一大市场，推动数据要素流通关键基础技术发展。

大数据人才资源不断优化。在大数据人才供给方面，从设立大数据相关专业的高校数量来看，深圳目前已经有 22 所高校开设了大数据专业，跻身全国前三，为深圳市大数据产业的创新发展不断优化人才保障。

三 深圳市大数据产业的应用趋势研究

深圳是中国信息技术产业最集中的城市。根据中国上市公司的城市分布和行业分布数据，深圳共拥有技术硬件、应用软件等行业上市公司 99 家，高于北京（81 家）和上海（46 家），深圳和广州上市公司之和达到 107 家，使粤港澳大湾区成为中国乃至全球的信息技术产业中心。

粤港澳大湾区大数据产业的应用主要是软件和硬件两个方面，两者是密切相关的。一个突出的特点是大数据"中台架构"的发展，极大地推动了政府、金融和医疗等领域 IT 系统的更新换代，使其成为软件系统、服务器和存储中心最重要的细分市场。同时，5G 网络、区块链等新兴技术的发展，进一步加速了这个过程。

（一）大数据"中台架构"的发展需要更多存储中心

大数据的软件最早在互联网行业出现，随后发展出适合数据集中化管理、算法独立迭代、业务自由对接的中台架构，与云计算、5G 网络、区块链等技术存在紧密联系。当前数字中台市场已经进入高速发展时期，国内一些独立软件服务商涉足布局数字中台业务，一些创新型企业快速进入，数据供求大幅度增加，市场规模得以快速扩张。2019 年中国数字中台规模增长率达到 100%以上，2022 年预计实现 50%以上的复合增长率，市场规模增长到 180 亿元。①

大数据"中台架构"中市场增长最快的是存储设备。根据 2019 年数字中台建设的平均成本结构，中台软件结构搭建的成本占 42.8%，硬件基础设施占 34.7%，运维管理占 10.0%，人员培训占 6.5%，其中硬件基础设施成本中绝大部分是存储设备的购置费用。

2019 年中国数字中台重点延伸领域见图 2。数字中台正在从互联网行业向其他行业及各细分应用领域延伸，助力行业加强数据积累、用户画像和资源复用等技术的运用，成功推动了数字政府、金融、医疗、教育等应用场景的拓展。

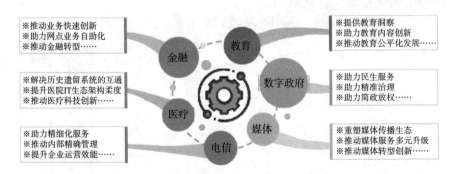

图 2　2019 年中国数字中台重点延伸领域

资料来源：艾瑞咨询：《2019 年中国数字中台行业研究报告》，2020。

---

① 艾瑞咨询：《2019 年中国数字中台行业研究报告》，2020。

1. 智慧政务产品对政府数据存储中心的需求

数字政府是数字中国宏观背景下，以新一代信息技术为支撑，政务服务数字化转型的一种表现形式，是促进政府改革、社会创新发展的重要推动力，也是建设数字中国的重要牵引力。多年来随着政务信息化持续推进与深化，基本完成了数字政府1.0的建设，初步实现了政务服务的在线化、网络化与移动化。其间，政府搭建起了完整的政务服务信息框架，初步形成以政务云为基础设施的新型技术支撑体系，提升了政府公务人员办公效率。

数字政府从1.0向2.0进阶，需要着力要解决政务服务业务创新速度落后于社会需求的问题，促进各部门间数据的互联互通，推动数据和业务的融合发展，让数据价值为业务服务赋能，增强服务型政府治理能力。数字中台的运用，促进政务数据化运营和政府业务流程再造，全面提升政府公共服务能力、社会治理能力、科学决策能力，形成新的治理模式和服务模式。推动实现公众办事从"最多跑一次"向"一次都不跑"的变革。

2015~2020年，政府IT应用产业规模不断增长，虽然随着产业体量的增加，同比增速有所减缓，但每年预算仍然保持200亿元以上的增长，市场规模保持稳定的增长（见图3）。

图3 2015~2020年中国政府IT应用产业规模与增长率

资料来源：赛迪研究院。

在政府 IT 应用支出中，以存储设备为核心的硬件投入规模持续扩张，2015~2020 年投入规模增长了 44.69%（见图 4）。

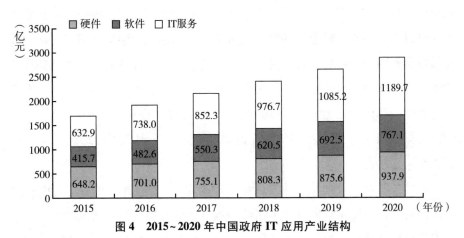

图 4　2015~2020 年中国政府 IT 应用产业结构

资料来源：赛迪研究院。

2. 智慧金融产品对金融数据存储和交互的需求

金融行业早期信息系统建设的目的是实现个别线下业务的线上化。数据系统建设与流程、底层系统耦合较深，横向系统之间、上下游系统之间的交叉关联则比较少，导致在新业务、新市场的拓展过程中，系统无法直接复用和快速迭代。

新的业务中台架构打通了业务之间的数据交互壁垒、业务协同壁垒，加快了大数据技术在业务开展和客户服务中的应用。如企业数据和个人数据的关联，可以建立算法实施信用交叉评估；新业务的推广可以从老客户中建立算法筛选目标客户，实施精准营销；客户填写新业务申请信息时，可以调用既有数据，减少重复信息填写。新的业务架构需要硬件基础设施的支持，集中存放底层数据、业务逻辑和数据处理算法。

以大湾区广发银行的业务系统中台建设为例，2017~2019 年，打造了包括用户中心、支付中心、交易中心、权益中心、金融助手、搜索中心在内的业务中台。中台的信息复用和业务分拨功能，服务于 4 个业务部门、15 个渠道应用，涵盖手机银行客户 3000 万、个人网银客户 2500 万、App 客户

1500万，实现新旧系统并行、异构数据双写实时同步。

在业务系统中引入中台架构之后，必须重新配置硬件设施。新的IT技术架构产生了信息存储、信息调用、数据计算等需求，建设统一的中台服务器就显得十分必要。随着硬件技术的进步，新的超融合架构将虚拟化计算和存储整合到同一个系统平台，这个平台既有服务器的计算能力，也具备存储功能，因此存储中心的建设成为银行信息化建设中必不可少的一部分。根据历史数据，存储中心建设的费用在整个IT系统建设中占30%以上，2020年，银行业IT系统建设中存储中心的市场容量已达到200亿元，2021年达到245亿元左右。

证券公司智能投顾业务的发展将推动金融IT市场继续扩容。智能投顾软件的运行，需要海量的资产价格波动数据，以及后台运行的资产定价、资产配置等算法模型。模型本身智能进化和迭代也会产生数据调用需求、中间数据存储需求。当前主流金融机构的智能投顾产品尚没有充分实现智能投顾的技术要求，有待进一步发展，随着资产管理需求的扩张和智能投顾产品的迭代，数据存储中心的扩容和建设前景值得期待。

3. 智慧医疗产品对医疗数据存储和交互的需求

早期医疗机构信息化面临转型。医疗机构信息化始于1999年，经过20多年的发展，医院围绕各个业务模块构建起住院、门诊、护理、检验等多个信息系统，但是由于这些系统的厂商各不相同，导致业务数据封闭在各个业务信息系统中，缺乏兼容性和整合性。每家医院系统数据也无法在医院之间、区域之间进行流转。随着我国医疗健康服务体系的全面转型，现有的医疗信息系统（HIS）、计算计化病历系统（EMR）等系统已经不能充分地体现医疗数据的价值，医疗信息系统架构必须升级以适应复杂多变的应用需求。

医疗与管理双轮驱动来自医院IT系统数字中台技术的广泛应用。基于数字中台打通医疗信息壁垒，可从四个方面提升医疗与管理效率：第一，沉淀有效的医疗数据，把精细化运营和临床路径、单病种管理结合起来。第二，贯通服务链条、业务链条和数据链条，实现临床、科研、运营等医院各主体的数据分析。第三，便于医生操作落地，提高诊疗效果，提升医院工作效率。第四，通过打通院间数据壁垒，提高医疗资源的利用率，实现高效优质的医疗服务，并有助于医联体、分级诊疗等政策落地。

数字中台技术的广泛应用推动了医疗 IT 系统和存储中心需求的扩张，根据中国医院协会信息专业委员会对中国医院信息化调查，2016 年，中国医院 IT 建设项目投入中占比最大的是 100 万~200 万元的小项目，占比超过 30%。而 2017~2019 年，由于数字中台技术的广泛应用推动形成了更复杂的技术架构和更大规模的存储中心，单个项目规模不断增加（见图 5）。

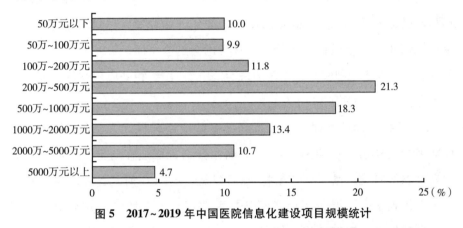

图 5　2017~2019 年中国医院信息化建设项目规模统计

资料来源：中国医院协会信息专业委员会：《2018-2019 年度中国医院信息化调查报告》。

智慧医疗的发展推动医疗 IT 系统市场和存储中心市场进一步扩容。基于大数据的智慧医疗服务主要包含统一的数字化集成平台，提供广泛社会服务的医疗专用网络，承载数据存储、运算、分发功能的数据中心。智慧医疗可以实现三个功能。第一，实现区域医疗资源共享，政府可以在此基础上更高效地配置医疗资源，应对公共卫生安全危机。第二，实现患者的医疗信息共享，医院和医疗科研机构可以在此基础上实现线上诊疗、大样本研究、智能诊断等功能。第三，居民的健康信息共享，政府可以联合医疗科研机构建立区域居民健康信息的跟踪分析模型，有针对性地合理配置医疗资源，即时跟踪区域居民健康情况，实现更加智能化的公共卫生安全管理。

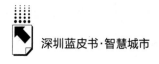

（二）5G 网络创造更多数据交互需求

1. 5G 网络催生更多智能应用软件的出现

当无线网络渗透率达到 20% 时，会带动相关应用软件的爆发。对比 3G、4G 正式商用到其相关应用软件爆发时间间隔，预计 5G 应用软件将随着网络建设而爆发。3G 网络从 2009 年底开始正式商用，移动游戏、互联网金融等相关应用软件从 2013 年开始爆发，时间间隔为 3 年左右；4G 网络从 2014 年开始正式商用，移动直播从 2015 年下半年开始爆发，时间间隔为 1 年半左右。5G 时代，运营商基于抢占市场考虑会迅速全面建设基站，此外，当前智能硬件设备基础较好，相信未来 5G 正式商用到相关应用软件爆发时间间隔将会进一步缩短到 1 年左右。

5G 的技术标准将促进一大批新的智能应用软件爆发。从 5G 的技术标准来看，5G 的特点集中在三个方面，分别是增强移动带宽、海量物联和高可靠低时延。基于这三个特点，可以预见在 5G 时代，物联网的相关应用将得到全面发展，而物联网又是大数据和人工智能的重要基础，所以在自动驾驶、智能家居、智慧农业、智能制造等领域将有巨大的发展机会。此外，4K/8K 超高清视频信号达到传输要求，沉浸式虚拟空间的搭建将获得突破性进展，而沉浸式视频体验又是远程会议、智慧诊疗、超高清赛事转播等领域应用得以广泛实现的基础。

2. 5G 网络应用推动数据规模爆发式扩大

5G 网络的应用场景产生大量的数据。如，一辆自动驾驶汽车每天可高频率地产生约 4TB 的数据，一个体育文化场馆等通信热点的视频和语音通话每天可以产生约 5TB 的数据，一家工业互联的智能工厂每天可产生约 1PB 的数据。

数据的存储是运算的前提，经过运算的数据才可以提供精准控制、大范围机器协作、高清视频和通话转码和解码等服务，从而创造生产力，因此数据的存储是 5G 应用发展的前提。

3.5G 网络应用需要更多更强的运算中心和存储中心

5G 网络应用采用云存储和云计算的方式支持数据运算,云计算技术的突破,进一步发展为边缘计算网络,依托区域数据存储中心建设边缘计算中心,并将其与云计算中心通过 5G 技术连接起来,形成分布式计算网络,提高运算效率。边缘计算中心根据不同的应用场景,需要建在政府数据中心、大型场馆、智能工厂、城市道路两侧、居民小区等。

根据中国移动对于边缘计算节点服务器资源池的预估,区县边缘节点资源池为几十台服务器(总占用空间 40U~150U,取均值 95U),对于可延伸到接入侧的边缘节点,规模可低至几台或者十几台服务器(总占用空间约 2U~40U,取均值 21U)。按照之前的预测,5G 基站整体规模在 440 万个左右。考虑到投资规模的问题,边缘计算前期很有可能以区域节点及 CU 节点的部署为主。由于区域中心部署环境较好,承担的算力较大,区县级的数据中心采用专业服务器,价格保守估计 2 万元一台;而 CU 和 DU 端相对地则采用定制版边缘服务器,价格保守估计为 1 万元一台。目前市面上 2U 高度的服务器最受市场青睐,边缘计算也采用 2U 服务器。根据统计年鉴最新的数据,我国目前共有 2851 个区县,因而区域层面边缘计算的部署需要约 27 亿元的资金投入;CU 节点层面上,按照之前的假设值,共需要 578 亿元的资金投入(见表 1)。所以,边缘计算建设前期和中期在区域及边缘 CU 节点上仅服务器部署就需约 605 亿元的投资。

表 1　边缘计算站点建设规模测算

建设前期		建设中期		建设后期	
全国区县数量	2851 个	CU 节点数量	550000 个	DU 节点数量	4400000 个
机架服务器空间	95U	机架服务器空间	21U	机架服务器空间	4U
服务器价格	20000 元	服务器价格	10000 元	服务器价格	10000 元
服务器高度	2U	服务器高度	2U	服务器高度	2U
投资规模	27 亿元	投资规模	578 亿元	投资规模	880 亿元
总投资规模	1485 亿元				

资料来源:《中国移动边缘计算技术白皮书》。

未来，如果边缘计算能够下沉到足够边缘，即部署在单个 DU 节点，每个节点 2 台定制版边缘服务器，那么运营商还需要追加 880 亿元的投入。总体而言，边缘计算会高达千亿元市场规模，相关的服务器厂商将持续受益。麦肯锡公司预测，边缘计算将在未来 5~7 年创造 1750 亿~2150 亿美元的海量硬件价值，为大量行业创造新的机遇。

（三）区块链技术赋能更多创新应用

1.区块链市场规模保持高速增长

根据 IDC 统计，2018 年中国区块链市场支出规模已经达到 1.6 亿美元，同比增长 108%。预计 2022 年支出将达到 16.7 亿美元，2017~2022 年复合增速达到 83.9%。2023 年，预计中国企业在区块链服务上的支出将达到企业管理服务支出的 29%，这部分投入主要用于信息技术管理系统的改造升级、新项目区块链技术开发、区块链技术应用培训等方面。

2.区块链创新应用高度集中在金融领域

相较其他信息处理技术，区块链的最大优势是在技术层面保证系统的数据可信、结果可信和历史可信，尤其适用于协作方不可信、利益不一致或缺乏权威第三方介入的行业。

在创新应用的行业使用方面，金融业对区块链技术的投入最多，应用范围广阔。区块链技术对金融体系中支付结算领域的改造最为明显，但支付结算系统作为金融交易的重要基石，其突破性创新需要以央行为中心进行自上而下的推进。2017 年 1 月 29 日，央行成立数字货币研究所，未来区块链技术在全国货币支付体系中将发挥重要作用。在银行业和证券投资机构推进的区块链应用中，票据及信用证流转、非上市私募股权交易等非标准化金融产品领域的发展相对领先。在其他金融领域中，区块链、供应链金融应用的落地情况最为乐观，银行及互联网新兴平台呈现多元竞争的态势。保险领域及征信领域数据孤岛问题解决的核心难点在于区块链技术价值普及度不高，传统技术解决方案自我优化的动力不强。

3. 区块链技术促进硬件存储介质持续扩容

区块链技术的广泛应用，将从大数据软件应用领域拓展、5G 网络加速普及、云计算和边缘计算无上限扩容等方面，为存储中心建设市场的长期持续扩容奠定坚实的基础。

软件方面，区块链技术是大数据 IT 软件架构的重要版图。从软件技术进步的路线来看，区块链是 ABCD 新科技的必备一环。[①]

硬件方面，区块链从底层技术改造方面刺激通信流量爆发，边缘计算得到进一步的发展。区块链技术根据数据传输和分布式存储的范围可以分为公有链、联合（行业）链、私有链三种，虽然覆盖范围不同，但均以数据传输和分布式存储为主要表现形式，进而形成两个趋势：通信流量的迅速增长、边缘计算节点的迅速增加。

关于通信流量的刺激。对于 n 个节点的网络，中心化的情况下会在中心节点产生 n 次数据交互，而在应用区块链技术去中心化的情况下，会在边缘侧分布产生 $2^{(n-1)}$ 次流量交互。若不限制高频使用的场景，则区块链对网络整体流量有明显的刺激作用。

关于边缘计算的拓展。区块链上包括应用层、合约层、激励层、共识层、数据层、网络层，在数据交互流量足够大、时延要求更高时，区块链引入了分片、侧链、闪电网络等技术，都是在中心化和去中心化之间达成妥协以提高效率、从而提高系统的输出能力。对于智能网联网时代而言，目前物联网的平台仍是中心化的，数据要汇聚到核心节点做统一处理，而要保证平台效率最大化，需要边缘节点具备数据计算能力和信息传输能力，且边缘计算中心的数量拓展可以不设上限。

---

① A（AI，人工智能）、B（Block Chain，区块链）、C（Cloud，云计算）、D（Big Data，大数据），其中大数据是软件技术升级的基础，AI 是数据运算和挖掘技术的进步，云计算提供了 AI 运行的载体，区块链则拓展了大数据软件的应用领域和辐射范围。

（四）新基建加速存储中心的需求增加

1. 新基建与存储中心的关系

2020 年中国经济受到新冠肺炎疫情的冲击，经济增长、企业财务安全、社会就业面对重大挑战。

稳增长与新基建特别是存储中心建设关联较强。2020 年 3 月 4 日，中共中央政治局常务委员会召开会议，要求加快推进国家规划已明确的重大工程和基础设施建设，具体包含七大领域，分别是 5G 基站、特高压、城际高速与城市轨道交通、新能源电池充电桩、大数据中心、人工智能、工业互联网。其中 5G 基站建设将推进 5G 网络商用化进程，大数据中心的建设更是直接指向存储中心的建设，应该说，新基建的推出将短期内促进存储中心的需求增加。

2. 5G 建设进入实质期加速助力存储中心市场扩容

随着 5G 建设进入实施期，通信运营商近 3 年来一直缩减的资本开支有望逐步回暖。其中无线端是运营商的主要投资方向，5G 基站建设的数量将达到 4G 时代峰值的 1.5 倍左右。目前越来越多的通信运营商开始商用 5G，这种商用推进速度，创下了全球移动通信的新纪录。从海外通信运营商的数据来看，资本开支增长的趋势已经出现，全球通信运营商资本开支自 2018 年上半年以来显著增长，这主要是由 5G 网络、Massive MIMO 和边缘计算等新技术与新设备的使用导致的。

近 2~3 年通信运营商的资本支出增速已经达到 6% 左右。2020 年国内三大运营商投入近 2000 亿元作为 5G 的投资预算，发布 5G 基站主设备采购招标计划，政策层面的配套支持举措也不断完善，5G 新基建的建设如火如荼。中国移动 2020 年资本开支预算为 1798 亿元，同比增长 8.38%，其中 5G 相关投资计划约 1000 亿元，是 2019 年其 5G 资本开支的 4 倍多。中国联通 2020 年资本开支预算为 700 亿元，同比增长 24.11%，其中 5G 相关投资计划约 350 亿元，是 2019 年其 5G 资本开支的 4 倍多。中国电信 2020 年资本开支预算为 850 亿元，同比增长 9.6%，其中 5G 相关投资计划约 453 亿元，是 2019 年其 5G 资本开支的近 5 倍。

三大运营商为了完成建网任务，均发布了 2020 年内 5G 无线主设备及核心网的采购计划。中国移动已发布总限价 48 亿元 5G SA 核心网新建设备和 5G 二期主设备的集中采购大单，采购资金将达到数百亿元。中国电信联合中国联通启动规模不少于 25 万站 5G SA 无线主设备联合集中采购。5G 网络大规模建设潮给设备商带来重大机遇，存储器市场的需求必将转化为收益。

3. 数据中心建设需求进入加速发展机遇期

受中国互联网行业发展迅速影响，国内数据中心近几年来一直处于高速发展状态。根据民生证券的研究，2019 年中国互联网数据中心（IDC）市场规模达到 1560.8 亿元，同比增长 27.1%，远高于世界平均水平（约 11%）。国内数据中心产业总体起步较晚，发展成熟度不高。市场研究机构 Synergy Research 的研究数据显示，截至 2018 年，美国占全球超大规模数据中心市场 40% 的份额，居全球第一；中国紧随其后，全球排名第二，占 8% 的市场份额。

数据中心的耗能问题制约了其市场的扩容。数据中心是高耗能的信息基础设施，能耗过大也会提高数据中心的成本。绿色和平环保组织与华北电力大学 2019 年联合发布的一份报告显示：2018 年，全国的数据中心耗电量达到 1608.89 亿千瓦时电量，高于上海市 2018 年全社会用电量（1567 亿千瓦时），占中国全社会用电量的 2.35%（未含港澳台数据）。随着数据中心建设的提速，多个一线城市也在出台严控数据中心能耗的措施。其中，北京中心城区全面禁止新建和扩建数据中心；上海则要求到 2020 年，全市互联网数据中心新建机架控制在 6 万个，总规模控制在 16 万个。

新基建投入持续加大，有望放松政策管控，改善行业发展环境。新基建投入的增加，不仅能够带动电力消费，也能带动机房建设、空调采购、防火设备、电气设备等的消费，而且促使地方政府加大采购，放松对新增机架的数量限制。具体反映到行业上，新增项目合同等指标明显改善，赢利能力进一步增强。

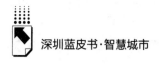

四 深圳市大数据产业发展策略建议

（一）前瞻性开展深圳市大数据产业规划

大数据产业正处于产业爆发期，深圳作为信息技术产业基础雄厚的城市，大数据产业发展优势明显。与此同时，大数据产业仍然是新兴产业，产业边界、产业测度、产业链条等多个方面有待规范，相应的产业支持有待探索。立足深圳市大数据产业发展需要，以国家《"十四五"大数据产业发展规划》为指导，深圳可以联合知名大数据专业公司和机构，从战略角度积极谋划布局全市大数据产业，率先编制地方大数据产业发展规划，从完善大数据基础设施、汇集大数据资源、创新大数据融合应用、加强大数据产业主体培育、优化大数据产业生态、加快提升大数据安全保障能力、推进建设大数据应用先行区等方面规划深圳市大数据产业快速发展路径，研究制定大数据产业发展的阶段性目标，引领粤港澳大湾区乃至我国大数据产业全面发展。

（二）不断加强大数据标准建设

在积极借鉴国际经验的基础上，不断加强地方大数据标准建设，在全国率先探索构建大数据标准体系。研究制定深圳市大数据标准体系规划与路线图，从标准化研究、标准平台建设、关键标准制订、政策措施等方面确定深圳市大数据产业标准化战略进程。深化对大数据的基础标准、技术标准、应用标准和管理标准等问题的研究。支持企事业单位先行先试，在条件成熟后转化和上升为城市标准进而加以推广实施。优先推进政府部门、事业单位等公共机构的数据标准和统计标准体系构建。

（三）推动大数据技术行业应用深化

1. 推动行业大数据应用深化

推进大数据在商务、制造、金融、农业等行业的应用深化。鼓励商贸服务企业建设服务型大数据平台，推动大数据在电子商务企业顾客洞察、市场营销、运营策略、商务智能、供应链优化等方面的应用；推动大数据在传统制造业企业研发、生产、经营、营销等环节的应用，打造智能工厂，深化基于实时数据分析的故障诊断、远程维护、在线服务等新型制造业务发展；推动金融企业深化精准营销、风控管理、智能决策、个性化推荐等大数据应用，开发基于大数据的新产品和新业务；支持基于气象、资源环境、农业统计、市场监测、传感器感知等各类数据分析的智慧农业企业发展。

2. 以行业融合为抓手提升大数据应用水平

着力推动大数据与云计算、人工智能融合发展。全面拓展云计算示范应用范围，加快推动政务云、行业云、"互联网+"云计算发展。加快集群式云计算平台建设，促进数据资源池发展，不断强化深度学习基础算力支撑与数据支撑。推动工业企业开展设备、产品以及生产过程中的数据自动采集和分析，深化智能感知、智能分析、智能控制等人工智能技术的综合运用，率先在教育、办公、医疗等重点行业形成一批具有代表性的软硬件产品与解决方案。

推动电信、互联网、医疗健康、金融、交通等信息化水平高的行业拓展跨领域、跨行业大数据融合应用。推进传统行业经营管理方式变革、服务和商业模式创新以及产业价值链体系重构，开拓共享经济、车联网、智慧医疗、智慧交通、第三方数据服务等交叉融合的大数据应用新业态、新模式。

（四）加快大数据基础设施建设

结合数字孪生城市建设目标，加快建设数字感知基础设施，推动实现万物深度互联，构造全域感知体系和物联终端数字化标识体系，提高通信网络基础设施建设水平，实现高速泛在连接。推进5G网络建设及商用部署，结合垂直行业做好园区、校园、医疗、交通、楼宇及社区等场景的应用覆盖。超前建设集约共享的通信管道网络，进一步升级互联网骨干直联点。优化数据中心建设，加快粤港澳大湾区大数据中心建设，推动形成布局合理、技术先进、绿色低碳、互联互通的新型数据中心发展格局，构建包括边缘计算、云计算、超算协同的多层次大数据处理体系。加大力度部署建设大数据中台与人工智能应用服务平台，积极建设存储多元化、算力开放共享、算法多样化的集约、绿色、智能、泛在且具韧性的存算一体化的基础设施。支持企业开展"东数西算"典型示范应用，依托粤港澳大湾区大数据中心，与韶关算力网络枢纽共同构建优势互补、协同发展的格局，并发展成为粤港澳大湾区数据汇聚枢纽。

（五）推进数据要素市场建设

健全数据要素价值体系。按照数据性质进一步完善在数据产权交易流通、跨境传输和安全保护等方面的制度和标准规范，着力健全数据产权交易和行业自律机制。在互联网、金融、通信、能源等数据管理基础好的领域，拓展数据交易试点，先行示范，率先探索。

推进深圳数据交易所建设，不断完善数据要素市场规则。推动形成市场定价、政府监管的数据要素市场机制，建立健全数据要素市场运营体系。进一步培育深圳大数据交易市场，鼓励各类所有制企业参与数据交易所建设，开展多种形式的数据交易模式。加强数据市场引导和监管，健全跨境数据交易风险防范处置机制。

（六）加强大数据人才引进和培养

加大大数据人才引进和培养工作力度，补齐人才短板，建设与产业需求相匹配的大数据人才队伍。及早制定实施大数据人才队伍建设专门政策文件，涵盖引才聚才、选才育才、用才留才的人才队伍建设全过程。加大高校大数据专业建设力度，鼓励深圳市内高水平大学增设数据科学与大数据技术等相关专业。建立跨界人才联合培养制度，支持高校和企业共建实习实训基地，面向大数据产业发展需求，发展订单制、现代学徒制等人才培养模式，加强融合型、实用型、技术技能型大数据技术人才培养。支持国内外大数据领域知名高校、科研院所在深圳设立分院（所），探索产学研合作有效模式，培育高层次创新型人才。大力引进海内外高层次人才，加快引进一批大数据领域学科带头人、技术领军人才和高级管理人才。创新和健全人才引进机制，将大数据人才需求纳入深圳市相关人才计划，并放在优先保证位置，完善高层次人才津补贴、住房、创新创业资助等人才引进政策保障体系。加强大数据职业技术教育，不仅要培养学生，还要发展远程职业培训模式，针对在职人员大规模开展开班授课、在线学习等在职培训。

B.4
深圳市推进基层治理数字化的现状、问题与对策建议

孔茉莉　陈庭翰*

摘　要： 数字经济的发展对社会治理数字化提出了现实需求。深圳在基层治理数字化方面布局较早，各行政区结合基层治理实际情况构建数字化基层治理模式，卓有成效。不过，现实中还存在基层党组织领导核心作用发挥不够、基层政府缺乏数字思维、基层政府管理体制碎片化等实际问题，这制约着深圳基层治理数字化的发展。应以党建数字化引领基层治理数字化，加强领导干部"数字思维"培训塑造，改进数字化基础能力建设及应用，推动"三治融合"向"四治融合"迭代升级，持续推进深圳基层治理数字化建设。

关键词： 基层治理　城市治理　智慧社区　党建

　　近年来5G、人工智能、互联网、云计算、大数据等新一代信息技术飞速发展，催生了一批新产业、新业态、新模式，使得数字经济正逐渐成为新型经济发展模式。数字经济的发展，对社会治理数字化提出了现实需求，社会治理手段亟须与时俱进。面对数字经济发展新局面，深圳作为全国数字经济领头羊、粤港澳大湾区创新发展引擎，需要在治理数字化上先行先试。

---

* 孔茉莉，平安智慧城市"i城市"事业部总经理，主要研究方向为城市治理；陈庭翰，深圳市社会科学院国际化城市研究所助理研究员，主要研究方向为技术经济。

一 深圳基层治理数字化发展成绩斐然

"十三五"期间，深圳大力推进数字政府和智慧城市建设。深圳率先推行城市网格化管理，实时动态、精准掌握社会管理基础信息，基本形成"受理—执行—督办—考核"的基层矛盾纠纷闭环处理机制。深圳已初步建立以大数据为支撑的政府决策机制，建成市政府管理服务指挥中心、区级分中心和部门分中心，基本形成共建共治共享的社会治理统筹协同格局。深圳以现代化理念和"绣花功夫"建设并管理城市，探索出一条超大城市治理新路子，推动城市品质和城市魅力的全方位提升。

新冠肺炎疫情发生以来，深圳市数字化建设成果在赋能基层治理等方面的作用尤为显著。深圳借助数字技术赋能基层，引入高新技术企业力量，构筑起疫情联防联控的第一防线，有效缓解了基层防控力量紧张的局面。2020年初新冠肺炎疫情发生后，由深圳市政府委托平安智慧城市开发的"i深圳"迅速上线"口罩预约申领"服务，取得全市在线零崩溃、零卡顿申领口罩成效，缓解了当时口罩紧缺的局面；随后"深i您"健康码小程序快速上线，通过颜色区分不同人群的健康状态，给涉疫人员的识别工作带来极大便利，到现在已进一步优化为人码合一的"电子哨兵"，极大地提高了人员管控效率；深圳核酸检测速度和检验量不断提高。从智能测温门岗机器人、消毒喷雾机器人、测温流调机器人到5G查房机器人、送餐及生活用品配送机器人，深圳抗疫多个环节都散发出数字化"智治"的魅力。

二 深圳基层治理数字化举措多样

深圳市各区从本区实际情况和优势资源出发，对数字化基层治理大胆进行了多种尝试与探索，各自深入推动了基层治理数字化建设，形成了独具深圳特色的多样化基层治理数字化体系。

1. 福田区开展"街社一体化"管理体制改革

深圳市福田区运用大数据创新社会治理，打造"智慧城区"，率先在全区开展"街社一体化"管理体制改革，缩短行政链条。在福田区各街道实现"智慧街道"建设"四个一"，即一支管理运营队伍、一个智慧指挥中心、一套运行保障机制、一张工作推进蓝图。其中，香蜜湖街道通过"街社一体化"管理体制改革引领智慧化建设工作稳步推进，在困弱帮扶方面，香蜜湖街道创立"块数据+困弱帮扶"服务新模式，对辖区内的困弱家庭开展底数摸排、定级分类和精准帮扶，让困弱群体在共享"首善之区"的发展成果中收获幸福感。截至 2021 年底，香蜜湖街道已走访特殊困难群众2112 人次，办理群众诉求 380 件。在养老服务方面，香蜜湖街道打造"医养+智慧服务"的街道长者服务中心，搭载全市智慧养老"907"服务系统，通过发展嵌入式社区养老服务及居家适老化改造工程，为居家老年人配备智慧化物联感知设备及康复辅具，提供健康管理、一键呼援、卫星定位等服务，提升老年人生活品质。

2. 罗湖区探索"四个到底"基层治理新经验

2021 年深圳市罗湖区提出建立完善"三级联动"的智慧城市运行管理机制，打造智慧运营中心，实时掌握辖区事件的巡、办、监、结全过程，实现基层治理一键溯源、一图感知。

罗湖区桂园街道作为试点推动了基层治理数字化转型工作。首先，桂园街道建立了数字化、流程化、可持续的"四个到底"目标。数据"汇聚到底"，将市、区、街道、社区四级数据汇聚，形成街道 39 项街道城市体征，做到治理"心中有数"；能力"赋能到底"，将视频资源及图像识别、大数据分析、AR 实景地图等先进技术应用到日常治理工作中，做到治理"思考有方"；业务"处置到底"，实现每一事项从发现、分拨、处置、完成全流程跟踪，街道实时"承上启下"，联合督办，做到治理"指挥有序"；体系"迭代到底"，智慧指挥中心平台具有良好的拓展性，这个平台可以长年使用，数据、技术、业务不断更新迭代，做到治理"未来可期"。

其次，罗湖区桂园街道通过科技赋能基层治理提升了风险防控和治理能力，消除社会层面存在的安全隐患和治理"顽疾"，社会秩序和街区面貌持续改善。例如，烟感预警系统累计预警 4206 次，成功消除了 210 次火灾的蔓延风险；电气监测系统累计预警 6000 余次，成功识别了 230 余次用电安全隐患；利用 AI 城管系统，累计处置 1755 个城管事件；运用 AI 技术智能识别店外经营、市容垃圾未清理等 13 类城管事件，联通数字城管系统，形成问题发现、派遣、处置、反馈、结案闭环业务流程，实现巡查方式从"全人工"到"AI 为主，人工为辅"的转变，实现影响市容、市貌的相关违规事件动态清零。

3. 南山区依托"网格化+块数据"为基层治理提质增效

深圳市南山区以"网格化+块数据"为数字化治理模式，聚焦系统治理、源头治理、依法治理和综合治理。首先，全面建立网格管理工作体系，厘清区、街道、社区三级网格管理职责，构建"1+8+101"网格管理工作体系，完成网格巡查、分拨、督导三支队伍的组建，实现事件的发现、分拨、处置、考核全闭环流程。全面完成 1610 个基础网格的优化调整，实现网格入块、人员入格，使网格真正发挥社会治理的源头性、基础性、关键性作用。其次，搭建基层治理平台。完成对"12345"政务热线、数字化城管、网格事件的系统融合，做到平台对区的全局把控和资源调度。

不仅如此，南山区还进一步拓展各项信息的核查、整合和排查，充分保障数字化治理的有效性。一是教育学位、疫情防控相关人员、外籍人员等信息核查工作。二是将企业登记信息实时推送网格员核查，将全区 5378 栋产业用房、1500 余处政府物业资产"落块"，为住建、工信等部门提供参考。三是发动网格员抽样 78 栋写字楼现场核查，形成分析报告，为部门决策提供参考依据。四是选取南山区街道开展出租屋分级分类管理试点，提前排查、发现和化解安全隐患 1 万多宗。五是与组织部"党群 G+"、信访局"群众诉求服务"平台进行对接，建立全区全口径的事件数据库。

4. 盐田区采取"互联网+卡口防疫"智慧防疫模式

深圳市盐田区建设"智慧街区"创新探索成效突出。盐田区海山街道在全市首创以"互联网+卡口防疫"为支撑的智慧防疫模式，构建"两级指挥调度平台+卡口监测设备+卡口检测设备"的智慧防疫网络，实现街道到社区卡口的双向实时互动、实时监控、值守考核、监测预警和指挥调度，打造区、街道、社区、卡口四级一体化运行的智能化支撑平台，精准打通从街道决策指挥到一线疫情防控实战的"最后一千米"。

盐田区海山街道"智慧卡口"可以实时监测、线上巡查以及"点对点""一对多"监督，同时可以调取回放任意时段画面，为疫情溯源、解决涉疫纠纷等提供技术支撑，大大节省了人力投入和巡查时间。同时，在工人生活区和城中村这类流动人口多、人防管控压力大、涉疫纠纷可能发生的场所增设了测温扫码设备联动道闸，通过互联网实现平台与设备之间的信息传递，有效破解卡口难以实时监测、漏测漏检、通行慢，对物业约束监督乏力，基层防疫力量不足等难题，提高基层防疫精准化、精细化水平。

盐田区通过智慧精准防疫极大地促进了社区防疫工作的提效减负。这套社区卡口监测和智慧调度系统有三个优势。一是卡口智能值守。设置卡口一体化检测设备，整合测温、健康码扫码等功能，对进出小区人员即时感知、测温扫码，迅速识别、反映人员异常情况，并发出语音警报和后台提醒，防止受检人员截图骗检、人为漏检等问题发生。二是实现实时监测。通过小区卡口24小时的监控、抓拍、取证、处置、追溯，做到"过车留痕、过人留迹"，为防疫纠纷、流调等提供支撑。三是实现高效指挥调度。一旦卡口出现异常高体温人员或红黄码人员，平台会自动报警，并同步发送到相关责任人和一线人员手机，便于迅速处置，提升基层防疫应急处置水平。

5. 宝安区推动"5G+8K"创新应用场景"三务融合"再升级

宝安区被中央网信办、民政部等八部委联合评定为"国家智能社会治理实验基地"中的"社区治理特色基地"，是深圳市独一家。近年来宝安区以"5G+政务"为切入点，打造5G技术的示范性应用场景，利用5G技术实现街道、社区和居民在服务事项上的紧密沟通，实现政务服务便捷高效。

宝安区石岩街道创维创新谷党群服务中心是深圳市首个5G园区党群服

务中心。该中心在企业园区率先创建宝安人才园"5G 视频办"业务，运用"5G+8K"技术创新服务模式，在人才服务中首次启用远程实时交互服务系统。办事群众无需上传和上网填报材料，只需将纸质材料放置在 8K 高拍仪下，宝安区人才园审批人员即可通过高清电子手写批注+8K 视频传输技术，远程实时指导申请人修改完善，现场完成业务办理。这是在 5G 视频通话"面对面"远程服务基础上的更进一步，以 8K 超高清显示精度实现审批材料远程实时批注、实时修改、实时确认、实施提交，打破了审批人员和办事群众的时空阻隔，使党务、政务、人才服务"三务"事项实现"远程办、实时办、一次办"。

此外，石岩街道创维创新谷党群服务中心还设有全区首个园区党员教育全息投影课室和 5G 会议室、全区唯一的园区自动政务发证机。自动政务发证机可以一站式办理企业注册、社保、医保、劳保等 100 个政务事项、9 个党务事项、16 个人才服务事项和 16 个其他服务事项。

6. 龙岗区创新打造街道级"智慧大脑"

深圳市龙岗区拥有发达的高科技产业集群，近年来充分利用现有资源，发挥辖区龙头企业技术创新优势，推动智慧城区建设。其中，坂田街道设立坂田街道智慧指挥中心，作为街道级"智慧大脑"，充分整合交通、网格、信访维稳、消防、三防、安监、市容监测等多个系统，打破"信息孤岛"，建立起大数据平台、公共安全、城市治理、智慧党建、公共服务五位一体的智慧管理系统，实现各部门信息协同联动。

坂田街道智慧指挥中心可与 12 个社区智慧中心实现网络联通、平台开放共享和事件分拨处理等功能，收集来自区"12345"政务热线、网格系统、信访系统信息和各类事件，实现一个口子快捷高效处置，全流程可视化管理，极大地提高办理成效。该中心可连接工作人员手机终端，实现数据多点获取，通过去中心化数据流动实现从静态管理向动态治理的转变。由于去中心化体系能使该中心服务范围随着数据接收处理终端的扩展而扩展，街道可以通过将终端设置到产业园区等一系列其他应用场景，形成"一千米服务圈"，实现"24 小时不打烊"。在去中心化数据流动的同时，该中心可通过设置考核办法和监督规则，对社区一线人员进行实时监督管理，对于超期不处理事件实现自动发送监督考核，倒逼各业务部门提高办事效率，提升基层治理现代化水平，加快推动共建共治共享的智慧城区基层治理格局的形成。

此外，龙岗区依托"i深圳"平台，联合企业建设特色服务"智慧社区"，设立精准传达信息的"线上基站"，接入文化教育、居家生活等服务机构，为居民提供育儿、医疗健康、住房、智慧养老、义工援助等服务，并设立"智慧门禁"等功能推动社区安全治理。

7.龙华区探索"党建+科技+治理"龙华模式

深圳市龙华区率先探路"党建+科技+治理"模式，努力将党建优势与新一代信息技术有机融合，推动组织优势、前沿科技转化为治理效能。2021年7月，"党建+科技+治理"龙华模式被国家发改委列为深圳经济特区创新举措和经验做法在全国推广。

龙华模式首先以"i社区码上办"智慧服务平台为核心展开。截至2021年底，平台累计注册人数56.4万人。2021年和2022年，龙华区开展"献良策、领福袋"活动，依托"i社区"广泛收集群众"金点子"约6000条。龙华首创建设11个"暖心柜"，快递员、外卖员、环卫工人等灵活就业群体和困难群众可以通过"i社区码上办"一键导航到达，免费获取暖心物资，从暖心食物到有声图书，从应急用品到无线网络，应有尽有。"i社区码上办"的"找书记"功能也很受群众欢迎，2021年共接办居民诉求4308件，办结率为99.13%，实现民生问题"件件有着落、事事有回音"。

龙华模式还表现在"党建引领基层治理"智慧分拨应用平台的建设和推广上。通过平台优化完善事件处理流程，进一步厘清区、街道、社区权责边界，梳理事项分级分类清单17大类380多项，打造接诉即应、智能分拨、精准派单、闭环督导的社会治理模式。截至2021年底，在平台协助下，龙华区累计处理事件11.09万件，处理率为97.86%，事件平均处理时限从3天缩短至1.5天，为公安、政法、卫健等部门提供相关线索并协助处理"非法行医"事件37件，显著改善龙华区社会治理能力。

8. 坪山区打造民生诉求和企业诉求"一平台"响应

深圳市坪山区通过网格化、大数据及人力应用相结合打造智慧社区，形成从"人往格中去、事在网中办"到"社区吹哨、部门报道"的"网络+网格+综合整治队伍"工作格局。

首先，建立"坪环之芯"平台，把网格化与大数据应用相结合，接入公安、政法、信访、工信、城管等部门非涉密业务数据，全面、及时地掌握社区人、地、物、事和组织等基础信息数据，实现服务群众、情报归集、研判预警、指挥调度、应急处理的智能化和一体化运行。

其次，建立民生诉求系统，全面整合"12345"政务热线、数字城管、网格管理、政府邮箱、"人大代表解民忧"等151个线上民生诉求受理渠道，充分发挥"坪山发布""坪山先锋"微信公众号功能，实现市民全程监督，解决了基层治理平台多、渠道杂、流程繁、事权乱等问题。与此同时，打造"@坪山"——企业版民生诉求系统，改革解决机制和实现路径，做到使用方便、处理精准、解决有效，有针对性地解决企业诉求收集渠道不明确、企业和政府多头对接不明确、政府内部涉企事项不明确、沟通流程复杂、企业诉求办理效率和质量不高等问题，通过"一平台"响应机制全面提升营商环境。

9. 光明区通过"1+4"基层治理一体化平台实现"一网统管"

深圳市光明区以实现"一次上报、一网统管、一体联动"为目标，通过人工智能等技术，实现社区各类异常情况主动预警、快速反应处置，打造全领域感知、全场景智慧、全协同联动、全过程监督的"1+4"基层治理一体化平台。该平台可有效辅助决策，通过对事项办理、热点难点、管理效能及网格队伍、人口、法人、房屋等大数据进行综合治理和多维度分析，各级管理人员可以实时掌握社区动态，为基层治理精准研判、科学决策提供数据支撑。目前，该一体化平台已汇聚28374个视频监控、13731个视频门禁、18类传感器等技防预警信息。该平台为民声民意传达提供了渠道，并整合"12345"政务热线、区长热线、政府网站留言信箱、人民网地方领导留言板、"i深圳"随手拍等民声渠道，通过分级分类，从环境保护、房产管理、文教卫体、人力资源、社会保险、市容城管等方面实现自动分拨。

龙华区基层治理一体化平台还以网格员服务为基础，通过构建"事项+网格""热线+网格""民声+网格"等一体化服务机制，有效推进社区治理全协同处置。针对单一部门或基层无力解决，多头管理、互相推诿等现实难题，平台的分管网格员实地检查、核实、回访并反馈，协助事项办理，并同时通过邮件、短信等方式推送给事项发起单位或个人，做到"事项无大小、反馈无遗漏"。

10. 大鹏新区率先推出"数字化小助手"

深圳市大鹏新区在全市率先推出"数字化小助手"服务，即搭建街道基层与新区大数据平台的沟通和服务"小助手"，为基层提供数字化转型咨询、政策宣讲、业务培训、数据编目、数据治理和数据可视化等一揽子服务。

大鹏新区存在基层信息化水平不高、数据家底不清晰、数据汇聚难、数据使用效果不佳等问题。"数字化小助手"主要通过以下途径解决上述问题。一是提供咨询服务，为基层工作人员提供智慧应用数字化转型咨询服务。二是提供业务培训，包括流程管理、数据管理规范、平台操作、数据分析等方面的培训服务，扩充基层专业队伍规模，提升专业程度，协助培养信息化专业人才。三是完善数据管理，配合基层单位完善数据资源分类、元数据描述、代码规划、数据目录编制、数据目录管理和维护，以及相关工作的组织、流程、要求等方面的内容。四是构建治理体系，参考《大鹏新区数据标准管理规范》等管理指南，以规范、工具和监管三要素结合构建基层单位的数据治理体系，保障应用数据唯一性、准确性、实时性。五是形成专题报告，以基层单位关注的数据分析专题及数据应用为方向，形成数据分析专题的相关报告，并对数据进行可视化应用。六是搭建沟通桥梁，"数字化小助手"一方面为基层单位提供资源管理、数据管理、技术服务、数据应用等多方面的服务；另一方面充分收集基层数字化转型需求，为新区各部门开展数字化转型一体化设计指明方向，加快新区数字政府建设。

截至2022年4月，大鹏新区政务服务数据管理局已协助新区政法办公室、科技创新和经济服务局等 14 个单位梳理形成各单位数据台账、数据可视化界面 20 余个，提供咨询服务几十次，大鹏新区基层治理数字化成效显著。

三　深圳推进基层治理数字化存在的困难和问题分析

深圳市推进基层治理与服务数字化，虽然取得了长足的进步，但仍存在各基层单位发展不平衡、不充分的情况，存在党建引领社区服务体系建设不健全、基层领导数字素养能力参差不齐，一些基层部门数据观念落后、基层"碎片化"影响数字化转型等困难和问题。

1. 基层党组织的领导核心作用未得到充分发挥

基层党组织承担着团结群众、动员群众、组织群众的重要职责，是党在社会基层组织中的战斗堡垒，时刻与广大基层群众沟通，在基层治理体系中发挥着重要作用。当前，深圳市一些基层党组织领导班子整体素质和能力水平不高，其思维方式、工作作风和服务能力与经济社会的发展水平不适应。一些地方党员干部队伍结构不合理，年龄偏大、文化程度偏低、数字素养能力偏弱现象普遍，后备力量不足，这都影响了基层治理数字化转型的有序推进。

2. 缺乏数据思维，数据理念保守

深圳市基层治理数字化转型虽然初见成效，但存在部分政府部门将数据束之高阁的情况，数字化转型流于"表面功夫"，与真正意义上的数字化办公还有较大距离。由于部分基层领导干部对数据价值重视程度不够，对整合数据资源、深挖数据潜能、塑造数据观念、带头树立科学数据思维和理念、学习掌握现代信息技术等工作的意义认识不足，因此在建设数据平台和服务体系时存在任务本位思想和政绩本位思想。深圳市一些政府部门为了应付数字化政务建设任务，仓促"上马"数字化改造，或者只是做了表面工程，实际工作内核依然是传统方式，并未积极探索如何通过现代信息技术推动基层治理模式进步。数据是把"双刃剑"，在提高效率的同时，也可能裹挟虚假信息带来数据风险，甚至危及组织和个人的生命、财产、声誉等安全，然

而，由于相关基层领导数据思维的缺位，部分部门在数据管理应用上存在依赖第三方机构的现象，这也为基层治理埋下了安全隐患。

3. 各自为政，条块分割，"碎片化"问题比较突出

"碎片化"问题成为当前基层治理面临的现实困境，其产生的主要原因是条块分割的政府管理体制。按照科层制的专业分工与层级节制原则，基层治理的职能分散在不同层级和不同管理部门之中，形成了以"块"为单元的属地管理和以"条"为界限的部门管理两种分割的管理模式。条块之间的权力分割造成的"碎片化"问题一直困扰着地方治理和基层治理。由于处于国家治理纵向结构的最底端，基层治理更受条块分割之累，特别是街道、社区层面。在此背景下，基层治理"碎片化"问题主要表现在以下四个方面。其一，在横向上，条线部门各自为政，过多考虑部门利益，不愿共享资源和信息，囿于各自的职责范围，无法形成基层治理的整体合力。其二，在纵向上，层级之间协调困难，治理任务被层层转移到基层，基层组织承担了大量社会治理事务，这一现象被形象地比喻为"上面千条线，下面一根针""上面千把锤，下面一颗钉"。其三，"条块"间彼此分割、难以协调，如街道与部门派出机构的职权难以协调。其四，"条块"关系具有封闭性，由此带来的以政府为中心的治理模式限制了市场、社会等主体参与治理的空间。

基层治理的"碎片化"导致了治理体系结构和功能的失衡，进而限制了基层治理主体的行动能力。面对千头万绪的任务，基层工作人员高效率、高质量、高标准地完成工作任务确实存在巨大压力，加之台账报表多、信息化平台多，数据不通、集成不够，导致重复劳动、低效劳动等问题突出，造成基层组织行政负担过重。基于此，基层组织虽然意识到数字化转型的重要性，但迫于精力有限而"无暇顾及"。

四 深圳市推进基层治理数字化发展方向与对策建议

1. 以党建数字化引领基层治理数字化

将数字化嵌入基层党组织建设，以数字化党建为引领，服务于民，促进

自治、法治、德治有机结合，依托"智治"的数字技术支撑，引领基层治理数字化建设。

在社会管理领域，以党建智慧平台为技术支撑，升级党建引领基层治理系统。一方面，打造"党建+科技+治理"智慧模式，整合党建、政务、城管等各类平台，形成服务触手可及的统一"云平台"，提高社会治理智能化、科学化、精准化水平。另一方面，打造社区智慧指挥中心，强化数据资源互联互通，利用 AI 智能识别技术，不断拓宽智慧治理应用场景，编织全域覆盖的智慧"感知网"，给基层治理装上"千里眼""顺风耳"，构建智慧安防、智慧物业、智慧交通、智慧物流、智慧养老、智慧医疗"六智"社区开发新模式。

在为民服务领域，以数字技术加强数字化服务平台建设，进一步推动基层行政服务模式创新，依托数字化平台、渠道、手段提高服务资源配置效率，深化人文社区创建，探索构建分布式、居民家门口的政务服务代办窗口、网格员帮办服务、数字健康服务，努力让人民群众的获得感更足、幸福感更可持续、安全感更有保障。基层社区党委班子成员、驻社区的党代表、街道驻点团队在线上轮流值班，24 小时在线服务，实现服务需求、群众诉求一键接办，"一屏尽知社区事、一键尽解烦心事"，让民生问题"件件有着落、事事有回音"。

在多元共治领域，充分利用数字化手段的优势，打造数字时代下的共建共治共享的社会治理新格局，建设人人有责、人人尽责、人人享有的基层治理共同体，即从政府单一的社会管理走向双向互动、多方参与的治理格局，推动形成居民互动、联谊交流、矛盾纠纷化解、社区事务决议机制，于共商共治中不断优化社会治理。重点推动党建带群建数字化，搭建党建引领下的多元共治协同平台，促进党组织、党员在多元共治中的引导作用数字化，拓展多方协同共建机制，形成系统融合、数据融通、多方参与的基层治理新模式。

2.加强领导干部"数字思维"培训，改进数字化基础能力建设及应用

只有全民提升数字素养与技能，才能适应数字时代对人才资源新的能力

与发展要求。当前，抓住领导干部这一"关键少数"，提升领导干部全员数字素养，是提升数字政府建设领导力、数字治理能力的核心要求。数字素养与数字领导力并非信息化领域领导干部专有的能力要求，而是所有领导干部应具备的能力。基层治理作为数字政府建设的"最小单元"，其领导干部数字素养的提升十分关键。

一是加大数字素养培训力度以夯实能力。通过建立领导干部数字素养全员培训体系，分层次、分类别、分阶段推进领导干部全员培训，并充分利用"网上党校"，整合丰富数字政府、数字经济、数字社会、数字治理等领域线上培训资源，培育领导干部"用数据说话、用数据决策、用数据管理、用数据创新"的思维和能力，全面提升领导干部学网、懂网、用网能力，加强领导干部在信息时代履职尽责的基础能力。

二是构建数字素养考核体系以筛选人才。探索建立我国领导干部和公务员数字素养与技能发展评价指标体系，在公务员选拔任用中，加强数字能力方面的考察，以评估考核促进领导干部数字素养的提升和发展，形成领导干部数字素养全面提升的浓厚氛围，筛选数字素养能力较强的人才，补充到各单位专项负责推动数字化建设工作，构建数字化人才梯队。对敢于创新、善于运用数据和信息技术且成效显著的领导干部要大胆使用、选树典型。鼓励各区领导干部跨区域、跨部门开展创新实践，将好的做法及时提炼总结，形成可推广、可复制的经验，并将相关成果纳入评价考核体系。

三是加快基层数字化基础能力建设及应用。基层治理和服务可以借鉴市级思路，基于基层自有数据及上级业务单位开放授权数据，逐步构建基层市民、企业数字账户，将基层管理的人、房、车等多维度数据基于用户的维度进行整合，同时进一步理顺基层治理人员和企业数据台账，实现数据落地基层组织，确保准确性、及时性，为数据在基层治理服务中发挥更大价值奠定技术基础，例如基于基层市民数字账户，新冠肺炎疫情期间可以合理安排对残障人士、老年人士的上门核酸服务；基于房屋售卖、租赁信息变更及时更新确认辖区常住人口数据等，可以为基层市民带来更普惠、更优质的数字化服务。

3. 推动"三治融合"向"四治融合"迭代升级

随着大数据、云计算、物联网、区块链和人工智能等新兴信息技术的发展，基层社会治理应重视大数据、云计算和区块链等新兴信息技术的科技优势，探索在基层治理的"三治融合"中加入"智治"的科技力量，充分发挥数字技术在政治建设、法治保障、德治教化等领域的作用，推动社会矛盾、社会治安、公共安全等风险防控智能化，实现政府治理与社会调节、居民自治良性互动。

首先，推动治理体制现代化，针对政府部门横向专业分工与纵向权力配置导致的基层治理"碎片化"问题，基层社会治理数字化通过建立数据汇集整合、开放共享的信息平台，形成市、区、街道、社区上下贯通且高效联动的社会治理新体系，实现"一次采集、多方利用"。其次，推动治理工作布局现代化，基层治理数字化强调基层党组织的核心统筹协调作用，建立起权责清晰、横向到边、纵向到底的治理机制，以智能技术实现治理要素的重新组合和优化配置，从而解决组织和人员的效率极限难题。最后，推动"智治"与其他治理方式形成合力，实现"四治融合"，智能技术的输入可以促进自治、法治和德治等治理方式高度融合，推动治理方式数字化、网络化、智能化，提高基层社会治理效率和治理现代化水平。

"四治融合"的另一个关键是拓展丰富的应用场景。数字技术的应用可以让政府以更低的成本、更快的速度连接更多的资源和市场，为政府在基层社会服务创新上提供更多可能。要着力借助数字技术对现行基层社会服务进行优化，建设开发智慧社区信息系统和简便应用软件，提高基层治理数字化、智能化水平，提升政策宣传、民情沟通、便民服务效能，通过数字技术拓展服务类别，构建精细化管理机制。充分应用大数据、区块链等先进技术提升治理效率，构建"一窗办多事、办事不求人"的政务服务新模式。通过数字化转型变"群众跑腿"为"数据跑路"，变"群众来回跑"为"部门协同办"。通过"互联网+社区"服务，对基层社区群众进行精准画像，构建数字化应用场景，整合周边生态数据，推动智慧社区服务建设，满足群众多样化、个性化需求。同时，充分考虑老年人和残障人士习惯，持续推行

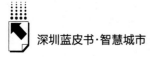
适老化和无障碍信息服务，打造亲情代办服务，并保留必要的线下办事服务渠道。

参考文献

曾宇青：《双重驱动与深圳社区治理体制改革 40 年》，《特区实践与理论》2019 年第 4 期。

任佳雪：《数字化转型背景下基层治理现代化发展》，《中国市场》2021 年第 29 期。

燕山、付王伟、冯秀成：《健康驿站：疫情防控背景下基层社会治理的深圳经验》，《特区实践与理论》2021 年第 4 期。

韩沙：《基层治理数字化转型的迫切性、挑战性与突破点》，《领导科学》2021 年第 12 期。

刘维、高增、吕婷、梁玮钊：《深圳福田区：用大数据创新社会治理模式》，《经济》2018 年第 12 期。

基 建 篇
Infrastructure Part

B.5
深圳互联网数据中心建设存在的
问题与对策建议

陈 凯 袁义才 张 琪*

摘 要： 深圳为适应新一代信息技术发展及数字化转型、产业互联网需求，必须加大互联网数据中心建设力度，解决资源错配、供应紧张及低时延设施缺乏等问题。推进深圳互联网数据中心建设，需要充分甚至是超前考虑互联网数据中心建设的用地需求，对互联网数据中心提供优惠以加强能源政策支持，制定相关优惠政策推动企业引进和研发先进互联网数据中心技术，把大数据高端人才纳入急需紧缺人才引进目标，并加强信息网络安全保障。

关键词： 互联网数据中心 低时延 新基建

---

* 陈凯，创新科技有限公司董事长；袁义才，经济学博士，深圳市社会科学院粤港澳大湾区研究中心主任兼国际化城市研究所所长、研究员，主要研究方向为区域经济、公共经济、科技管理；张琪，中国城市规划设计研究院深圳分院城市规划师，主要研究方向为区域产业研究。

互联网数据中心（Internet Data Center，IDC）不仅是新基建的重要组成部分，更是新基建发展的核心 IT 基础设施，对数字经济发展发挥着底层支撑作用。随着全球新一代信息技术蓬勃发展，着力发挥 5G 网络、数据中心等新型基础设施建设对经济社会数字化转型的推动作用，促进数字经济高质量发展，支撑智慧城市建设，深圳正处于数据中心布局发展的关键阶段和重要战略机遇期。

一 互联网数据中心建设现状与发展趋势分析

（一）数据中心及其产业特征

依据业务应用系统在规模类型、服务对象、服务质量的要求等各方面的不同，数据中心可按规模、配置等因素做不同的分类。根据《国务院关于加快培育和发展战略性新兴产业的决定》对数据中心所做的界定：超大型数据中心是指规模大于等于 1 万个标准机架的数据中心；大型数据中心是指规模大于等于 3000 个标准机架小于 1 万个标准机架的数据中心；中小型数据中心是指规模小于 3000 个标准机架的数据中心。而按照服务的对象不同，数据中心可以分为企业数据中心和互联网数据中心。《广东省 5G 基站和数据中心总体布局规划（2021—2025 年）》则按业务类型划分出四类数据中心（见表1）。

表1　按业务类型划分数据中心类型

分类	类型
第一类	边缘计算类(时延<10ms)
第二类	低时延类(端到端时延≤20ms)，包括工业互联网(设备控制类)、车联网、网络游戏、金融证券、远程医疗等应用
第三类	中时延类(20ms<时延≤200ms)，包括云计算、大数据、区块链、人工智能、视频播放等应用
第四类	高时延类(时延>200ms)，包括网页浏览、数据存储、数据备份等应用

资料来源：《广东省 5G 基站和数据中心总体布局规划（2021—2025 年）》。

数据中心产业链主要包括上游设备商、中游服务商、下游客户。目前我国数据中心产业链正呈现更明确的分工（如建设和运营分工）和大厂商向上游延伸（如云计算厂商开始研发芯片、白盒交换机、电源设备等）两种不同的现象。

从成本端来看，数据中心存在重资产行业的特征。数据中心成本主要分为建设成本和运营成本。由于新建机房，需要大规模资本开支，需要不停地融资来补充现金流，一旦规模增大之后，竞争壁垒就形成了。

数据中心运营的关键因素是电力成本，主要影响因素是电价和电源使用效率（Power Usage Effectiveness，PUE，PUE = 互联网数据中心总设备能耗/IT设备能耗），电价主要按照国家电网的电价，建设PUE较低的机房成为降低电力成本的重要途径。

（二）数据中心产业发展趋势

随着新基建的推进，互联网企业和大型国企加码在数据中心产业的布局，数据中心产业将进入整合期。由于一线城市用地紧张及互联网数据中心耗电量巨大，2018年以来一线城市普遍将互联网数据中心作为"高耗能产业"对待，国家和地方相继出台相关政策和文件，控制传统互联网数据中心的建设。2019年，深圳市出台文件逐步限制互联网数据中心能耗，放缓新基建项目审批步伐，导致近几年新增资源较少，市场规模增速出现一定程度的下降。深圳市规定依据互联网数据中心PUE的高低，对其新增能源消费量给予不同程度的支持。PUE为1.4以上的互联网数据中心不享受支持，PUE低于1.25的互联网数据中心可享受新增能源消费量40%以上的支持。与此同时，国家和广东省都有相关政策对深圳市互联网数据中心建设进行限制。广东省确定在韶关建设数据中心集群，规划建设规模约50万个标准机架，并明确韶关高新区为数据中心集群起步区。粤港澳大湾区已经开始实施建设全国一体化算力网络国家枢纽节点方案，着手调整新型数据中心布局建设和发展，政策推动珠三角主要城市数据中心资源整合和优化升级，要求新建大型、超大型数据中心有序向韶关数据中心集群转移。目前深圳市原则上只可新建中型及以下规模的互联网数据中心，承载第一类、第二类业务，第三类业务逐步迁移至粤东、粤西、粤北地区，第四类业务迁移至广东省外。

不过，2020年，在数字经济发展的需求拉动和国家提出加快5G基站、大数据中心、人工互联网等七大领域新型基础设施建设的推动下，全国不同区域、不同建设主体再次掀起互联网数据中心建设高潮。2020年全国各地正式提出2600个互联网数据中心建设项目，涉的投资总额超过2万亿元。2021年上半年全国新报建互联网数据中心项目756个，投资额超过7812亿元。与2020年相比，2021年的平均单个互联网数据中心项目投资额增幅超过30%。2020年底，在用互联网数据中心标准机架规模约500万个，近5年的年均增速逾30%，高于全球互联网数据中心的复合年增长率（13%），预计"十四五"末将发展到1800万个。

对于深圳，互联网数据中心作为数据枢纽和应用载体，是承载着各行业信息系统的基础保障设施，是搭建信息化平台的重要前置条件。随着数字经济的发展，5G、大数据、人工智能、云计算等新技术的应用，数据流量需求大幅度提升，进而形成对互联网数据中心的强劲需求，加强互联网数据中心建设形成更大规模势在必行。2020年，深圳互联网数据中心业务市场规模为66.5亿元，同比增速达到25.3%。预计到2023年，深圳互联网数据中心业务市场规模将突破120亿元，三年复合增长率或将达到22.8%。深圳是粤港澳大湾区的中心城市之一，区域内数据融合将带来ZB量级的数据处理需求，未来粤港澳三地的数据融合与交易将带来大量互联网数据中心需求。深圳是骨干网核心节点，是主要行业客户中低时延业务部署的首选之地。深圳作为经济发展特区，率先出台数字条例，试点推行数据交易，开发数据价值空间巨大。深圳必须适应新一代信息技术发展及数字化转型、产业互联网需求提升促进互联网数据中心建设力度的加大趋势。

二 深圳互联网数据中心建设中存在的主要问题

1. 互联网数据中心项目资源错配问题突出，造成结构性供应紧张

作为一线城市，深圳互联网数据中心需求较大，价格水平较高，供应已经比较紧张。虽然广东省提出"双核九中心"的总体规划布局，把广州、深圳作为两个低时延互联网数据中心核心区建设，但是全省互联网数据中心建设和使用仍然缺乏统筹规划，不仅分布比较零散，21个地市均建有互联网数据中心，而且资源整体利用率不够高，粤东、粤西、粤北地区互联网数据中心资源空闲问题比较突出，而深圳互联网数据中心建设实际上受到较大的限制而导致供应紧张、价格高启。深圳市现有互联网数据中心机房主要集中在南山区和龙岗区两个区，随着通信、软件等细分行业持续快速发展，深圳各区对互联网数据中心需求稳步提升，目前深圳互联网数据中心需求已经溢出到惠州、中山、东莞、佛山等地。

2. 满足低时延要求的互联网数据中心相对缺乏

对时延要求高的自动驾驶汽车、无人机飞行、VR/AR类应用、移动医疗等系列业务需要大量边缘计算，这些业务数据的产生、存储、交互等需求量也非常巨大。行业数据显示，到2025年，互联网数据中心算力的80%将被AI相关应用占据。如此一来，深圳互联网数据中心需求不断扩张，供应紧张形势日渐凸显。满足低时延要求的互联网数据中心建设不足可能直接制约企业开发相关业务决策，进而可能对深圳AI产业发展造成阻碍。互联网数据中心头部客户原本更倾向于靠近热点区域布局互联网数据中心，深圳原本是骨干网核心节点，是主要行业客户中低时延业务部署的首选之地，受低时延要求等因素影响，低时延IDC建设缺乏可能导致深圳丧失先机。

3. 智能化运维和管理水平有待提升

就广东省来看，目前在用的传统互联网数据中心占比达到70%，绝大多数依然采用人工运维和管理的模式，相对缺乏虚拟化、自动化管理能力，尚未达到即时响应的要求。

4. 建设指标要求高，对新项目限制作用明显

广东省相关文件要求互联网数据中心到 2022 年，PUE 不超过 1.3，到 2025 年，PUE 不超过 1.25。到 2022 年，上架率超过 65%，到 2025 年，上架率超过 75%。作为互联网数据中心建设主体的企业，在这种标准限制下投资互联网数据中心建设，面临争取政策合规与保障项目回报的两难抉择，必然影响相应的项目投资意愿。

三　推进深圳互联网数据中心建设的对策建议

作为经济发展特区，深圳经济开放程度高，数字经济规模大，数字经济发展指数位居全国前列，加上未来粤港澳三地的数据融合与交易也将更加密切，将带来大量互联网数据中心需求。建议深圳从以下几个方面加大政策支持力度，助力企业互联网数据中心的建设和发展。

1. 加强国土空间规划衔接

在编制国土空间总体规划中，充分甚至超前考虑互联网数据中心建设的用地需求，采用相应布局原则，充分保障互联网数据中心用地。将配建数据中心纳入相关规划标准，比如要求一定规模的科技产业园配建互联网数据中心。同时积极创造条件，规划建设海水之下的互联网数据中心。从地区层面看，目前广东省互联网数据中心的建设是以网络关键节点进行布局，建议深圳市积极推动相关政策调整，改为由政府引导，支持在深圳、广州等特定城市进行特别布局。

2. 加强能源政策支持

强化互联网数据中心用电供应保障，相关规划预留互联网数据中心电力容量。对于新建 PUE 值较低的高能效互联网数据中心给予能源政策优惠，提高互联网数据中心的能源利用效率，促进深圳互联网数据中心产业向低碳、高效发展。引导互联网数据中心实施智能化运维和管理。围绕互联网数据中心运维和管理能力提升，以推动新型数据中心发展为政策导向，支持有关方面开展数据中心可用性、服务能力、智能化水平等技术测评，为相关政策制定实施提供依据。

3. 加强对互联网数据中心技术进步支持

借助相关优惠政策推动企业引进和研发先进互联网数据中心技术，加强新建数据中心绿色化设计和节能审查，引导数据中心积极应用先进的绿色数据中心技术，推广使用绿色节能技术，降低数据中心施工环节能耗，推动数据中心绿色化转型，降低 PUE。目前互联网数据中心降低 PUE 的具体技术和措施很多，如通过数据清洗与标注提升存储数据的质量，减少无效数据的存储；"冷热"数据分开存放；采用集中供电、集中散热和集中管理的设计架构，提高电源转化效率；采用液冷技术，改进传统散热技术能耗大、效率低等问题，达到节能减排的目的。

4. 扩容建设直达通信链路

政府牵头组织电信运营企业建立直达通信链路，扩大互联网骨干直连点带宽，推动数据中心网络需求和供给有限对接，保障互联网数据中心低时延、高带宽的应用需求，不断提升数据中心网络支撑能力。

5. 加大人才引进培养力度

大量新建互联网数据中心投产，对运维人员的数量需求激增。新技术层出不穷，对运维人员的知识水平、技术能力要求不断提高，对相关人才的培养也需要给予重视。建议将大数据高端人才纳入急需紧缺人才引进目录，通过制订人才支持计划，支持高校、科研院所与大数据产业相关企业加大合作力度，加快引进大数据产业领军专家、创新科研团队、技能型人才。

6. 加强信息网络安全保障

由政府牵头，落实国家信息网络安全保障要求，强化信息网络安全监管职能，完善 5G 基站和互联网数据中心的信息网络安全体系，推广新一代信息技术创新应用产品，保障信息网络安全运行。

B.6
推进深圳市多功能智能杆建设研究

陈晓宁　袁义才*

摘　要： 多功能智能杆是汇聚城市物联感知设备采集数据的数字站点。深圳多功能智能杆建设和运营有较大进展，但也存在规模扩张难、统一运维难、统筹建设难、集约利用难等一些问题，需要理清新基建的公益性与市场化边界，明确投建模式，加强建设统筹协调、加大政策法规保障，以促进多功能智能杆建设这项新基建的健康、可持续发展。

关键词： 多功能智能杆　信息基础设施　公益性

　　多功能智能杆是搭载视频监控设备、无线基站、户外多媒体屏幕、新能源汽车充电桩以及天气、环境等各类终端设备，并为其提供稳定、安全动力环境的载体。作为汇聚城市物联感知设备采集数据的数字站点，是构建全域感知网络和物联感知平台的重要组成部分，也是助力深圳建设智慧城市数字底座的重要抓手。2021 年深圳市政府工作报告做出"打造一流的新型信息基础设施，新建 5G 基站 5000 个、多功能智能杆 7000 根以上"的工作安排，并提出要充分利用好遍布深圳市的智慧杆、塔，标志着深圳市多功能智能杆建设迈上一个新台阶。

---

* 陈晓宁，深圳市信息基础设施投资发展有限公司董事长，主要研究方向为信息基础设施建设；袁义才，经济学博士，深圳市社会科学院粤港澳大湾区研究中心主任兼国际化城市研究所所长，研究员，主要研究方向为区域经济、公共经济、科技管理。

一 深圳市多功能智能杆建设进展情况概述

自 2015 年起,为减少城市建设中出现路灯杆、监控杆、指示杆、通信杆等"多杆林立"的现象,避免资源浪费,美化城市景观,深圳市城管、交通等政府主管部门从节能减耗的智慧路灯、资源共享的通信杆塔等方面开始探索,为多功能智能杆的发展积累了可行的经验。2018 年,深圳市交通运输局推出"多杆合一,一杆多用"举措,出台了《深圳市道路设施杆件整合设计导则(试行)》,在 15 条精品示范路项目中结合实际情况进行了杆件整合,道路合杆整治为推动深圳市多功能智能杆建设奠定了良好基础。深圳市工业和信息化局负责牵头推进多功能智能杆建设,在标准制定、规划编制、规范管理、平台建设、场景应用、运营模式等方面先行先试。自2018 年 6 月深圳市政府印发《深圳市多功能智能杆建设发展行动计划(2018—2020 年》以来,深圳市多功能智能杆工作在顶层制度设计、建设运营模式、促进相关产业发展等方面均取得了重大进展。2020 年 12 月,深圳市政府贯彻党中央、国务院关于建设"网络强国、数字中国、智慧社会"的决策部署,发布了《深圳市人民政府关于加快智慧城市和数字政府建设的若干意见》,提出到 2025 年,打造具有深度学习能力的鹏城智能体,建设城市数字底座,打造城市智能中枢,推进业务一体化融合,实现全域感知、全网协同和全场景智慧的目标。根据该文件要求,深圳需要进一步优化多功能智能杆布局,加快终端设备全面感知,积极部署低成本、低功耗、高精度、高可靠的智能感知设备,推动城市运行、自然资源、环境、气候等智能多源感知应用,建立城市泛在感知网络。截至 2022 年 9 月,深圳市直接投入约 11 亿元,已建、在建多功能智能杆约 1.9 万根,建设数量仅次于上海的综合杆(约 2 万根),远超广州、南京、成都等其他城市的建设规模(见图 1)。

目前,深圳市各区在新建、改扩建道路项目和相关政府项目中同步统筹建设多功能智能杆,通过"以点带线,由线带面"布点建设,从光明区光

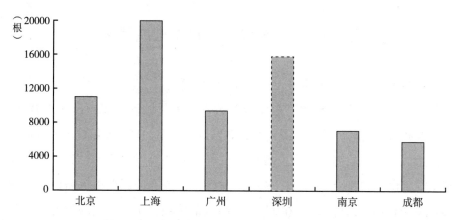

图1　2022年国内主要城市多功能智能杆建设情况

资料来源：网络媒体公开数据。

侨路首个存量改造试点到沿江高速整条道路改造，再到福田中心区成片提升，多功能智能杆建设已在深圳市各区有序铺开（见图2）。

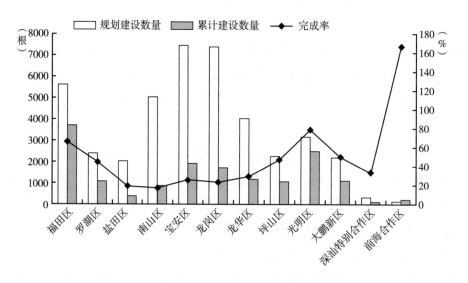

图2　2022年深圳市各区多功能智能杆规划和建设情况

资料来源：根据各区统计数据绘制。

在推动杆体规划和建设的同时，为发挥多功能智能杆作为新型信息基础设施的作用，深圳市各区也同步搭建开展综合管理平台（一期）的建设并投入运行。

二 深圳市多功能智能杆建设成效及特点分析

以提高城市治理能力科学化、精细化、智慧化水平为主旨，新型智慧城市是现代信息技术和城市发展深度融合的产物。多功能智能杆作为新型智慧城市的复合型信息基础设施，深圳市在近几年的多功能智能杆建设中已取得一定成效且特色突出。

1. 规划引领，标准规范，制度保障

多功能智能杆作为多方共用、政企合用新型信息基础设施，起初在全国没有可参照的建设标准、专项规划和管理办法等，难以建设及推广。为此，深圳市工信部门通过"立标准、出规划、制规范"来先行先试、大力推进。一是建立全国首个地方标准。2018 年深圳市经济贸易和信息化委员会制定出台的《深圳市多功能杆智能化系统技术与工程建设规范（试行）》（以下简称《多功能智能杆地标》），作为全国首个多功能智能杆地方标准，将传统市政杆体建设标准和新一代信息技术融合，用以指导深圳市多功能智能杆系统的设计、施工、验收、运行管理与维护，其后国家市场监督管理总局发布首个国家标准《智慧城市智慧多功能智能杆服务功能与运行管理规范》，深圳市的相关实践和经验为其提供有力支撑。二是出台全国首个专项规划。2020 年深圳市工业和信息化局联合深圳市通信管理局、深圳市规划和自然资源局发布《深圳市信息通信基础设施专项规划》，以 5G 需求为主线，统筹布局数据中心、通信机楼、通信机房、基站站址、多功能智能杆及通信管道等基础设施，为深圳市信息基础设施的建设提供了空间资源保障和建设指引。三是制定全国首个管理规范。2021 年 2 月深圳市政府印发《深圳市多功能智能杆基础设施管理办法》（以下简称《管理办法》），确立了"政府主导、统一规划，统一运营、统一维护，保障安全、开放共享"的管理原

则，为多功能智能杆工作开展初步搭建了全流程管理链条。

2.集约建设、统一运维、节支增效

多功能智能杆采用多杆合一、一杆多用的集约建设模式，统筹供配电、网络通信等配套设施的统一建设，集合智能设备挂载，节省了建设成本。传统路灯单杆投资约3万元，多功能智能杆单杆平均综合投资约为8万~10万元，增加投资单杆约5万~7万元，主要为新增通信设施的建设成本，即为满足多种设备加载所需的杆体和基础承载、管道空间和电力容量预留等增加的成本（见图3）。随着深圳市感知终端设备的快速增加，设备挂载率不断提升，多功能智能杆建设费用集约的效果日益明显，初步估算，杆体集约建设与目前杆体分别建设相比，总体节省投资约10%~20%。相较于路灯、监控杆等传统杆件，多功能智能杆增加了智慧网关、智慧电源等智能化模块，且在打造场景应用的过程中，需继续增加各种感知设备投资。然而，虽然智能硬件投入增加，但随着智能化管理水平提升，将减少管理成本和相关社会成本，进而增加社会效用。

据分析，在配建多功能智能杆的道路路段杆体数量降低30%以上，路口杆体数量减少50%以上，合杆效果显著。此外，多功能智能杆杆体美观、扩展性强、智慧化程度高，有效提升了市容市貌品质，例如深圳市侨香路、福田中心区、解放路、前海前湾一路等示范项目，效果非常明显。

通过多功能智能杆统一运维，还节省了运维成本。相较于深圳市政府各主管部门各自维护管理的模式，多功能智能杆统一运维可降低运维成本约20%。同时，通过统一运维，推动现有管理模式创新，打破杆体资源条块分割使用现状，促进了杆体资源共建共享。

3.需求引导、场景创新、智慧治理

智慧城市建设过程中，各政府部门根据自身的职能建设相应的平台和数据库，部门间数据没有打通、缺乏联动，更谈不上数据共享，多功能智能杆建设和应用极大地促进了这种情况的改观。

为了实现"一数同源"，打破数据烟囱，在充分调研政府、企业和市民需求的同时，结合5G、物联网、车联网、人工智能等新一代信息技术，探

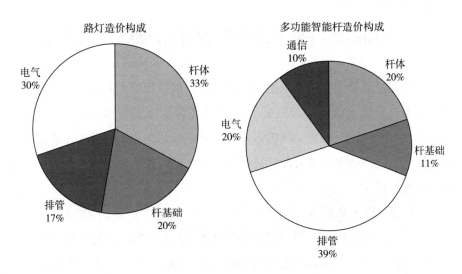

路灯造价构成

杆体
33%

电气
30%

排管
17%

杆基础
20%

多功能智能杆造价构成

通信
10%

杆体
20%

电气
20%

杆基础
11%

排管
39%

图3 路灯与多功能智能杆造价对比分析

索跨部门创新应用场景试点，有针对性建设多功能智能杆，可以提高城市精细化管理水平，提升数字政府与智慧城市的治理能力。在噪声监测方面，深圳市多功能智能杆运营主体已在深港合作区、华强北等地打造噪声监测试点，对采集的生态、环境、噪声数据处理和分析。在车联网方面，深圳市依托深圳市福田中心区的多功能智能杆部署66套路侧设备（RSU），整合交警红绿灯、交通指示牌、城管视频监控等，通过边缘网关集成数据分发指令，建成"绿波交通"，实现"人多放人、车多放车"；在城市治理方面，依托多功能智能杆管理平台及场景应用孵化平台，基于开放、弹性，网算一体的环网架构，采用远端连接和控制，通过软件自定义、边缘计算联动自主决策等关键技术，在深圳市福田保税区市花路、金花路搭建城市治理应用场景，打造路缘空间管理，包括防疫视频监控、车辆违停、车流和人流监测、生态噪声监测、商圈信息推送屏、社区公共广播、充电桩等20多种场景；在深圳龙岗坂田、宝安沙井等部分社区通过多功能智能杆结合"音视频联动"技术、AI视频监控等建成"5G网格员"，协助社区精准解决社区广场舞噪声扰民的痛点问题，可减少约80%的社区投诉事件，降低70%以上的人力成本。

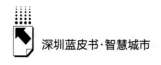

三 深圳市多功能智能杆建设中存在问题及原因探讨

多功能智能杆作为新型信息基础设施，目前以政府财政资金投入建设或国有企业自有资金投资改造为主。自2019年深圳市实施多功能智能杆统筹规划建设、统一运营和统一维护以来，需要积极研究解决实践中出现的一些明显问题，以推动多功能智能杆高质量建设，助力深圳数字政府建设、数字经济发展。

1. 建设规模不及预期

一方面，深圳市各区财政状况不均衡制约了多功能智能杆投资的积极性，有的区片面认为多功能智能杆建设标准较高，不按《多功能智能杆地标》要求，降低标准投建。另一方面，单点"插花"改造项目，涉及报批报建流程较长，取电、取网协调难度大，建设和改造进度较慢。2022年9月底，深圳市已建、在建多功能智能杆约1.9万，距离规划目标——2025年建成5万根的目标有较大差距。

2. 政府投资建成后的杆体移交统一运维难

截至2022年6月底，深圳市已建、在建多功能智能杆移交统一运营杆体仅3615根，不到建设总规模的三分之一。究其原因，部分区投项目，因移交手续和资产管理等问题，不按《管理办法》移交，是导致深圳市范围内多功能智能杆未能按计划形成规模的主要原因。

3. 行业主管部门统筹难

一是统筹建设不到位。《管理办法》要求新建、改扩建道路统一规划建设多功能智能杆，但是因为项目前期阶段欠缺统筹机制，部分道路未按《多功能智能杆地标》设计，个别部门依旧按照非集约化、非数字化、非网络化的传统市政杆体进行建设，导致重复投资等现象依旧存在。二是统筹整合不到位。多功能智能杆挂载设备涉及行业主管部门较多，目前深圳市尚未建立常态化有效的沟通协调机制，统筹协调成本较高。另外，深圳市各区政府、各行业主管部门对多功能智能杆的认识和利用不足，感知设备集约化程度不够，与上海等城市的综合杆整治建设成效相比，深圳市合杆整治还有一定差距。三是管理流程缺乏指引。虽然在2021年初深圳市已经出台了《管理办法》，但对规划、投资、建设、验收、运营等全流程仍缺乏具体工作指引，在实际建设项目中，存在设计水平参差不齐、概算价格差异较大、建设标准不一等问题，且竣工验收、结算流程也不清晰。

4. 集约利用难，数据共享率不高

一是深圳市多功能智能杆挂载设备尚未完全移交运营主体统一运维。在深圳市综合管理平台已完成资产录入的设备数量共计14242台，设备类型包括智能照明、无线电监测、气象监测、公共WLAN、移动通信、视频采集、环境监测、信息发布屏、公共广播等，其中由运营主体运维的设备数量仅为3394台，接收运维占比24%，设备接入率不高。二是在14242台挂载设备中，数据接入深圳市综合管理平台的设备数量仅有420台，只占总数的3%，未能充分发挥大数据共享、破除信息壁垒的前端作用。此外，已建设多功能智能杆路段合杆率不高，有设备挂载需求的单位仍自行建杆，不按《管理办法》要求实施合杆、集约杆体建设，也是导致数据共享率不高的主要原因。

多功能智能杆作为新型信息基础设施的典型，在投建运过程中反映出来的诸多问题，究其深层次原因，一是对于新基建的公益属性与市场化属性边界划分未能形成共识。二是信息技术的进步提高了城市治理的数字化水平，但原有的行业管理模式制约了新技术的应用。三是有关制度、标准和管理流程等的法律法规不够完善，导致行政管理无据可依。

四　推进深圳市多功能智能杆的策略建议

为解决多功能智能杆投资建设和运营管理存在的问题，加快深圳市感知网络体系建设，进一步提升深圳市信息基础设施管理效益，打通各部门信息壁垒，充分发挥多功能智能杆这一新型智慧城市信息数据入口和"末

梢神经元"作用，大力推进"新基建""新城建"工作，现提出一些策略
建议。

1. 划清政府与市场边界

多功能智能杆作为有光、有电、有算力的新型信息基础设施，其所搭载
的视频监控、交通诱导、基站等各类感知终端设备主要是为政府公共服务提
供支撑，属于公益类项目，应全部纳入政府财政预算管理，由财政预算或发
行地方政府一般债券的方式落实资金来源，政府行业主管部门和相关局委作
为业主自行委托建设。结合《管理办法》规定，全市新、改扩建道路统一
建设多功能智能杆由政府投资建设（见图4）。

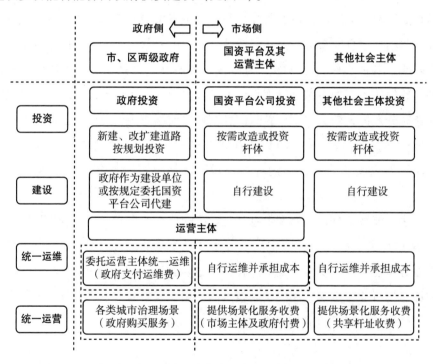

图4 深圳市多功能智能杆投资建设模式

针对具备市场化收入的多功能智能杆杆体，可交由国资平台公司或社会
主体承接，国资平台公司或社会主体应根据深圳市多功能智能杆规划，以及
各行业主管部门和社会使用主体需求，按相关程序报批后，按需建设。

2. 明确国资平台公司参与公益类项目的模式

多功能智能杆建设作为新型信息基础设施，公益属性突出，若项目交由国资平台公司统一投资建设和运营，地方政府需明确资源补偿或收益平衡机制，避免新增政府隐性债务。同时，为支持国资平台公司承接多功能智能杆建设，提升可持续、市场化融资能力，需在壮大经营性资产、提高收入、打造现金流等方面给予国资平台公司支持。

深圳市政府授权国资平台公司负责深圳市多功能智能杆基础设施的统一投资、建设和运营。市国资平台公司应充分发挥市属国企连接政府和企业的桥梁作用，在满足多功能智能杆市政基础功能的有效供给基础上，探索 5G 网络、城市无线局域网、内容分发网络节点（CDN）、公共安全感知终端、车联网、边缘计算设施部署、未来网络试点等方面的商业化运作。

政府对投资主体的资源补偿或平衡机制包括但不限于：一是财政形成的资产、特许经营权（户外广告经营权、充电桩服务以及各类数字化场景服务）。二是国有股权等经营性资产注入国资平台公司，实现多功能智能杆项目的建设成本回收和可持续运营。三是政府其他经营性项目包括但不限于与物联感知网络体系相关的产业园、数据中心以及网络设施等注入国资平台公司。

3. 加大政府业务管理流程整合，促进数据集约采集和共享应用

一是做好平台安全防护建设，加强深圳市多功能智能杆综合管理平台后续开发，推动平台与全市物联感知网络、政务专网、政务云对接，加强网络架构和信息安全防护。二是把多功能智能杆作为物联感知网络的"数字站点"，探索通过鸿蒙系统，统一设备接入标准和平台接口，推动各部门数据全面接入多功能智能杆综合管理平台，打破部门间信息孤岛，支撑数据采集"一数同源"。三是推动跨部门跨领域公共数据资源汇聚融合和共享共用，构建"云、边、端"为基础平台化架构和组件化应用，充分发挥多功能智能杆实时采集的交通、社区、环境、气象数据的能力，创新社会管理模式。

4.加快完善法律、法规,加大统筹力度,完善全流程制度建设

一是强化主管部门统筹职责,明确深圳市工业和信息化局统筹深圳市多功能智能杆杆体和前端采集设备等信息基础设施建设需求,并按规划和需求逐年安排建设计划。涉及多功能智能杆立杆、数据采集设备部署的道路建设、品质提升等各类主体工程项目在项目立项、可研和概算批复前应经相关部门联合审查,充分征求深圳市工业和信息化局及相关部门意见,实现统一标准、集约建设。二是编制出台多功能智能杆建设指引,细化多功能智能杆规划、建设、验收、移交等全流程程序,并对多功能智能杆杆体设计规格、基础配套设施建设标准、配建标准、概算价格等给予指导。三是支持建立多功能智能杆建设综合量化考核指标体系,加强对《管理办法》等政策落实的监督考核,充分考量多功能智能杆建设、合杆整治、设备上杆率、场景应用、数据接入等方面工作效果,同时建议审计部门按照"能共享不新建"的原则,加强对杆体建设和综合利用绩效审计。四是研究增设建管中心,支持深圳市工业和信息化局研究设立新型信息基础设施建设管理中心,统筹深圳市多功能智能杆杆体资源及前端设备的维护资金,加强专业化建设与管理。

结 语

多功能智能杆是智慧城市底层感知网络体系的重要组成部分,通过对水文地理、气候环境、建设项目、市政工程等城市数据的精准感知、集成计算,AI赋能,全面掌控城市运行态势,实现针对城市发展、市政、交通、公共服务等关键决策领域资源的智能动态配置,从而提升城市对复杂信息的智能响应能力,辅助城市的规划、建设和管理的科学决策,适应现代城市综合治理的需要。

多功能智能杆建设不是孤立的杆体建设,也不是简单物理整合。深圳市需坚持基础设施的统筹规划、适度超前和共建共享,持续推进多功能智能杆建设,通过新建、改建传统市政杆件的方式,为未来智慧城市感知体系建设打下坚实基础。

参考文献

曹小兵、王海龙、赵静雯：《聚焦城市物联网架构下多功能智能杆建设与示范》，《中国照明电器》2020 年第 5 期。

王婧：《智能杆落地亟须破解四大难题》，《互联网经济》2020 年第 4 期。

刘泰、张鹤、王尧：《浅析全球智慧杆塔发展现状及未来趋势》，《通信企业管理》2019 年第 S1 期。

曹小兵、王海龙：《基于智慧城市架构下智慧杆的建设探究》，《中国照明电器》2019 年第 12 期。

孔弘斌：《海外 5G 智慧杆塔电力引入的难点分析》，《通信电源技术》2020 年第 8 期。

李婷婷、谢飞龙、王文跃：《关于智慧杆塔商业模式的思考》，《通信企业管理》2019 年第 S1 期。

公共服务篇
Public Services Part

B.7

"龙岗一张图"助力提升社会
治理精细化水平*

周礼红　陈帮泰**

摘　要：　智慧城市建设大力促进了社会治理向精细化方向发展，龙岗区基于龙岗信息化体系不够完善、城市精细化治理理念缺乏、城市精细化治理体制不和谐、城市精细化管理服务不精致、城市精细化评价体系不完备、城市精细化监督反馈机制不完善的现状，通过"龙岗一张图"数字化信息平台助力，突破"信息孤岛"与"信息壁垒"，推动跨层级、跨领域的信息共享，有序开放重点领域的政府数据信息，促进公共信息资源公开与共享，提升了社会治理精细化水平，保障高效地利用好城市社会管理信息，在社会精细化治理路径与功能方面取得可借鉴、可复制、可推广的经验。

---

　*　本文数据与材料主要由龙岗区政务服务数据管理局提供。

**　周礼红，博士，深圳市社会科学院国际化城市研究所研究员，主要研究方向为城市研究；陈帮泰，龙岗区政务服务数据管理局大数据中心工程师。

关键词： 智慧城市　社会精细化治理　大数据　信息技术

随着互联网的高速发展、网络化的快速普及和新技术的应用，城市管理和运行呈现高度的复杂性，城市精细化治理将受到重大挑战和考验。我国智慧城市建设秉承"以人民为中心"的核心理念，不断对城市治理提出新挑战和新要求，各级政府需要重新审视智慧城市建设的现状和未来，提出下一步推进新型智慧城市建设的新理念、新思路和新行动。

一　智慧城市与社会精细化治理内在机理分析

智慧城市依托新型信息网络系统从各种来源收集越来越多的数据，并利用这些数据改善规划、升级基础设施、跟踪和加强运营，以较低的成本提供更好的城市服务。而社会精细化治理的主体是辖区的政府，同时强调企事业单位、社会组织及社会公众等多元主体的参与；在建设城市基础设施和公用设施管理等工作中，精细化涉及城市的每个环节，涵盖治理的理念和体制、公共服务及反馈评估机制、监督机制等方面。

智慧城市建设与社会精细化治理存在一定的内在逻辑关系。一是新型智慧城市促进社会治理创新。智慧城市建设是推动社会治理精细化、巩固社会治理体系、搭建全民共建共治共享的社会治理格局的一种新形式，对于推动城市治理体制和治理能力的现代化具有重大意义。党的十九大报告明确提出建设智慧社会，毫无疑问，着力建设智慧城市就是以智慧的理念规划城市、以智慧的方式建设城市、以智慧的手段治理城市、以智慧的产业为城市提供支撑服务。建设数字化平台的智慧城市，必须以满足城市主体需求为核心，运用云计算、大数据、人工智能等高新技术赋能城市发展，快速推进城市智慧社会的建设。智慧城市建设，将充分运用大数据、物联网、人工智能、移动互联网、云计算、区块链等新一代信息技术来提高工作效率，减少工作沟通成本，提升社会治理的精细化水平。由于专业化分工产生的各自为政的弊病,各行各业运作形成的信息资源存在"碎片化"问题。城市运行和管理涉及的信息资源因"信息孤岛"效应带来的政府管理的整体性缺失,一直是城市运行和管理的短板。智慧城市精细化治理创新,一个最重要的能力是利用信息技术增进政府部门之间的信息共享和管理协调,极大地提升社会精细化治理供给和需求之间的匹配度。

二是社会治理呼唤新型智慧城市建设。提升社会治理精细化水平,不仅是当前快速发展的需求,更是与新时代人民群众对美好生活的向往息息相关。习近平总书记多次表示"要坚持人民城市为人民",要下大力气根治"城市病",增强民众获得感。因此,现代城市治理应积极响应和落实习近平总书记对城市发展规划、建设和管理等方面的要求。同样,智慧城市建设的大局观应把促进人的全面发展放到城市治理的核心地位,即坚持以为人民服务为核心,以全程全时、城市治理高效有序、数据开放共融共享、经济发展绿色开源、网络空间安全清朗为主要目标,通过顶层规划设计,全面推进智慧城市治理体系建设。智慧城市进一步以"感知、服务、监管、评价、分析"为五位一体,同时以城市治理指挥中心建设为载体,推进城市治理的精细化、智能化、社会化。①

二 深圳市龙岗区社会治理现状分析

实施国家大数据战略,加快建设"数字中国""智慧社会"是党中央做出的重大决策部署。习近平总书记在深圳经济特区建立 40 周年庆祝大会上的讲话中指出,要树立全周期管理意识,加快推动城市治理体系和治理能力现代化,努力走出一条符合超大型城市特点和规律的治理新路子。《深圳建设中国特色社会主义先行示范区综合改革试点实施方案(2020—2025 年)》提出要加快培育数据要素市场,率先完善数据产权制度,试点推进政府数据开放共享。深圳市龙岗区积极响应国家战略新要求,结合中央、省、市机构

① 汤文仙:《精细化治理引领智慧城市建设》,《城市管理与科技》2018 年第 3 期。

改革后新型智慧城市、"数字政府"改革建设的新形势，在实施《龙岗区新型智慧城区建设三年行动方案（2018-2020年）及2018年重点工作计划》（深龙数据〔2018〕15号）和《龙岗区"数字政府"综合改革试点实施方案》（深龙改〔2019〕1号）的基础上，决定站在新的历史起点上，深入推动以大数据为"底座"的智慧城区和数字政府建设，探索出一条符合龙岗实际的城区治理新路子。

基于龙岗信息化体系不够完善、城市精细化治理理念缺乏、城市精细化治理体制不和谐、城市精细化管理服务不精致、城市精细化评价体系不完备、城市精细化监督反馈机制不完善的现状，龙岗区整合数据资源，建设共享平台，以打造"龙岗一张图"治理体系为主要抓手，突破"信息孤岛"与"信息壁垒"，推动跨层级、跨领域的信息共享，有序开放重点领域的政府数据信息，促进公共信息资源公开与共享，保障高效地利用好城市社会的管理信息。

三 "龙岗一张图"治理模式主要路径

"龙岗一张图"，即龙岗时空信息管理服务平台，作为龙岗区唯一的时空基准，秉承"需求导向、民生导向、基础先行、急用先行"原则，围绕打基础、搭网络、建平台、推共享、促应用、保安全，打通"信息孤岛"，建设全区基础地理信息数据资源"一盘棋"，通过统一时空基准及整合汇聚数据、拓展多个部门"一张图"应用来夯实基础，以数据融合驱动智慧龙岗建设。通过"龙岗一张图"，不仅能够准确掌握龙岗区空间地理信息动态，为各部门的政策制定提供参考，支撑部门业务的运行，而且能够向公众提供更为精细的空间地理信息服务、政务服务与城区管理服务，助力城区精细化治理。

"龙岗一张图"的总体架构由基础层、数据层、平台层和应用层组成，基于龙岗区政务外网，搭建涵盖倾斜摄影模型、三维模型、卫星遥感影像、基础地图、影像地图、地下综合管网、地名地址等时空大数据中心，面向各部门提供一站式空间数据服务支撑，并实现权限管理和数据可视化呈现；支撑新冠肺炎疫情防控、土地批后监管、智慧查违、智慧社区等领域的业务应用系统建设。

"龙岗一张图"建设内容可归纳为"1+1+1+N"，即，在一套标准规范体系之下，建设一个政务空间地理数据库，搭建一个时空信息管理服务平台，提供政务数据信息在线服务，支撑 N 个行业应用和综合应用。标准规范体系是数据更新、服务对接的保障，数据是基础，共享交换是核心，应用是最终目的，整体上构成了可持续发展的生态体系。具体建设内容如下。

1. 建立"一张图"数据采集、应用链接、平台运营的统一规范体系

在借鉴国家和行业相关技术标准的基础上，并根据区域的特征对其进行了必要的完善，编制了《龙岗区基础数据资源分类与编码规范》《龙岗区三维地理信息模型数据规范》《龙岗区时空信息共享交换规范》《龙岗区时空大数据云平台成果管理与使用说明》《龙岗区时空大数据云平台运行管理说明》等 13 项标准规范，形成合理、实用、开放的体系，该标准具有较高的可操作性，能够实现系统建设标准、共享机制、二次开发界面的一致性，为系统的升级和拓展奠定了基础。

2. 构建可关联、可感知、可扩展的时空大数据中心

"龙岗一张图"以时间和空间为纽带，以时间和空间数据信息为基础，对多时态、多主题、多层次和多维度数据进行动态的联系，包括二维、三维、历史现象等，与各行业的经营数据进行链接，从而构成一个完整的时间和空间数据中心。

"龙岗一张图"搭建了龙岗区二维信息地图、影像地图、实际地图等二维基本资料，包括全区 387.5 平方千米的倾斜成像模型（分辨率 5 厘米）和 22.5 平方千米中央城区的精确模型（分辨率 2 厘米）等三维基本资料。

"龙岗一张图"构建了 34 个专题 388 个数据图层，其中包含 460 万条人口数据、40 万条法人数据、17.3 万条房屋数据等"人房法"（人员、房屋、法人）的专题数据，危化品、重大危险源、住房安全等 12 万多条隐患

数据。

3.搭建二维、三维和实景综合空间数据服务平台

"龙岗一张图"搭建融合二维、三维和实景综合空间数据服务平台（见图1），以一个单一的业务界面呈现了各部门的地图业务，对各部门进行了分层订购，并将各部门的开发结果进行了汇总。"龙岗一张图"各种数据资料、结构资源等可以通过服务的方式实现公开、分享和使用，用户可申请云计算资源，而无须购买服务器和基础 GIS 软件；使用网上绘图软件，可以迅速生成适应特殊需要的地图，使用地址匹配和线上标注服务可以快速上传业务数据；还可以使用线上智能匹配服务迅速生成地图使用系统。"龙岗一张图"以随时可视化的方式提供简洁、方便、一体化的定制化服务，实现按需灵活服务。

图1 "龙岗一张图"二维、三维一体化

4.支撑跨层级、跨区域、跨部门数据共享和业务协同

"龙岗一张图"在政务服务、综治维稳、环保水务、城市管理、应急指挥等15个方面得到了推广，目前已经为23家机构或组织、11个街道提供了280多项实时网上业务，系统使用次数累计达到1.7亿次，一天最高访问人数达到300万人次，平均每天使用次数超过10万次，系列智能化软件使用效果良好。

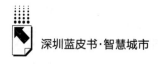

四 "龙岗一张图"治理模式主要功能

"龙岗一张图"以城市中的楼宇、人群、单位、影像防控点、安全隐患和主要危险源等为对象,将二维、三维、实景、影像等电子地图以及叠加地图资料输入系统中,并将其制成立体的模型,为各部门的智能运用提供强大的支持。在智能城市建设中,形成全方位的发展局面。

1. 在疫情防控支撑方面的作用

面向疫情防控需求,基于"龙岗一张图",将全区人房法、重点场所、防疫专题以及货运车辆的 GPS 轨迹等数据进行融合关联。"龙岗一张图"提供GPS 轨迹查询分析服务,为规范化管理跨境运输车辆提供参考;提供地图统计及现场视频调取服务,为疫情防控精准定位及人群查找提供参考。

2. 在土地批后监管方面的作用

基于"龙岗一张图",将全区 341 个批后项目用地精准落图,搭建龙岗区土地批后监管信息化平台,结合全景等辅助手段初步实现对项目用地的线上监管;梳理各用地项目的合同签订时间、约定开竣工时间等信息,制定红灯、黄灯、绿灯、灰灯对项目进行智能化预警;对接区智慧办公系统,获取用户及部门相关信息,作为系统用户,利用区智慧办公系统的时限性提高土地批后监管业务工单处理的效率(见图 2)。

图 2 龙岗土地批后监管系统

3. 在智慧应急方面的作用

基于"龙岗一张图",接入超过 5 万个多路高清视频图像、677 个俯高空全景影像、9 个部门的安全危险和风险来源数据,建立全生命周期应急管理体系,完备的应急服务体系、高效智能的应急值班体系、平战协同作战体系,该体系具有联动指挥、预警预报、应急评价等多种作用。

4. 在智慧查违方面的作用

基于"龙岗一张图",通过 7 日一次高频率地刷新 677 个高空全景影像数据,可进行全景影像数据展示、历史数据对照,为"天眼"侦破违法违规建筑行为提供了强大支持,大幅提升了发现、取证和处置效率(见图 3)。

图3   高空全景影像应用于智慧查违

5. 在重点项目管理方面的作用

基于"龙岗一张图"的时空基准,准确把握关键工程的位置环境、规划条件、现场影像等重点资料,为项目生成、统筹协调、跟进督查等提供预优化、预沟通、预协调服务,推动储备项目决策、落地、实施,实现"多规合一"。截至 2022 年,400 余个重点工程已落到实处,并初步完成工程投资与施工管理整个链条的信息化、便捷化、科学化,为项目的决策、建设和后续的协调探索出了新方式(见图4)。

图4　龙岗区项目地图信息系统

6. 在危险边坡管理方面的作用

基于"龙岗一张图"的时空基准，制定危险边坡数据台账采集、坐标位置采集、统一编号管理等标准，对全区1791处危险边坡建立"一坡一档"，通过分类评估划分6个风险级别，制作"边坡管理一张图"。运用热力图、分类统计宏观评估区域风险，科学分配人力和治理资源投入；通过危险边坡周边人房法、重点保护对象、三维模型等数据关联，量化评估威胁对象、涉险面积、危害人数、潜在经济损失及次生灾害风险，辅助科学制定应急预案和救援措施；整合视频监控资源，实时查看边坡现场，利用7天更新一次的高空全景影像，以"天眼"视角巡查周边异常变化，有力提升了巡查频次，弥补了人力巡查的不足，降低了恶劣天气户外巡查作业风险（见图5）。

五　"龙岗一张图"治理模式应用成效

1. 树立标杆，形成可借鉴、可复制、可推广的龙岗实践模式

"龙岗一张图"作为龙岗全区时空基准支撑服务平台，是龙岗城区治理

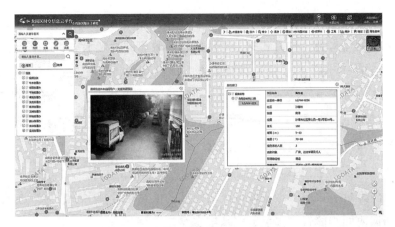

图5 危险"边坡管理一张图"

的重要抓手。平台成果入选全国新型智慧城市优秀实践案例,取得了良好的社会效益。"龙岗一张图"作为龙岗区重要的对外宣传窗口,接待了国内外多个调研考察团体,以"一图全面感知""一张图助力重大决策"为核心,为其他城市和地区提供可借鉴、可复制、可推广的龙岗实践模式。

2.以用促建,带动各部门智慧化应用建设

"龙岗一张图"的建成,有效支撑各职能部门的业务应用系统建设,目前面向应急、住建、发改、土地监察、统计、网格化管理、智慧社区等15个领域提供支持调用,各类智慧化应用取得了较好成效。尤其是在疫情防控常态化期间,依托"龙岗一张图",将1.2万辆跨境货车的实时运行轨迹及驻留点、驻留时间展示上图,并基于龙岗区相关防疫专题数据进行统计分析,有力支撑了疫情防控决策。在共建共享的合作过程中,"龙岗一张图"平台为各部门信息系统建设提供参考与指导,提高各部门对时空信息资源的开发利用,从而提高了部门的信息化建设水平,促进了全区电子政务信息化水平的提升。

3.融合共享,促进跨部门业务协同

"龙岗一张图"转变了龙岗区"信息孤岛""信息荒芜"的现状,有利于在部门实现"职责清""数据准",实现各部门间的有效协同和建立合作

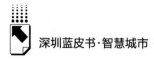
机制，优化和整合各部门的工作流程，提高各部门的工作效率，避免重复工作，节省大量人力、物力和财力，从而提高政府的管理水平和行政效能。

"龙岗一张图"以实时可视化的方式提供简洁、方便、一体化的定制化服务，实现按需灵活服务，已成为龙岗区城市建设管理、基层治理可视化、精细化的一把"利剑"。未来，"龙岗一张图"将立足龙岗实际情况，结合国家智慧城市建设、大数据发展战略、机构改革后政府管理工作需求以及当前新技术发展，提升在城市更新、智慧工地、城市重点项目、房产市场监测、消防审批、市政管理等城市建设领域的信息化管理水平，为推进城市全生命周期协同智能管控提供数据基础支撑。

B.8
新形势下深圳市智慧气象服务
高质量发展研究

孙石阳　邱宗旭　刘东华*

摘　要： 深圳气象系统构建了智慧气象"六个一模式"基础架构，着力
夯实并全面构筑了信息化保障智慧气象服务快速发展和高质量发
展的基础支撑体系，形成了智慧气象服务发展标杆，为国家气象
打造了深圳实践范例。基于对新形势下智慧气象服务保障"双
区"建设的发展基础分析，系统剖析了高质量发展智慧气象服
务的需求挑战、风险挑战、能力短板、机制瓶颈等要素，提出了
深圳气象服务数字政府和智慧城市的机制保障、能力支撑、数据
要素市场配置等的体系化发展建议，为高质量构建新型智慧城市
气象服务供给体系、高效赋能智慧城市和数字政府提供决策参考
依据。

关键词： 智慧城市　智慧气象　气象服务　数字政府

　　在新形势下，在深圳智慧城市和数字政府新发展征程中，深圳气象保障
"双区"建设的新需求更具挑战性，对智慧气象服务于防灾减灾救灾、应对

* 孙石阳，深圳市国家气候观象台高级工程师；邱宗旭，深圳市国家气候观象台台长、高级工
程师；刘东华，深圳市国家气候观象台副台长、高级工程师。上述三位作者的主要研究方向
均为气象及其服务。本课题得到了深圳市气象局王延青局长、兰红平副局长的指导和支持，
在此特别致谢。研究中采用的相关成果名词如"六个一模式"、"31631"递进式预警模式、
"520"模式、"四有"工作机制等来源于深圳市气象局办公室、业务处，深圳市国家气候观
象台的相关总结和调研报告，在此一并致谢。

气候变化、建设宜居宜业宜游城市提出了更高要求。研究分析深圳市智慧气象服务保障"双区"建设的发展基础、需求挑战、风险挑战、能力短板、机制瓶颈等要素，提出深圳气象赋能智慧城市和数字政府的机制保障、能力支撑、数据要素市场配置等的体系化发展建议，对为科学构建新型智慧城市气象服务供给体系、高质量发展深圳市智慧气象服务能力、助推深圳市智慧气象服务高效赋能智慧城市和数字政府提供决策依据具有重要现实意义。

一　发展基础

（一）系统构建了智慧气象"六个一模式"基础架构

深圳气象通过"十三五"的发展，气象信息化保障力显著提升，智慧气象服务的供给力显著增强，防灾减灾的协同力显著提升，气象融入社会的治理成效显著提高。深圳已系统构建了智慧气象"六个一模式"基础架构。一是立体观测实现"一张网"的全面感知。建成了涵盖天气气候、海洋、生态环境、天文等五大类的城市气象综合观测体系，体系覆盖了深圳市、区两级全域，气象数据 2 分钟内可为公众直接提供服务。二是精细预报实现"一网格"全面覆盖。面向市民提供长中短结合、滚动更新的预报服务，预报可精细到 5 千米每小时。三是协同防灾实现"一体化"四级联动。根据深圳市只设一级气象机构的实际，形成"一级预警、两级监管、四级联动、对点服务、社会响应"的气象灾害防御协同化管理机制，成为全国气象行业气象防灾减灾的范例。四是气象服务实现"一站式"智享生活。气象服务的内涵从单一的要素预警预报，向市民衣、食、住、行、娱、购拓展，覆盖城市八大生命线行业，由中国气象局命名的"大城市精细化气象服务深圳模式"在全国得到推广。五是信息服务实现"一键式"可控全局。利用深圳市政府信息资源共享平台，为政府部门、企事业单位、高校和研究机构共享 343 个目录的气象数据，日均向政府部门提供 200 多万条结构化数据和 18 万条非结构化数据；利用深圳市突发事件预警信息发布系统发布市区 22

类 39 项预警信息。六是科技创新实现"一盘棋"共研共享。深圳气象聚焦解决预报服务中的痛点问题，构建起"基础研究+技术攻关+成果转化"的气象科技创新生态链，其创新成果在深圳精细化预报服务中发挥了重要作用，部分成果还推广至其他省市。

（二）全面夯实了智慧气象服务信息化保障体系

气象业务高度依赖信息化系统支撑，深圳气象已建成功能相对完备的观测、预报、服务业务信息系统，数据环境以及配套超算、网络、机房等基础设施资源。"十三五"以来，深圳气象依托政务云、政务专网等政务信息化资源，逐步调整信息资源布局由"全部自建"转换为"前店后厂"模式，政务、气象服务、信息共享等对外服务系统依托政务云等基础资源部署在"前店"，数据收集、交换、处理、存储及预报预警制作、数值模式计算等核心生产系统均部署于数据中心"后厂"，着力夯实并全面构筑了信息化保障智慧气象服务快速发展和高质量发展的基础支撑体系。

（三）领先构建了"31631"递进式预警先进模式

深圳市领先建成了立体精细的大城市综合气象观测体系、协同高效的"市、区、街道、社区"四级气象灾害防御联动体系，以及以智慧气象为标志的气象监测预警预报防灾减灾服务体系，形成集约互动的大城市精细化气象预报预警服务即"31631"递进式预警模式，并已在国家层面推广。其具体做法是："3"——在台风、暴雨等重大天气来临前，气象部门提前 3 天加密区域天气会商，发布（重大）气象信息快报，给出过程风雨预测、风险预估、预警信号发布节奏及防御建议；"1"——提前 1 天预报精细到区的风雨落区、具体量级和重点影响时段，加密与应急管理、三防、水务、海洋等多部门联合会商；"6"——提前 6 小时进入临灾精细化气象预警状态，定位高风险区；"3"——提前 3 小时发布分区预警和分区风险提示，滚动更新落区、过程累计雨量、最大雨强、最大风速等风情雨情信息；"1"——提前 1 小时发布精细到街道的定量预报。

（四）协同打造了全链条的行业气象服务示范模式

深圳气象对全市重点防御单位、易涝点、地铁沿线、港口码头、建筑工地等 19 个高气象敏感行业和近 5000 家重点企事业单位开展"点对点"的气象监测预警预报服务，打造了"施工+气象""交通+气象"等全链条的"风险预警+行业防御"高度契合和联动的场景化行业气象服务保障新模式。首先是重点行业气象服务协同防御气象灾害的"四有"工作机制已开展标准化试点并不断推广：一是有精细化的预警保障服务机制；二是有专业化的气象风险监控机制；三是有直通基层一线的预警传播机制；四是有基于风险阈值的风险管理机制。其次是与轨道交通部门携手创新了防御气象灾害应急协同"520"模式——"5"表示市气象台发布预警信息，地铁精准气象监控平台 5 秒内自动从市气象台获得气象灾害预警信息；"2"表示预警预报、工作指引等灾害防范内容 2 分钟内精准发送到可能受气象灾害影响的现场管理人员；"0"表示市地铁运营公司充分授权各级管理人员，可根据灾害风险程度第一时间做出应对处置，实施零请示（汇报）机制。防御气象灾害应急协同"520"模式已成为智慧城市一体化高水平保障城市安全运行的防灾减灾典型范式。

（五）高质量形成了智慧气象服务发展标杆体系

近年来，深圳气象快速进入高质量发展期，深圳气象发展指数年均增长 12.16%，较全国气象发展指数的年均增长率高 1.86 个百分点。在广东省气象现代化考评和公众气象服务满意度评价中，深圳连续九年保持全省"双第一"，深圳气象快速向智慧超大城市气象发展。"31631"递进式预警模式、恶劣天气叫应服务、突发事件预警信息精准靶向发布、重点行业个性化的灾害天气精细预警服务等先进服务模式，极大地丰富了国家气象预警信息发布与应急联动的实践经验，为国家气象打造了深圳实践范例。"大城市精细化气象服务深圳模式""四级协同气象防灾减灾体系""国家级气象服务标准化试点"等深圳气象成果在广东省、全国得到推广；深圳气象"引进—集成—吸收—创新"的系统建设和科技成果转化思路、一体化业务服务机制、智能化互动式的智慧气象服务供给模式均在全国得到了广泛推广。

二 主要挑战

（一）需求挑战

1. 保障超大城市高质量发展的战略性需求

粤港澳大湾区气象发展规划要求，"气象+"保障大城市高质量发展需要具备全方位的气象服务供给体系、专业化的智慧气象供给引擎、多元化的气象服务供给格局、标准化的气象信息供给机制。按照《深圳市建设中国特色社会主义先行示范区的行动方案（2019—2025年）》与重点工作计划要求，"气象+"服务要站在基于新技术、新基建、新创新、新发展的支撑点上，全力提升保障全市各区（街道、社区）精准防灾减灾的气象治理能力，创新提高智慧气象保障数字政府与城市大脑的气象融合度及贡献力。深圳"气象+"要率先打造美丽中国典范气象治理先进模式、"一带一路"气象保障创新模式，争取全国领先、国际一流，走在世界前列。

2. 保障数字政府"一网统管"的融合性需求

深圳气象是全市首批开展首席数据官制度试点对象之一，提升气象在数字政府"一网统管"体系下的数字化、智能化服务能力已迫在眉睫。从融合性上分析，深圳市各区对气象相关信息的共享需求十分强烈，深圳市生态环境、规划和自然资源、住房和建设、城市管理和综合执法、国资委等相关部门明确希望能实施实时气象信息共享、开展融合研究和融合服务等，深圳市卫生健康、交通运输等相关部门希望能在机制、平台、产品等方面进一步创新合作模式。从一体化上分析，对"气象+"产品的内外全链条、全渠道气象产品数据及其与各部门应急防御体系的互联互通等信息化保障方面的需求也越来越强烈，深圳市智慧环保、智慧交通、智慧城管、智慧水务等领域智慧城市的信息化服务体系均希望能与智慧气象网格化数据产品体系实施有效对接，包括实时气象网格化监测预警预报、滚动气候预测分析及气候风险区划等产品。

3. 保障城市安全运行和生产生活的协同性需求

深圳气象保障城市应急、安全生产、防灾减灾、宜居宜业宜游等的服务重点是聚焦保障重点工程、重点部门、重点区域、重点人群的安全运行和生产生活的服务需求，因此"双区"建设背景下深圳气象保障城市应急、安全运行、生活宜居愈加要求协同性、规划性、统一性。深圳城市应急、安全运行的协同保障需求主要有：构建陆海空三维立体气象观测感知体系，形成精细网格全覆盖的气象灾害综合监测网；不断提升分区、分时精准监测预警预报能力，覆盖粤港澳大湾区提供更优质的气象监测预警预报服务；实现全市各级防灾减灾部门相关气象信息的共享，可面向基层直通式提供灾害防御决策服务；提升气象预警信息全城发布及快速覆盖能力，相关指标已被纳入深圳市安全生产、应急管理和防灾减灾救灾"十四五"规划内容；亟须补齐深汕特别合作区气象工作短板和不足。

4. 保障超大城市精细治理网格化数字化需求

需聚焦提高智慧气象服务智慧城市大脑的能力，从超大城市精细化治理网格化顶层设计上提高对城市生命线、行业安全生产的平台化、数字化保障能力。一是强化陆海空一体化服务平台及防灾减灾协同化服务平台的服务基层功能、优化"市—区—街道—社区—个体"气象防灾减灾救灾服务"最后一千米"的供给链条。二是加强防台、防汛的专业化保障，第一时间获取台风、暴雨等灾害性天气预报预警、路径强度、风险评估等实时动态气象信息。三是第一时间获取网格化的精细实况、预报预警等可融合服务的气象信息，时间上越早越好，空间上越细越好。四是及时开展易受台风、暴雨、雷电等气象灾害影响的重点设备设施、重点区域等的风险调查和隐患排查，构建更新及时、信息有效的气象灾害风险"一张图"。

（二）风险挑战

1. 超大城市气象风险不确定性因素显著增强

深圳作为超大型国际化大都市，在全球气候变暖和快速城市化的双重影响下，气象灾害及其次生灾害对防灾应急、生态建设、城市安全等威胁巨大。海陆气候、极端天气、城市热岛、狭管效应等与高密人流、空间特性改变、高能源消耗、地表植被改变等的相互作用和影响机理变得愈加复杂，气象灾害与次生灾害风险的不确定性因素显著增强，对超大城市防灾应急、生态建设、城市安全等构成了巨大威胁。

2. 陆海气象风险迭代的高致灾性越来越明显

深圳作为全国人口密度最大的城市，土地开发强度大、高楼林立，气象灾害向立体空间发展趋势加剧，造成了城市承灾的脆弱性提升，灾害链延长，台风、暴雨、雷电等气象灾害以及与风、雨、浪、潮、洪等陆海灾害风险迭代的高致灾性越来越明显，迭代的灾害风险对重点区域、重点行业、重点人群的影响越来越凸显。课题组调研发现：近海区、开发区、改造区、边远区、施工区、人流密集区等是易致灾的重点区域；交通运输、港口物流、建筑施工、供水排水、供电供气等是易致灾的重点行业；高空作业人群、居住于非楼宇内的贫困人群、流浪人群、景区游人、施工工人、学生、老年人、残障人士等是致灾的重点人群。

3. 强对流天气破坏力及其风险影响越来越强烈

强对流天气尽管其尺度小，但其破坏力极强，对深圳安全生产、城市运行、生态环境极易造成严重影响。受深圳城市化快速发展影响，城市地表植被的脆弱性、人身安全和社会经济的易受损性、气象灾害时空分布的高频性和不确定性、受灾体的孕灾环境和致灾机理的复杂性变得更加显著和难以掌握规律。由于深圳重点区域、重点行业、重点人群对气象风险特别是强对流天气的风险从识别、获悉、防御到避害的能力较弱，这对气象专业化供给要求更高、难度更大，时间性、针对性更强，其风险影响越来越强烈，极易造成人员伤亡和灾害损失。深圳市各区（部门、行业）在防御极端天气特别是强对流天气的破坏

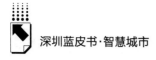

性影响上往往措手不及、防不胜防。因此提高对强对流天气的监测预警预报水平更是特别关系到提升精细化气象防灾减灾体系整体能力。

三 主要问题

（一）能力短板

1. 气象监测能力不平衡不充分发展

深圳市气象观测系统尽管丰富，但缺乏系统性的顶层设计和有效整合，"陆、海、天、空"服务的监测能力不平衡不充分，服务应用效益不突出，主要表现在：一是对灾害链监测不足，监测数据发挥效用局限于气象监测，对气象灾害给其他行业造成影响的监测评估水平不足；二是观测服务产品种类多但形式较单一，在为深圳市政府决策服务、各政府部门应用服务中效益不明显，缺乏有效的产品整合；三是网格数据和实况数据存在一定程度的误差，不能很好地代表实况，海陆气象监测数据的差异较大，沿岸至100千米的近海海洋气象监测能力仍存在较大的空白区域，数据资料同化效果亟待加强，数据应用范围有待进一步扩展；四是深圳市气象灾害风险阈值体系不完善、更新不及时，信息化程度不高，智慧气象服务的"智慧引擎"缺乏数据驱动的原动力。

2. 气象预报预警能力精准性与智慧性偏弱

对于强天气频发的季风区，目前全球最先进的预报能力仍有明显不足，由天气模式驱动的热带区域海洋气象、环境气象数值模式亦有同样的世界性难题。目前国家级、广东省级数值预报业务在性能指标、核心技术水平和产品应用等方面与国际先进水平的差距仍然很大。由于缺乏时空精细的气象数值预报核心技术作为支撑，提升网格化的数值预报能力非常受限，数值预报技术与信息化融合发展的科技支撑力不足，检验和评估及其业务化应用道路艰难。深圳市网格化、时空精细的气象预报预警能力精准性、智慧性依然偏弱，凸显智慧气象服务的"软肋"。

3. 智慧城市气象专业化供给能力滞后

这种能力滞后主要表现在以下几个方面。一是深圳市现有数据平台无法支撑以数字化、智能化为主要特征的"云+端"气象服务架构，气象服务智能化程度不高、专业性不强的问题较为突出，按需求导向，提供适需、个性化、差异化和高价值的场景化气象服务的能力较欠缺；二是深圳市气象服务对行业智慧气象、智慧城市大脑的嵌入度并不高，推送气象风险、靶向发布、个性化的服务场景的"智慧引擎"缺乏需求的有效驱动力，智慧气象服务品牌的有效性与智慧气象服务供给能力难以提升；三是深圳市公众气象服务产品的同质化制作、集约化生产程度不高，需要融合形成多元化服务矩阵，用服务"一盘棋"、智慧"一张图"的发展思路，按照"能力支撑集约化、服务效能专业化、产品呈现特色化"的融合思路，促进气象服务与智慧城市大脑的融合发展。

（二）机制瓶颈

1.保障信息横向到边纵向到底的供给机制待完善

这种情况主要表现在以下几个方面。一是深圳市气象部门和非气象部门之间的信息化存在信息融合不顺畅、系统对接不规范、数据融合难度大、信息共享层次低等诸多问题，制约了气象数据集聚的规模效益发挥，影响了智慧气象服务效果。二是深圳市市场专业化气象服务供给体系短缺，为保障企业和个人需求开展市场竞争所需的金融保险、远洋导航、商业、能源等市场化、专业化气象服务机构缺乏。三是深圳市数据供给机制待完善，部门、企业提出关于数据共享、气候论证、风险评估类的服务需求越来越多，专业性也越来越强，服务的目的性和重要性也越来越明确，但由于涉及数据边界、使用范围等政策许可问题，加上供给体系不健全，依然存在较多实际困难，供给机制需进一步完善。四是深圳市数据共享开放与数据交易产业链尚未形成。当前气象数据流通和数据要素市场化配置与其他行业一样存在共享边界、确权机制、分配机制、环境政策、平台构建、市场监管、信息化实施等诸多亟须解决的问题，而这些问题非一朝一夕就可以解决，需要经过综合改革、综合施策、综合试点等阶段来逐步实现。

2. 气象大数据服务要素市场化发展环境亟须培育

中央审议通过的《关于构建数据基础制度更好发挥数据要素作用的意见》提到，统筹推进数据产权、流通交易、收益分配、安全治理，加快构建气象数据基础制度体系更加迫切。相关研究表明，气象行业大数据交易市场运作机制与其他行业一样，存在诸多困难与风险挑战，也存在诸多需求与发展机遇。气象数据开放、流通、确权、管理、治理、评价、挖掘、效益评估、交易政策等诸多环节均处于几乎空白状态，很多领域仍处于探索阶段，由于气象数据的专业性、安全性、集聚性，其应用、管理、价值等的效能实现更加难以一蹴而就，其要素市场发展环境更加复杂，市场环境培育更加艰难和具有挑战性。

3. 引进气象服务人才机制亟待进一步完善

数字产业化、产业数字化也是气象现代化发展的重要标志之一，数字气象急需越来越多的数字化气象技术专业人才。从气象服务城市人口、面积、城市经济总量需求来分析，深圳市气象部门员工人数远不及香港天文台、广州市气象局充足，专业技术人才更少，需要加大对气象服务人才引进培养支持力度。近年来，深圳气象市场化、产业化专业服务人才发展相对缓慢，专业气象服务机构市场拓展能力欠缺，技术人才引进、专业人才锻炼培养机制亟待完善，在市场化体系培育、产业化人才培养、专业化人才引进等领域的机制建设等方面均有亟待完善的地方。

四　发展建议

（一）强化超大城市气象服务保障机制

1. 保障气象融入智慧城市建设

对标城市战略，以完善全链条气象服务供给体系为抓手、以解决问题为导向，着力将高度融合应用场景需求的研究及其应用成果转化成专业化、个性化、智能化、数字化的气象供给服务。加速气象服务数字化、智能化转型，发展基于城市信息模型/建筑信息模型的智慧气象服务体系，深度融入城市安全运行和经济社会发展。以提升数值天气预报和专业化服务供给能力为核心，以数据流的标准化、数字化、集约化、系统化为主线的开发与应用理念，以信息化为主要融合手段，从规划建设、系统建设、平台建设、机制建设全方位构建保障"气象+场景"与"行业+气象"融服务发展机制，强化数智化支撑，着力打造"气象+"融服务机制的"动力引擎"，将智慧气象深度融入深圳市应急监测指挥体系，以支撑深圳市委、市政府应急指挥。健全气象灾害应急专项协调机制，由气象灾害应急指挥部统一领导和指挥全市气象灾害监测预警、应急处置工作和下达应急响应指令。建立深圳市分强度、分级别、分区域的风险监测预警机制，预警信息多渠道直达四级防灾责任人。

2. 促进服务无缝对接融合发展

不断完善和发展深圳市气象服务质量管理体系、气象预报预警服务标准体系，构建基于安全、网格化、标准化、系统化的数据供给信息标准体系，完善信息化融合防灾减灾治理体系中的气象信息标准体系，特别是数据供给的服务标准，为构建全领域、全过程的精细化气象服务供给机制提供标准支撑，形成"气象+场景"赋能与"行业+气象"融服务的有机衔接和互为弥补，着力打造"气象+"融服务机制的"标准引擎"。以此，落脚"服务响应和应急联动"，完善深圳市气象防灾减灾四级强响应、强联动机制。推动深圳市各区（部门、行业）完善应急指挥体系和应急预案，打造有机构、有预案、有平台的防御组织体系。细化基层预报预警联动机制，完善深圳市、区级气象服务团队和基层气象信息员队伍建设，打通气象防灾减灾"最后一千米"。

3. 强化智慧城市气象治理互动发展

聚焦深圳市各区（部门、行业）的专业化服务需求，针对气象治理的不同领域和方向，按照在"基础领域共享、科研领域合作、专业领域借鉴、服务领域创新"的发展理念，有序、有效建立"智慧气象服务中台"多元化的服务供给模式和合作融合发展机制，不断完善保障实现气象治理目标的政策措施，形成深圳市"行业+气象"融服务机制的强大合力，着力打造深圳市"行业+气象"融服务机制的"发展引擎"。以此为基础，建设深圳市"风险监测—预警预报—风险防御"数字网格底座，融合分灾种、分区域、分行业气象风险指标阈值，开展网格化气象灾害风险预警业务服务，提供基于陆海空统筹、精细至街道的气象灾害风险预警业务产品，通过"一键式"发布渠道、多个网络平台、融媒体矩阵、靶向精准发布及戒备系统，全方位、多层次开展服务，提升深圳气象在数字政府"一网统管"体系下的数字化、智能化服务能力。

（二）提升超大城市智慧气象服务能力

1. 构建全过程的信息化支撑体系

着力提升全过程的"气象+"融服务的信息化支撑体系：一方面持续评估、集中优化区域数值天气预报模式的资料同化及应用，采用"优中选优"策略，加大力度重点对台风、季风、强对流等天气系统的数值预报模式进行评估、检验、应用、改进及业务化，提高数值预报对智能网格预报服务体系的技术支撑力。另一方面协同并加大力度将5G、人工智能、物联网、大数据、区块链等新技术融合到新基建、新装备、"数值模式"、"数据中台"的应用支撑能力中，围绕"云+端"的服务供给模式，增强智慧气象智能助理体系、智能服务插件等的信息化支撑力，为横、纵打通深圳"市—区—街道—社区—个体"气象防灾减灾救灾服务"最后一千米"的供给链条，提供强有力的大城市气象服务智慧引擎"芯片"和数字化服务支撑"底座"，开展深圳数字气象一体化建设。

2. 构建全链条的标准化供给体系

以数值化、网格化、数字化、标准化为主要技术手段，将"四维监测""数值模式""网格预报""数据中台"等的上下游数据以网格为逻辑的精细化关联作为"气象+"融服务的拓展基础，以"陆海一体""防灾减灾协同""灾害戒备"等专项保障平台产品体系为数据基础，利用智慧气象智能助理体系、智能服务插件、智能服务接口等新兴手段，以"气象+"融服务供给融合深圳市各区（部门、行业）服务需求，以标准规范流程、以网格精细对接、以位置精确对准，开展一体化气象灾害防御精细化、智能化服务工程建设，形成"网格+气象"保障超大城市治理能力现代化的四维网格数据集，构建全链条的"横向到边、纵向到底"的"气象+场景"和"行业+气象"的标准化气象服务供给体系。

3. 构建全要素的科技创新体系

聚焦基于风险的预警、基于影响的预报、基于气象风险服务业务评估体系的全要素的创新发展，加大卫星遥感监测数据、数值预报技术、新信息技术应用的研用力度，协同发展气象预报服务在资料同化、参数检验、产品评估、产品应用、信息智能供给等方面的科技开发，着力弥补深圳市海洋气象监测预警服务能力缺陷，为陆海一体气象灾害防御决策精细化发展、气象预报能力与服务水平的协同化发展、网格化预报服务"数据中台"供给的一体化发展、智慧气象融合新技术的转型发展、数据服务转向数智服务等能力的提升提供强力科技创新支撑，为气象服务供给体系的高质量发展，打造全球气象科技创新高地，充分发挥特区气象"三精"（精密监测、精准预报、精细服务）先行示范引领作用奠定坚实基础。

（三）建设气象数据要素市场配置体系

1. 开展数据要素试点改革

通过深圳气象数据要素试点改革和深圳市首席数据官制度试点建设，在数据边界、数据确权、数据供给、数据交易利益分配、数据交易政策、数据风险管控、数据交易平台与交易流程等数据供给体系的基础上，不断探索完善数据交易、数据共享开放政策体系、数据众创共享供给体系、数据安全监管体系、数据服务产业化体系等综合改革发展和政策制度措施。通过"案例研究+试点分析+政策研究"的方法，研究当前气象数据要素市场配置的形势、发展背景，气象数据资产化和市场化现状，要素市场配置内外发展瓶颈与风险，综合提出试点政策建议。通过研究深圳试点交易案例，为探索气象数据要素试点改革、有偿使用气象数据资源、释放气象数据市场化价值提供调研基础和出台改革政策建议。

2.构建数据服务共享支撑平台

一是依托"深圳市政务信息资源共享平台"和"深圳市政府数据开放平台",对接行业管理,进一步规范和完善数据管理和服务供给体系,使各行业、市民获得更高质量的服务和更好的体验。二是不断创新发展气象数字化服务供给体系,打造面向全社会的气象数据服务共享支撑平台。构建以气象大数据云平台为支撑的深圳市智慧气象服务中台,统筹气象数据供给方式,将海量气象数据资源与用户的平台资源打通,降低用户使用门槛,使用户的应用系统可以便捷、高效地调取气象数据进行分析、融合以及二次创新研发。针对用户不同的应用服务场景,提供包括气象数据精细加工与分析等服务,以更好地满足用户对数据专业化、个性化的服务需求。

3.开展数据多元化应用与众创平台建设

一是开展气象数据要素市场改革,推进气象数据应用多元化试点建设。以港口、能源气象数据交易服务进行试点,推进气象数据有序流通建设。二是建设气象众创开放共享平台。联合建设产学研一体化粤港澳大湾区气象众创开放共享平台,建立气象部门与各类服务主体的互动机制,联合创建气象产业技术创新联盟,为社会力量参与气象服务创新和科技创新创造良好环境。三是搭建气象科技协同创新的中试平台环境,聚焦数值模式应用、人工智能预报、卫星应用协同创新以及气象与相关技术融合创新试验等领域探索开展气象科技众包众创。四是积极培育产业化、专业化的供给链条,鼓励和引导多元主体参与气象服务供给,激发公共气象服务潜能和大数据应用能力。五是探索气象数据跨境共享政策。

B.9
打造全民健康信息平台，构建全新的
智慧医疗服务模式

郎海 陈庭翰*

摘　要： 在我国加速智慧城市建设大背景下，深圳市龙华区建设区级全民
健康信息平台，实现各信息平台间互联互通，成为深圳市乃至全
国医疗系统深化数字治理内涵、创新监管模式的样板。深圳市龙
华区实施智慧医疗"114工程"规划，一揽子建设一个区域卫生
专网、数据中心，构建一个区域全民健康信息平台以及四项基本
应用，建立起区域统一的医疗综合服务体系，推进居民医疗服务
智慧化、精准化。为推动深圳市龙华区智慧医疗服务优化，有关
方面需要加强医疗服务数据治理，在持续完善数据标准、建设数
据模型、完善数据处理规则、制定数据考核和管理机制、开发治
理工具等方面努力，不断提升数据质量、进一步拓展业务场景，
以专病医疗为主要突破口，不断完善医疗健康大数据的应用
体系。

关键词： 智慧医疗　全民健康信息服务平台　医疗健康大数据　数据治理

　　在我国加速建设智慧医疗的形势下，深圳市着力建设智慧卫生工程，构
建覆盖卫生体系的信息管理和共享平台，围绕居民医疗健康需求提供智慧的

---

* 郎海，深圳中兴网信科技有限公司副总裁；陈庭翰，深圳市社会科学院国际化城市研究所助
理研究员。两位作者的主要研究方向均为智慧城市管理等。

健康信息服务。在这一大背景下，深圳市龙华区着手建设区级全民健康信息服务平台，实现各信息平台间互联互通，成为深圳市乃至全国医疗系统深化数字治理内涵、创新监管模式的样板。

"智慧医疗"是智慧城市建设的智慧应用之一。2017年，深圳市龙华区卫生健康局以"智慧龙华"建设为契机，出台了《"智慧龙华"框架体系智慧医疗"114工程"总体规划（2017—2022）》，该规划是深圳市首部区域医疗卫生信息发展规划。该规划计划一揽子建设1项基础设施（包含卫生专网、卫生数据中心、信息安全）、构成1个区域人口健康信息平台以及4项基本应用的"114工程"。深圳市龙华区智慧医疗"114工程"的目标是逐步建立全区统一高效、资源整合、互联互通、信息共享、透明公开、使用便捷、监管有力的区域医疗卫生综合服务体系，实现区域医疗卫生电子化、医疗服务数字化、公卫管理网络化、信息服务智能化、安全保障一体化，推进全区医疗卫生资源整合和优化调配，形成线下随时就诊、线上随时管理的医疗服务模式，提升健康监测、预防和卫生保健水平。在历时3年的建设中，围绕《"健康中国2030"规划纲要》，深圳市龙华区稳步推进一系列便民、利民、惠民的医疗信息化建设工程；围绕医疗资源整合和信息共享、简化就医环节、全生命周期的健康服务三个方向，建立区域统一的医疗综合服务体系，推动区属医院实现检查检验结果互联互通互认，面向居民构建全方位、全生命周期的健康服务，切实减轻居民就医负担，增强居民就医获得感。

龙华区全民健康信息平台项目于2017年1月立项，由深圳中兴网信科技有限公司（以下简称"中兴网信"）承建，2020年6月22日通过竣工验收，为龙华区实现区域医疗卫生一体化奠定了坚实基础。截至2021年10月，该平台已建立555.85万份居民健康档案，采集近15.54亿条服务数据，其中包括14.51亿条医疗数据、1.03亿条公共卫生数据，梳理出涵盖药品库和疾病库的各类知识库等。此外，该平台为居民提供线上咨询、预约、挂号、互动等服务功能，还通过小游戏、知识问答等多种形式，提升居民个人健康管理兴趣，提升健康素养水平，丰富健康素养评价体系。

一　龙华区全民健康信息平台主要内容

龙华区全民健康信息平台以居民健康为中心，以保障和改善民生、惠及广大人民群众健康为出发点，建立统筹协调、规范有序的人口健康信息化管理机制，建设和完善标准体系；充分利用大数据、云计算、"互联网+"、物联网等新技术，建设高效互联、安全可靠、融合开放的人口健康信息支撑体系；建立和完善健康档案、电子病历、全员人口三大基础数据库，汇集多方资源，构建人口健康大数据中心；加强人口健康信息系统建设，以人口健康信息平台为核心，实现横向到边、纵向到底的信息互联互通和共享，以及全面的业务协同。该平台形成全生命周期的医疗健康服务、智能医疗、精细化管理和科学决策，促进大健康产业发展，达到管理更科学、业务更智能、居民更受惠的目的，促进龙华区卫健事业开放式、跨越式发展，有力支撑龙华区智慧城区建设和深圳市"12361 工程"建设。

1. 建设卫生专网，打通信息化高速公路"最后一千米"

龙华区卫生专网覆盖了龙华区卫健局和所有医疗机构，包括 1 个卫健局办公室、3 家公立医院、92 家社区健康服务中心以及 3 家卫生机构（1 家慢病中心、1 家疾控中心、1 家卫生监督所）。针对不同机构铺设不同的光纤，共铺设 179.02 千米长的链路光纤，以最低成本满足尽可能多的实际使用需求。

2. 建设卫生数据中心，集中化管理全民健康信息资源

龙华卫生数据中心共部署 6 台服务器（包括 2 台数据库服务器、2 台医院管理信息系统应用服务器、2 台临床信息系统应用服务器）、6 台虚拟化应用服务器、27 台交换机及相关通用支撑软件。该数据中心采用云计算技术构建，可承载 400 万人口的数据需求。可存储千亿条数据，包含公卫、门诊、检查、检验等相关数据。

3. 采集全区医疗服务数据和公卫服务数据，整合区域全民健康信息

深圳市龙华区医疗服务数据和公卫服务数据是全民健康信息平台的数据

来源，是全民健康信息资源管理的铺路石。其中，医疗服务数据分别来自3家医院、1家慢病中心、1家疾控中心以及76家社区健康服务中心。医院数据主要来自医院管理信息系统、电子病历系统、检查检验系统、住院系统、医院感染系统、血透系统等院内信息系统，覆盖门诊、住院、检验、体检、病案等业务内容。公卫服务数据主要来自深圳市社区健康服务信息系统，覆盖的医疗业务内容有门诊、用药监管、机构基础信息等，公卫业务内容有健康体检、老年人管理、高血压患者管理、Ⅱ型糖尿病患者管理等。医疗服务数据和公卫服务数据为健康档案、公卫督导以及地理信息系统地图提供了数据基础。

4. 搭建数据标准规范体系，统筹管理医疗信息资源

平台建设初期，深圳市龙华区所有医疗机构没有统一的标准规范。龙华区充分参考国际、国内和行业标准，结合实际业务和管理需求，构建其适用的标准规范体系。项目单位走访调研了深圳市龙华区6家医疗卫生机构、梳理了近100个信息系统，并多次外出学习其他城区先进经验，搜集各类标准300余种，最终形成了包括基础类、数据类、技术类、安全类和管理类五大类数据的标准规范。项目单位梳理出353个标准文件、3524个数据元和191套标准数据集合，满足了龙华区区域需求。

5. 搭建数据质量控制体系，保障信息管理有效性

数据质量控制体系是一个对平台数据完整性、正确性、唯一性、合理性、及时性等方面的评价模型。目前，龙华区全民健康信息平台已配置3479条数据规则，用于进行数据采集规范、健康档案、公卫数据的质量控制。同时，实现规范化数据质量控制，对各个数据采集环节进行循环监管，并利用不同角色同时监督。一方面，从数据采集、数据转换、数据存储到数据校验，提供全流程的数据监控和数据评价。另一方面，从监管端、医院端、后台管理端三端共同解决数据质量控制发现的问题，使得数据质量不断提高。

6. 搭建区域智慧服务平台，全面提升互联网便民服务

打通院内外各个患者服务的相关业务系统接口，推动患者就医线上服务的开展，优化患者诊疗过程中关联的预约、到院、排队、就诊、缴费、检查、检验、手术、诊后等各个环节，为患者提供优质的陪诊服务。在提高医疗服务质量与效率的同时，提高患者就医体验，助力龙华区医院智慧服务等级整体提升。

二 龙华区全民健康信息平台建设成效分析

1. 支撑医疗服务运营，为医患提供便利

深圳市龙华区全民健康信息平台支撑了4项业务服务应用的正常运营，其中，电子健康档案调阅服务、检查检验结果互联互通互认服务、重复用药提醒服务从根本上简化了就医环节，切实减轻了患者负担。

2. 支撑公卫服务运营，提供科学有效工具

一方面，该平台有效支撑了电子健康档案浏览器、公卫督导管理信息系统、公卫重点服务人群全景式分布图应用。依托平台的建设成果，深圳市龙华区电子健康档案也逐渐完善，电子健康档案是管理居民健康的重要抓手，包括医生端、居民端和管理端。居民通过该平台电子健康档案浏览器，可以随时、便捷地查看自己的健康档案记录，包括个人基本情况、健康记录、健康报告、家庭医生、健康宣教等信息，实现健康档案的自我管理。同时，为了进一步提高居民对公卫服务的获得感，该平台电子健康档案可以针对重点人群提供精准推送健康知识、药品知识、疾病知识等服务，引导居民签约家庭医生并参与公卫服务活动。该平台公卫重点服务人群全景式分布图是基于全民健康信息数据资源，运用地理信息系统（GIS）技术的一项引导公卫服务人员精准服务重点关注人群的工具。

另一方面，该平台强大的数据基础有力支撑了公卫管理和服务。该平台筛查出47273位糖尿病患者和103463位高血压患者未建专案信息，帮助基层公卫人员督促公卫服务，支持公卫机构提供公卫服务和进行决策。

3. 支撑上级和平级机构工作，提供数据对接

一是对深圳市级平台的支撑。该平台数据统一上传至深圳市级平台，支撑龙华区智慧城区建设和深圳市"12361工程"建设。截至2022年3月，

该平台上传数据包括 24 项业务模块，共开发 334 个数据对接接口，上传 1.31 亿条数据。

二是对国家抗肿瘤药物检测工作的支持。该平台将深圳市龙华区中心医院、龙华人民医院肿瘤患者信息、门诊信息、住院信息、药品使用信息等及时上传，实现深圳市最早对接至全国抗肿瘤药物临床数据中心，目前已上传 548 万条相关数据。

三是为龙华区组织部提供相关数据资料。特别值得一提的是该平台为龙华区组织部提供了龙悦居社区 2018 年、2019 年的门诊病种排名，支撑其对龙悦居社区的服务和管理。

另外，该平台还支撑了三项科研和课题研究活动。一是为慢病管理中心提供"广东艾滋病病毒性肝炎和结核病社区综合防治研究"课题数据。二是为龙华区妇幼保健院提供"危重孕产妇研究"课题数据。三是为深圳市卫生健康发展研究和数据管理中心中医肾病临床科研专病数据库的构建及研究提供数据，基于全民健康信息平台汇聚的医疗数据和公卫数据，根据中医肾病临床科研专病数据库规范要求进行数据深度治理，筛选区域内肾功能异常的人群入组开展真实世界研究，以及疾病高危因素、发展规律、数字疗法研究，研究成果应用于区域内居民全面健康监测、早期疾病筛查、主动健康管理，提升区域内医疗机构科研能力、诊疗水平，以及区域内居民健康水平。

4. 优化医学教育信息化，助力医教培训

此前，深圳市龙华区医学教育培训考核以人工方式开展工作，效率较低。以单次 200 人规模的多站式技能考核为例，传统方式需 3~4 人负责技能考核工作，耗时 5 天左右。现在依托龙华区全民健康信息平台的全民健康信息资源，建设医学教育培训管理系统和临床模拟培训系统，大幅提高相关培训工作效率。同样以单次 200 人规模的多站式技能考核为例，仅需 1 人负责技能考核工作，30 分钟就可以完成，从而实现医学教育培训考核质的飞跃。

5. 推进居民服务智慧化、精准化

深圳市龙华区全民健康信息平台以优化医院服务流程、改善患者就医体验为目标，以"患者为中心"提供智慧服务，整合全区医院患者服务相关业务系统。利用信息化手段实现从院内诊疗到院外持续健康管理，有效支撑院内、院外医护服务的无缝对接和连续开展，智能协助医护人员精准开展医疗服务，打通线上线下就医全流程，建立完整患者服务闭环。

三　推进龙华区智慧医疗服务的两点建议

1. 加强医疗服务数据治理，提升数据质量

医疗服务数据治理是一个复杂且耗时耗力的系统工程，是一项长期的工作，涉及组织、制度、业务、技术、流程、人员和专业方法等方方面面。未来可通过一系列手段，着重从区域医疗数据平台升级，持续完善数据标准、建设数据模型、补充医疗机构缺失数据、完善数据处理规则、制定数据考核和管理机制、开发数据治理工具等方面努力，减少如门诊业务量、挂号量、出入院患者数等交易数据误差，提升数据规范性，进一步提升医疗服务数据质量。

2. 拓展专病医疗场景，进一步发挥医疗服务数据价值

持续拓展龙华区卫健局以及相关医疗机构的业务场景，以专病医疗为主要突破口，不断丰富医疗健康大数据的应用体系。具体说来，以区域医疗质量管理为核心，以临床学科、专病（病种）为管理单元，围绕临床业务、医疗绩效、医保支付构建医疗质量、决策督导、过程质控、创新转化四位一体的区域专病管理新体系。以区域大数据聚集和治理为基础，实现专病医疗质量、医疗绩效等全面临床质量主题式监管，实现临床诊疗、医疗绩效、医保支付联动的专病智能监测分析和关键性问题决策督导；实现龙华区核心医院、重点学科与基层社区医院上下联动的重点专病、基层慢病和常见病诊疗过程质控；区域专病大队列数据资产沉淀，赋能临床、科研一体化应用，支撑区域临床科研、重大课题攻关与创新转化，实现医疗服务的创新与数据价值的充分应用。促进龙华区面向区域内"三高"、呼吸系统疾病、肿瘤等重点专病的全面医疗质量与绩效的智能监管和提升，打造区域严重影响居民健康与生活质量的系列专病的早筛、早防、早诊、早治、共管、共研的"医研管"协同发展模式。

B.10
以数字化技术建构深圳新型智慧养老及社区服务模式

朱栋文　沈起宁　洪佳丹*

摘　要： 当前深圳人口年龄结构相对年轻，但未来面临早期来深建设者成批老龄化、高龄化的问题，存在"一老俱老""快速变老"的趋势。智慧社区是指通过智能技术整合社区现有的各类服务资源，为社区居民提供政务、生活、娱乐、医护等多种便捷服务的模式。北京市、上海市和深圳市经济发达、数字化基础较好，在我国智慧社区建设中走在前列。应以数字技术为依托赋能养老和社区服务，基于数字空间与数字服务，提升养老和社区服务专业化、精细化水平，全方位重构生活方式，加速构建数字深圳新型智慧养老及社区服务模式。

关键词： 智慧养老　智慧社区　数字生活　数字技术

一　深圳智慧养老及社区服务现状分析

（一）人口老龄化加剧，养老服务形势严峻

人口老龄化和养老问题不仅是经济社会发展的决定性因素，同时也

---

* 朱栋文，工学博士，深圳市智慧城市规划设计研究院工程师，主要研究方向为智慧城市和数字政府规划体系与规划设计方法等；沈起宁，博士，深圳市智慧城市科技发展集团有限公司研究员，主要研究方向为智慧城市和数字政府领域前沿技术应用研究；洪佳丹，深圳市智慧城市规划设计研究院工程师，主要研究方向为智慧城市、数字经济等。

是城市发展的制约因素，妥善处理和解决人口老龄化和养老问题，是提高人民群众生活幸福感和满足感的关键所在。习近平总书记强调，满足数量庞大的老年群众多方面需求、妥善解决人口老龄化带来的社会问题，事关国家发展全局，事关百姓福祉。作为民生事业的重中之重，如何在新时代探索构建科学化、多元化的养老服务是城市未来发展无法回避的重要课题。

第七次全国人口普查结果显示，中国 60 岁及以上人口已达 2.64 亿人，其中深圳市常住人口中，60 岁及以上人口为 94.07 万人，还未进入老龄化社会。按照户籍人口预测，预计 2027~2029 年深圳将步入老龄化社会；按照常住人口预测，预计 2032 年深圳将步入老龄化社会。民政部预计，"十四五"时期全国老年人口将突破 3 亿人，将从轻度老龄化迈入中度老龄化。人口老龄化已成为全国、全社会发展的重要趋势。当前深圳人口年龄结构相对年轻化，但随着早期来深建设者尤其是"拓荒牛"成批步入老年行列，深圳未来十年老年人口将快速增长。截至 2020 年底，深圳全市户籍老年人口为 35.9 万人，实际服务管理老年人超百万人。深圳老年人口呈现人口数量增长迅猛、"候鸟式养老"、低龄活力老人占比高、人口户籍与非户籍规模严重倒挂、独居/空巢老人持续增多等特点。深圳市人口老龄化发展呈现老年人口管理规模过百万，老年人口增速居全国前列，老年人高龄化、少子化趋势加剧等特点。

截至 2020 年底，深圳全市共有 46 家养老机构（含街道长者服务中心）、7 家街道敬老院、112 家社区老年人日间照料中心；全市有养老床位数 13140 张。深圳全市共有星光老年之家 600 家、长者饭堂及助餐点 263 家、社区党群服务中心 683 家、居家养老消费券定点服务机构 66 家、服务网点 200 多个，实现了居家社区养老服务全覆盖。但深圳市养老服务仍存在基础条件薄弱、整体发展处于起步阶段、养老优质资源供给不足、养老服务专业人才短缺、社会力量和资源参与不足等问题。深圳市养老服务面临的形势日益严峻。

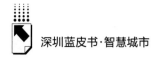
（二）智慧养老服务初显成效

肩负先行示范区使命，深圳积极打造民生幸福标杆城市，探索数字深圳"老有颐养"新模式。深圳市利用科技应用赋能，积极打造智慧智能养老新业态。2020年，深圳市把老年人家庭适老化改造列入市政府重点工作，大力开展智能产品适配等工作，全市已改造超过1200户。目前，福田、南山、盐田、宝安等区依托智慧民政系统，已建立区级养老服务平台。深圳全市共有6家科技公司、11个街道入选国家智慧健康养老应用试点示范企业、街道，宝安区和龙华区入选示范基地。

推动养老服务领域数字化转型是国家"十四五"规划中加快数字社会建设的主要任务之一。加速信息化、数字化技术与养老服务的结合已成为大势所趋。2019年8月，中共中央、国务院对于深圳建设"中国特色社会主义先行示范区"，提出了打造民生幸福标杆城市和构建高水平养老服务体系的新要求。2019年10月，深圳发布《深圳市人民代表大会常务委员会关于构建高水平养老服务体系的决定》，提出，以科技创新为支撑，推动"智能化服务、大数据应用、全流程监管"和智慧健康养老产业发展，提升养老服务与管理的智能化、信息化、科技化水平。2021年3月1日，《深圳市经济特区养老服务条例》正式实施，提出了从"老有所养"到"老有颐养"的推进路径。"智慧养老"这一关键词频频出现，基于智慧养老服务平台，推进养老服务与管理的智慧化应用，推动科技智慧养老产业发展。依托数字城市，拓宽物理世界的边界与限制，建立一个全龄包容、多元共享、智能创新的数字养老体系，将老年居民作为数字深圳中数字市民的重要组成部分，在数字空间为老龄群体提供多样化活动与全方位服务，是深圳作为先行示范区实现"老有颐养"的应有之义。

此外，深圳新基建发力，在"科创双中心"发展布局下，信息技术、生物医药技术、人工智能等核心领域关键科学技术的发展，将丰富智能健康养老服务的产品供给，特别是健康管理类可穿戴设备、自助式健康检测设备、智能养老监护设备、家庭服务机器人等，将为深圳养老服务提质增效和老龄产业转型升级提供更加有力的信息化技术和原创性技术支持。

（三）深圳市智慧社区建设进展迅速

2020 年 12 月，《深圳市人民政府关于加快智慧城市和数字政府建设的若干意见》提出加快智慧社区建设。2021 年 3 月，《深圳市国民经济和社会发展第十四个五年规划和二○三五年远景目标纲要》发布，强调加强和创新社会治理。2021 年 5 月，《2021 深圳市政府工作报告》要求创新基层社会治理。2022 年 5 月，深圳市政务服务数据管理局、深圳市发展改革委发布《深圳市数字政府和智慧城市"十四五"发展规划》从数据治理、基础设施、应用场景等方面，提出了智慧社区建设的相关规划。

1. 完善基层智能化基础设施建设

推进千兆光纤网络社区覆盖，结合 5G 移动网络，推广智能感知技术，实现基层治理数据智能采集，为基层提供宽带网、云计算、大数据等基础资源保障。扩大政务网络覆盖范围，实现市、区、街道、社区四级全覆盖的政务"一张网"。

2. 推动网格化服务管理"多网合一"

按照市、区、街道、社区、网格等管理层级形成支撑基层治理的"块数据"。完善以"块数据"智能底板为基础的治理平台，完善网格划分标准，对现有各类管理服务网格进行融合，实现"多网合一"网格化服务管理。

3. 加快各级网络平台建设步伐

深圳各行政区都有自己的门户网站，内设社区专栏，主要功能为资讯发布和诉求反馈（见表1）。政务服务事项办理主要基于深圳全市层面的平台。

（1）"i 深圳"App。2019 年 1 月，深圳市政务服务数据管理局牵头建设的"i 深圳"App 正式上线，连接 40 余个部门，提供医院挂号、生活缴费、游玩预约等 8000 余项政务服务及生活服务，市民、企业办事平均节省 2 小时。2021 年 6 月，龙岗区子服务门户"i 龙岗"上线，其中"i 龙岗-智慧社区"专区既能接入文化教育、居家生活等服务机构，为居民在育儿、求医、住房等方面提供便利，又能提供智慧养老、义工援助等公益服务，实现各方资源互通，为居民构建一个便捷安全的智能生活圈。

（2）深圳社区家园网。深圳市民政局牵头建设了"深圳社区家园网"，设有 1 个市级主网站和 662 个社区子网站以及微信公众号，为居民提供网上政务服务和新闻信息资讯。

表 1　深圳各行政区门户网站及社区专栏

行政区划	门户网站名称	社区专栏名称
福田区	福田网	街区新闻
罗湖区	罗湖家园网	直通街区
盐田区	盐田网	街区
南山区	深圳南山网	街区 360
宝安区	深圳宝安网	街道新闻
龙岗区	龙岗新闻网	街道新闻
龙华区	龙华网	E 家园
坪山区	坪山新闻网	街区动态
光明区	绿色光明网	街区新闻
大鹏新区	大鹏新闻	民生服务
深汕特别合作区	深汕网	—

（3）打造智慧社区治理平台。在"粤平安"总体框架下，统筹规划建设"深平安"社会治理云平台，推动社会治理向基层延伸。提升党建工作、政策宣传、民情沟通、便民服务效能，建设"有温度的智慧社区"。加快推广信访办理、新冠肺炎疫情常态化防控、家事纠纷等基层场景智慧应用，鼓励基层开展特色应用创新。

4. 推进智慧社区试点建设

自 2013 年起，深圳市政府连续 3 年将智慧社区建设试点工作列为市政府民生实事工作任务之一。截至 2015 年底，深圳全市智慧社区试点累计达 162 个。

2016 年，南山区依托"智慧南山"系统的建设，选择最具代表性的城中村——南园社区，将其打造成深圳率先试点的智慧社区。"南园模式"在取得实践成效后，不断被复制推广，在更多社区实现了治理的智能化、专业化。

2018 年 3 月，龙岗区正式启动智慧社区试点建设工作，按花园小区、城中村、产业园区三种类型，分别选定横岗街道怡锦社区、坂田街道南坑社区、大运软件小镇作为试点单位。2020 年 7 月，龙岗区启动智慧社区复制推广工作，将智慧社区试点的建设成果进行整合，计划逐步在全区 111 个社区进行复制推广。

目前，深圳市正大力推进社区智慧监管、智慧出行、智慧停车、智慧健康服务等应用场景建设，旨在采用互联网、物联网、AI 识别、大数据等先进技术，为社区居民提供安全、舒适、便利的现代化、智能化生活环境。

5. 推广"政银合作"

通过自助服务进驻银行智慧柜台，推动政务服务向基层延伸，提升自助服务事项的社区覆盖率，探索政务移动端与银行移动端的业务融合，不断丰富政务服务"指尖办""就近办"形式。

6. 建设社会治理共同体

完善党委领导、政府负责、民主协商、社会协同、公众参与、法治保障、科技支撑的社会治理体系，建设人人有责、人人尽责、人人享有的社会治理共同体。完善基层群众自治机制，发挥群团组织和社会组织作用。

二 国内部分省市智慧社区建设情况比较研究

（一）北京市智慧社区推进情况

2020 年 6 月，《北京市加快新型基础设施建设行动方案（2020—2022

年）》发布，建设智慧民生应用被列为重点任务。2021年3月，北京市大数据工作推进小组印发《北京市"十四五"时期智慧城市发展行动纲要》，要求推进智慧平安小区建设。2021年4月，《北京市国民经济和社会发展第十四个五年规划和二〇三五年远景目标纲要》发布，围绕社区服务、社区治理提出要求。2021年7月，《北京市关于加快建设全球数字经济标杆城市的实施方案》提出开展数字化社区建设。2021年11月，《北京市"十四五"时期国际科技创新中心建设规划》要求提高社区治理智慧化水平。

1. 夯实基层公共服务数据基础

打通市、区、乡镇（街道）三级数据通道，北京市形成基层社区管理和公共服务的数据基础。探索运用区块链等技术提升政府数据共享和业务协同能力。

2. 提升基础设施智慧水平

北京市实施"多表合一"专项行动，大力推广居民室内水、电、气、热智能化监测和调节，推广智能缴费。发展智慧停车，推动居住区和邻近单位停车资源共享。聚焦医疗卫生、文化教育、社区服务等领域，扩大便民服务智能终端覆盖范围。

3. 打通为民服务"最后一千米"

北京市围绕社区生活全链条，依托线上社区数字化平台和线下社区服务机构，推动政务服务平台、社区感知设施和家庭终端联通，打通"最后一千米"社区生活圈。实施新能源物流配送车替代工程，推广快递机器人、可穿戴外骨骼设备在高校、社区试点，打通末端物流"最后一千米"。

4. 开展社区安防系统智慧化改造

北京市推进智慧平安小区行动计划，开展社区、楼宇安防系统智慧化改造。深入推进"雪亮工程"建设，推动立体化社会治安防控体系建设。试点建设基于物联网技术的社区应急服务站。

5. 建设零碳社区

北京市建设建筑与社区能源系统节能场景，聚焦建筑供热系统重构、全面电气化、光储直柔，推动形成零碳智慧供热、光伏发电全利用的零碳建筑与社区能源系统示范。

（二）上海市智慧社区推进情况

2018 年 1 月，《上海市城市总体规划（2017—2035 年）》发布，在全国率先提出"15 分钟社区生活圈"。2021 年 7 月，《推进上海生活数字化转型　构建高品质数字生活行动方案（2021—2023 年）》发布，提出智慧社区建设方向。2021 年 9 月，《上海市促进城市数字化转型的若干政策措施》要求加强公共数据赋能基层治理。2021 年 10 月，《上海市全面推进城市数字化转型"十四五"规划》发布，提出打造"数字家园"。

1. 布局生活领域新基建

上海市加强社区信息基础设施和智慧终端建设。推动医疗、教育、文化、社区等领域传统生活基础设施数字化升级。布局便捷适用的智能安防、智能充电桩、智能末端配送等相关新技术和终端设施。推动建设数字生活专有算力算法中心。

2. 建设上海"社区云"平台

建设上海"社区云"等数字化平台和线下社区服务机构，开展居务公开、社区公告、自治议事、邻里互动等服务，强化居民线上获得社会化服务和政务服务的能力。

3. 构建现代社区自治共治平台

发挥物业、居民、志愿者等社会自治力量，依托上海"社区云"等数字化平台和线下社区服务机构，强化居民线上获得社会化服务和政务服务的能力。大力支持社区社会组织发展，引导社会力量更好地参与基层治理，推动自治共治平台协同运转。

4. 公共数据"属地返还"赋能基层治理

上海市进一步完善基层数据申请与授权机制，按照"属地返还"原则，依托市公共数据目录体系，推动数据向所在街道依规有序开放共享。对跨区域以及目录外公共数据，坚持最小可用原则，按需进行授权推送；对纳入目

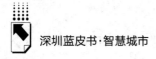

录的公共数据加大治理力度，标注区划属性，无条件向各区落地返还。

5. 提升城市网格管理智能化水平

上海市推进城市运行"一网统管"，以绣花般的功夫推进城市管理精细化。扩大智能化发现手段的覆盖面，加强玻璃幕墙、垃圾分类、深基坑等应用场景"神经元"建设和算法开发。制定完善人工发现标准和工作细则，利用区块链技术完善考核激励机制。

此外，上海市围绕城市治理、社区建设制定了一系列专项规划，例如，《关于推进本市社会组织参与社区治理的指导意见》（2020 年 12 月）、《社区新型基础设施建设行动计划》（2020 年 12 月）、《上海市城市管理精细化"十四五"规划》（2021 年 7 月）等。

（三）广东省智慧社区推进情况

2021 年 3 月，《广东省国民经济和社会发展第十四个五年规划和 2035年远景目标纲要》发布，要求加快推进智慧社区建设。2021 年 5 月，《广东省人民政府关于加快数字化发展的意见》发布，提出建设便民惠民智慧社区。2021 年 6 月，《广东省数字政府改革建设"十四五"规划》发布，提出推进精细化基层社会治理。

1. 完善社区综合服务设施

广东省实施智能化市政基础设施建设和改造。建设便民惠民智慧社区，发展基于数字技术的社区民生智慧应用，开展社区智慧微改造，提升社区生活服务和社区基层治理的数字化、智能化水平。构建城市社区"15 分钟生活圈"、农村社区"半小时生活圈"。

2. 推动生活数字化转型

广东省发展数字家庭，推广智能家电、智能照明、智能安防监控、智能服务机器人等智能家居产品，丰富数字生活体验。

3. 推动网格化服务管理"多网合一"

广东省推动信息技术与社会治理深度融合，推进综合网格建设，搭建网格化管理、精细化服务、信息化支撑、开放共享的基层管理服务平台。推动网格化服务管理"多网合一"。

4. 提升治安管理智能化水平

广东省推进"雪亮工程"建设,实现政府部门间视频监控的联网共建共享共治。打造"粤平安"社会治理云平台。加强平安建设大数据专题应用,构建平安指数、综合执法、纠纷化解、社区服务等智能分析单元,增强社会风险预警、研判分析、决策指挥等能力,实现平安建设"一图统揽"。

三 推进深圳市智慧养老和社区服务新模式的对策措施

1. 以数字改造升级完善适老基础设施

加快推进城市公共空间与居家社区基础设施适老化改造与数字化升级。深圳市基于现有智慧社区、智慧养老基础,推广和拓展老年用设施的智能化改造,安装普及一键呼叫、移动定位、生命体征监测、燃气预警、服务监管等人居智能设备。对公共场所老年活动设施进行数字化升级,完善设施物联接入,强化安全监控预警。通过提高基础设施覆盖率为全面进入数字空间奠定基础。

2. 以数字人文关怀构建老年友好环境

构建线上与线下相结合的老年友好型机制环境。从线上部署和推广数字政务服务等公共服务平台老年专门窗口与通道,设计并推出符合老年用户特征与需求的服务应用版本,加速普及公共服务人工咨询与远程帮办,降低老年人公共服务与信息获取门槛。深圳市从线下推进机关社区干部、党员、专项志愿者与老年人的结对帮扶工作,指导培训老年人数字化技能,提升其数字化认知和应用水平。通过多措并举优化公共服务流程,做好人文关怀保障。

3. 以数字空间赋能重塑老年活动形态

依托数字技术,组织开展专项服务活动,从社交、休闲、学习、工作等方面打造沉浸式数字生活与社会参与。深圳市推进建立老年人专属线上交流社区，严格执行准入认证，组建多样化的线上社群交流与服务组团。拓展文体休闲项目范围，基于VR/AR技术探索数字购物、数字旅游、数字探险等新型休闲娱乐方式。依托线上学习与教育平台，汇聚优质教育服务资源，以易理解、易吸收的方式提升老年技能水平，基于平台支持远程工作给老年人提供多样化选择。通过数字空间在多个领域延展老年人活动空间与范围，丰富其精神生活，激发人群活跃度，提升其社会参与感。

4. 以数字信息流通融合多元养老服务体系

推动实现居家、社区与机构养老服务的联通融合。深圳市通过信息化手段将养老服务相关资源进行整合，以满足精细化需求为导向，基于数据与系统打通社区服务资源和机构第三方服务资源，提供包括日间照料、心理慰藉、医养结合、助残康复、送餐订餐等的全方位服务，突破物理空间与距离限制，促进高质量养老公共服务均衡、协同供给。

5. 以数字形态消费催生新型养老产业模式

围绕数字空间老年生活、消费与服务需求，以平台为基础，以产业应用为主轴，整合集聚社会化服务企业产品、科技企业技术、养老产业机构资源与渠道，建设养老产业全链条服务与老年人用户的线上线下对接，形成完整的养老全产业链生态体系。深圳市引导数字空间养老与智能家居、智慧社区、智慧出行、智慧医疗等新兴业态融合发展，牵引智能技术适老化的应用推广与服务供给等新型商业模式，带动产业经济蓬勃发展。

6. 打通数据通道，深化数据赋能社区治理

在打通数据通道方面，北京打通了市、区、乡镇（街道）三级数据通道，形成基层社区管理和公共服务的数据基础。上海按照"属地返还"原则，对纳入公共数据目录的公共数据标注区划属性，无条件向各区落地返还。深圳市政务信息资源共享平台只打通了市、区两级数据，社区如果想要使用市级数据，需要向相应行政区提出申请，再由行政区向市级部门提出申请；申请通过后，数据将从市级共享平台流转至区级共享平台，供社区使用。建议深圳打通市、区、街道、社区四级数据通道；同时对从社区采集的数据，无条件向各社区返还，深化数据赋能社区治理。

7. 对标"双碳"要求，构建现代社区能源系统

北京提出建设零碳社区，聚焦建筑供热系统重构、全面电气化、光储直柔，推动形成零碳智慧供热、光伏发电全利用的零碳建筑与社区能源系统示范。深圳作为实际管理人口超 2000 万人的超大城市，社区碳排放的减排潜力极大。建议深圳聚焦建筑节能新技术和居民生活消费行为，面向社区开展绿色能源、绿色出行、绿色生活、绿色消费等低碳场景建设，助力全国实现"双碳"目标。

8. 创新建设运营模式，提升智慧社区持续赢利水平

现阶段深圳市智慧社区赢利水平不高，主要侧重于政府以及物业管理服务，建设、运营出资方以政府为主，科技企业、地产商等主体缺乏投资积极性。建议深圳依托数字化手段，积极推动社区公共服务与商业服务相结合，规范并推广社区团购、地摊经济等模式，进一步盘活社区经济，引入更多社会资本投入智慧社区建设运营。

9. 加强运营维护，保障便民设施发挥应有作用

当前，深圳市一些智慧社区便民设施存在"只建不管、建管分离"的现象，导致便民设施未能发挥应有的作用。建议深圳在智慧社区建设中，征集和吸纳群众意见，建立便民服务设施的建设运维问责机制，加大后续管理的资金投入，组建专业运维队伍，确保便民设施真正惠及群众。

法 规 篇

Laws and Regulations Part

B.11
深圳市数据保护与开放立法研究

郭　晨　赵迎迎　吴洪亮　杨雅莹*

摘　要： 数据立法是数字社会发展的必经之路。通过立法的方式，保障数据的健康有序发展，是世界各国普遍通行的做法。我国在"网络强国""数字中国"目标驱动下，国家和地方都不断加快数据立法步伐，发布数据地方法规、规章或行动纲要。深圳市数据立法将根据数据来源主体的不同，将数据区分为个人数据、法人数据、非法人组织数据、政府数据和公共数据，并在确定数据主体定义及其相应权利义务的基础上，根据数据来源主体对各类数据的敏感程度，将数据划分为五级，并对各级数据建立动态调整清单以及相应处置规则，为数据主体在数据采集、存储、利用、流通和安全保护等过程中提供法律规制。

* 郭晨，深圳市智慧城市科技发展集团有限公司总规划师，深圳市数字政府建设专家委员会副主任；赵迎迎，博士，深圳市智慧城市规划设计研究院总监，高级工程师，广东省城市安全智能监测与智慧城市规划企业重点实验室副主任，上述两位作者主要研究方向为智慧城市和数字政府建设顶层设计；吴洪亮，深圳市智慧城市科技发展集团有限公司规划设计经理，主要研究方向为智慧城市和数字政府顶层设计；杨雅莹，深圳市智慧城市科技发展集团有限公司规划研究员，主要研究方向为智慧城市和数字政府顶层设计和理论。

关键词： 数据立法　数据治理　智慧城市　深圳经济特区数据条例

根据《关于贯彻落实〈粤港澳大湾区发展规划纲要〉的实施方案》和《深圳市"数字政府"综合改革试点实施方案》决策部署，按照《深圳市人大常委会 2019 年度立法计划》和《深圳市人民政府关于印发 2019 年度立法工作计划的通知》工作要求，《深圳经济特区数据条例》被列为深圳市人大 2019 年立法预备项目和市政府 2019 年立法"当年拟完成项目"。该项工作受到广东省委深改委和深圳市委推进粤港澳大湾区建设领导小组的高度重视，广东省委深改委要求深圳充分利用特区立法权优势先行先试，大胆创新，进一步夯实"数字政府"建设的法律基础；深圳市委粤港澳大湾区建设领导小组将数据立法作为"打造全国数字经济发展示范区"的重要内容。为深入了解深圳市数据治理全主体、全数据、全流程等方面的发展现状、存在问题和难点，并通过政府、企业以及个人三个角度对深圳数据治理进行需求分析，本报告就深圳市数据保护与开放立法展开深入研究，探讨《深圳经济特区数据条例》制定理论依据和决策参考。

一　深圳市数据立法的必要性探讨

（一）数据立法是数字社会发展的必经之路

开展数据立法，平衡好数据开发利用与信息安全保护的关系，促进数据保护与产业发展并行，是数字社会发展的必经之路。一方面，随着大数据技术的飞速发展及其对社会生活方方面面的深刻渗透，国内外屡屡出现数据泄露、数据权属界定不清、数据收集无序等恶性事件。2016 年 9 月 22 日，全球互联网巨头雅虎证实，2014 年至少有 5 亿用户的账户信息被人窃取，窃取的内容涉及用户姓名、电子邮箱、电话号码、出生日期和部分登录密码。2018 年 2 月，Facebook 数据泄露案涉嫌影响美国大选，震惊全球。2018 年

7月，知名大数据企业"数据堂"特大侵犯公民个人信息案被全面侦破，11家公司57名犯罪嫌疑人涉嫌侵害数百亿条公民个人信息，震撼了我国整个大数据产业。这些重大的数据泄露事件引发的安全问题数量也在不断增加。大数据时代，在充分挖掘和发挥大数据价值的同时，必须处理好数据安全与个人信息保护等问题。

另一方面，数字空间的广域性、交互性使得既定法律规划、法律原则和法律制度无法全部有效适用于网络环境，从而导致数据产权和隐私保护无法得到有效法律保障。《深圳经济特区数据条例》是全国乃至全球首部覆盖全主体、全数据、全流程的数据治理基本法，是数字政府改革建设的法治保障，是贯彻落实《关于支持深圳建设中国特色社会主义先行示范区的意见》中关于加强法治政府建设、探索完善数据产权和隐私保护机制、强化网络信息安全保障等内容的重要举措。

（二）数据立法是数字强国发展的有效支撑

大数据时代背景下，数据保护与管理成为全球互联网领域的立法热点。

2016年1月，我国第一部地方数据立法《贵州省大数据发展应用促进条例》出台。随后浙江省、上海市、成都市、天津市出台了相关的法律规章。在粤港澳大湾区内，香港1995年已发布《个人资料（私隐）条例》，并于2021年9月通过《2021年个人资料（私隐）（修订）条例》；2019年12月，澳门《网络安全法》正式生效。综合来看，我国在数据保护与管理方面的法律规定仍比较笼统，缺乏关于数据领域综合性的专门立法，因此制定覆盖全主体、全数据、全流程的《深圳经济特区数据条例》数据治理基本法具有较大的意义。

（三）数据立法是深圳市先行示范区建设的重要举措

国务院2015年印发的《促进大数据发展行动纲要》将大数据视为"推动经济转型发展的新动力"、"重塑国家竞争优势的新机遇"和"提升政府治理能力的新途径"，大数据战略已成为国家战略。2016年国家出台

《中华人民共和国网络安全法》，以保障网络安全，维护网络空间主权和国家安全、社会公共利益，保护公民、法人和其他组织的合法权益，促进经济社会信息化健康发展。2016 年国务院发布的《政务信息资源共享管理暂行办法》为政务信息资源共享建立了规范和框架。党的十九大提出打造共建共治共享的社会治理格局，要求加强社会治理制度建设，完善党委领导、政府负责、社会协同、公众参与、法治保障的社会治理体制，提高社会治理社会化、法治化、智能化、专业化水平。2018 年，国家逐渐加快数据立法的步伐。2019 年 2 月，中共中央、国务院印发的《粤港澳大湾区发展规划纲要》提出"促进社会保障和社会治理合作"。2019 年 8 月，国务院发布《中共中央　国务院关于支持深圳建设中国特色社会主义先行示范区的意见》，意见要求深圳加强法治政府建设、探索完善数据产权和隐私保护机制、强化网络信息安全保障。对社会治理而言，在数字经济时代利用积累起来的大量公共服务信息，发现新价值，推进数字经济蓬勃发展是社会治理水平提升的必经阶段。出台《深圳经济特区数据条例》有利于创造数字经济发展的环境，最大化挖掘数字经济的增长潜力；有利于深圳在构建高质量发展的体制机制方面走在全国前列；有利于深圳营造稳定公平透明、可预期的国际一流法治化营商环境；有利于深圳构建优质均衡的公共服务体系。

（四）数据立法是数据最强保护、最佳发展、最优治理的根本保障

围绕"深圳建设中国特色社会主义先行示范区，创建社会主义现代化强国的城市范例"的城市建设总目标，以及最强保护、最佳发展、最优治理的立法目标，深圳制定了《深圳经济特区数据条例》。该条例旨在探索数据产权和隐私保护机制，立法制定保护规则，实现个人数据和隐私的最强保护；探索数据保护、共享、应用规则，规范数据使用行为，促进建设健康的法治环境，实现数字产业、数字经济最佳发展；探索数字政府治理相关事项的法律地位，构建数字政府治理的管理体制、运行机制等，实现数字政府和数字社会的最佳治理。《深圳经济特区数据条例》是深圳推动建设高质量数

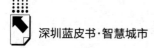

字城市的重要举措和根本保障，这项立法传承和发展了深圳经济特区法治建设的优良传统，构建完整的数据治理政策法规体系，规范各类主体在数字世界的行为准则，探索各级政府在数字世界的事权划分，建立数字世界的最佳人居环境、最佳营商环境和最佳科研环境。

二 深圳数据立法的基础条件分析

（一）聚集了支撑数字经济发展的众多资源

近年来，以 IT 为代表的新技术、新产业引领深圳科技产业创新，推动深圳经济高质量发展。目前，数字经济已经发展成为深圳重要的支柱产业，2019 年产业规模达 2.1 万亿元，同比增长 14%，规模占全国的 1/6，数字经济增加值占深圳市 GDP 的比重近 1/4。深圳集聚了华为、腾讯、平安等一批具有国际竞争力的 IT 企业，集聚了越来越多的国际国内人才和创新资源、创新平台，营造了很好的创新生态，今天的深圳已经发展成为全国乃至全球数字经济技术研发实力最强、产业规模最大、新技术应用最快的城市之一。

（二）数字政府和智慧城市建设成效显著

长期以来，作为改革开放的排头兵，深圳高度重视智慧城市和数字政府建设。深圳是全国首批信息惠民试点城市和广东省"数字政府"综合改革试点城市。2006 年成为首个国家电子政务试点城市；2012 年开始实施"织网工程"；2013 年成为全国首个"国家政务信息共享示范市"；2018 年深圳信息社会指数超过 0.88，蝉联全国各大城市首位。2018 年《中国"互联网+"指数报告（2018）》显示，深圳登顶数字经济发展水平百强城市排行榜；丰厚的积累为深圳智慧城市和"数字政府"建设赢得了先发优势。深圳市陆续发布了《智慧深圳规划纲要（2011-2020 年）》《深圳市新型智慧城市建设总体方案》《深圳市"数字政府"综合改革试点实施方案》等文件，明确提出了 2020 年实现国际一流的建设目标，以优化营商环境和增进人民福祉为突破口，以体制机制创新为保障，推行"掌上政府、指尖服务、刷脸办事"，推出了"秒批""不见面审批"等一系列改革措施，取得良好成效。根据中国社会科学院信息化研究中心发布的《第八届（2018）中国智慧城市发展水平评估报告》，深圳市智慧城市发展水平排名全国第一。在中央党校（国家行政学院）电子政务研究中心开展的网上政务服务能力第三方评估中，深圳获得重点城市网上政务服务能力总体排名第一。

（三）建成政务大数据中心，形成了各类信息资源库

经过多年努力，深圳市政务大数据中心已基本建成，形成深圳全市统一的人口、法人、房屋、空间地理、社会信用和电子证照等基础信息资源库和行政审批、市场监管等主题信息资源库。目前深圳已汇聚并形成了约 1901 万人口、360 万法人、83 万楼栋、1423 万间房屋的公共基础信息资源库，数据总量超过 245 亿条。深圳已建成全市统一的政务信息资源共享平台，接入 36 个市级单位和 10 个区，每天数据交换量约 2000 万条。大力推进电子证照库建设和应用，深圳全市共有 236 家市、区及街道进驻政务电子证照系统，对接 45 个发证业务系统，469 种电子证照已开通发证服务，支持深圳市网上办事大厅、公积金中心专业分厅等的多项业务优化受理流程。深圳政务大数据中心在实现高校应届毕业生引进和落户"秒批"、老年优待证主动发放、网约车许可申办创新模式、举办政府数据开放大赛等方面发挥了重要作用。深圳市获得全国唯一一个国家"政务信息共享示范市"称号。同时，深圳市已印发实施《深圳市政务信息资源共享管理办法》《深圳市电子政务信息安全管理试行办法》《深圳市电子政务公共资源管理暂行办法》《深圳市公共信用信息管理办法》《深圳市电子证照管理暂行办法》等系列文件，积累了数据应用、管理的相关经验。目前深圳正在着力推动整合政务数据、公共服务企业数据和部分社会数据，建设全市大数据应用平台，为公共服务和社会治理提供更强有力的大数据支撑。

（四）以粤港澳大湾区建设为契机，努力打造数字中国的城市范例

深圳市正在抢抓粤港澳大湾区建设重大机遇，加快建设国际一流的智慧城市和数字政府，超前布局 5G、物联感知等智能基础设施和大数据基础设施建设，打造汇聚城市数据和统筹管理运营的智能城市信息管理中枢，加快推进智慧政务、智慧民生、智慧环保、智能能源、智能交通、智慧水务、智慧气象、智能物流和智慧城管等智慧系统建设，加强通信网络、重要信息系统和数据资源保护。大力发展数字经济，加快制造业数字化进程，争创国家工业互联网创新示范城市。促进数字创新消费、智慧民生消费，加速服务业企业数字化转型。通过 IT 技术的创新发展，率先实现城市治理体系和治理能力现代化，努力打造数字中国的城市范例。

三　国内外数据立法研究

（一）国内数据立法研究

国家层面，我国加快了数据立法步伐。除第一部分提到的有关文件外，2017 年 11 月，国务院发布《关于深化"互联网+先进制造业"发展工业互联网的指导意见》。在行业领域，2018 年 3 月印发《国务院办公厅关于印发科学数据管理办法的通知》，2019 年 5 月出台《中华人民共和国人类遗传资源管理条例》。中国银行保险监督管理委员会 2018 年 5 月发布的《银行业金融机构数据治理指引》是第一部行业性数据治理规范。2018年 7 月，国家卫健委也印发了《国家健康医疗大数据标准、安全和服务管理办法（试行）》。同时，国家已出台《网络安全法》等法规，2018 年 5月 1 日我国正式实施《信息安全技术个人信息安全规范》，随后陆续出台了《个人信息和重要数据出境安全评估办法（征求意见稿）》《数据安全管理办法（征求意见稿）》。地方层面，相关法规陆续出台。在"网络强国""数字中国""数字经济"等新目标的强劲驱动下，许多地方政府已

经和正在发布地方法规、规章或行动纲要,以规划、指导和规范未来数字经济秩序。2016 年 1 月,《贵州省大数据发展应用促进条例》出台,是我国第一部地方数据立法。随后,贵阳市先后出台了《贵阳市政府数据资源管理办法》《贵阳市政府数据共享开放实施办法》《贵阳市大数据安全管理条例》《贵阳市健康医疗大数据应用发展条例》等法规。另外,《浙江省公共数据和电子政务管理办法》《上海市公共数据和一网通办管理办法》《成都市公共数据管理应用规定》《天津市促进大数据发展应用条例》《北京市公共数据管理办法》《吉林省促进大数据发展应用条例》《安徽省大数据发展条例》《浙江省数字经济促进条例》等法律规章相继出台。

深圳市委、市政府高度重视数据立法工作。2018 年 11 月,深圳市出台《深圳市"数字政府"综合改革试点实施方案》,将数据保护等特区立法作为"数字政府"综合改革试点的重要任务之一。2019 年初,市委、市政府进一步明确数据立法的名称为《深圳经济特区数据条例》,为数据立法工作指明了方向。2019 年 6 月 26 日,深圳市印发《深圳市人民政府关于印发 2019 年度立法工作计划的通知》,将《深圳经济特区数据条例》列为当年拟完成项目之一。2019 年 6 月 28 日,深圳市印发了《关于贯彻落实〈粤港澳大湾区发展规划纲要〉的实施方案》,将"推进数据保护等特区立法,维护数据安全,促进数据开放共享"作为打造全国数字经济发展示范区的重要工作之一。2021 年 6 月 29 日,《深圳经济特区条例》经深圳市第七届人民代表大会常务委员会通过,并于 2022 年 1 月 1 日起施行。

(二)国外数据立法研究

对于数据保护,国外经历了从业界自治到加强法律规制,再到现在的法律规制与行业自律有机结合的相对成熟的阶段。通过立法的方式,完善数据保护的法律规制,保障数据的健康有序发展,是世界各国普遍通行的做法。欧盟自 2018 年开始实施《通用数据保护条例》(GDPR),在全球范围内掀起对个人数据保护的讨论。作为数据保护与管理领域 20 年来最受关注的立法改革，GDPR 制定了大数据时代个人数据保护新秩序的愿景。GDPR 在数据主体权利，数据控制或处理者的正当利益、经济发展、社会公共利益等各方之间努力寻求动态平衡，以风险管理为基础，提供多种风险规制路径，将平衡的立法思路贯彻到具体的制度设计之中。2018 年，英国《2018 数据保护法案》（DPA2018）发布，正式生效并取代了实施近 20 年的《1998 数据保护法案》，也为 GDPR 在英国国内的实施铺平了道路，填补并扩充了GDPR 在某些领域的立法空缺。继 GDPR 正式实施一个月后，美国加州政府于 2018 年 6 月 28 日通过了《加州消费者隐私法案》（CCPA），于 2020 年 1月 1 日正式生效。CCPA 旨在加强消费者隐私权和数据安全保护，被认为是美国国内当前最严格的消费者数据隐私保护立法。

从亚洲区域看，新加坡《个人数据保护法》（Personal Data Protection Act）于 2012 年通过，共 10 章、68 条（另有 9 个附件）。该法列出了企业在数据收集、使用、披露等环节的重要义务，授予了委员会各种执行法令的权力和调查违反法令行为的职权，赋予了个人保护其个人信息的各项权利（包括获得权和修改权），通过设立个人数据保护委员会以及特殊的登记方式，对个人数据的处理行为进行管理，以巩固新加坡作为可信的、世界级商业中心的地位。印度 2018 年 7 月 27 日正式发布《2018 年个人数据保护法案（草案）》（The 2018 Personal Data Protection Bill），这是印度首部全面的个人数据保护法。该草案与此前欧盟《通用数据保护条例》（GDPR）、美国《加州消费者隐私法案》（CCPA）一起，共同呈现增强公民对个人数据控制这一全球不可逆转的大趋势。

四 深圳市数据立法存在的主要问题及难点

（一）政府视角

1. 数据采集维护不足

我国尚未建立健全的数据采集制度，所采集的数据类型及内容尚未明确，导致相关部门及各地区采集数据无法可依。以深圳市交通运输委员会为例，交通安全、交通监管等业务需要通过设置前置机制等方式收集交通部门的数据，如交通部门的安全运营数据、深圳通数据等，但目前这种数据采集行为还没有明确法律条例支撑。数据并未得到合理的分级分类与管理，数据敏感程度无明确界定，非法采集国家利益、公共安全、商业秘密、个人隐私、军工科研生产等数据以及损害被采集人合法权益等行为依然广泛存在。此外，深圳市政府各部门数据管理职责分工不明确，政务数据管理"谁主管，谁提供，谁负责"的原则尚未完全落实，这使数据无法得到及时维护和更新，数据的完整性、准确性、时效性和实用性仍有提升空间。

2. 数据汇聚共享尚存壁垒

深圳市政府数据汇聚与共享原则尚未确立，导致各部门数据汇聚共享存在壁垒。一些部门的数据难以获取，如深圳人社局人才补贴业务直接与人才纳税情况挂钩，但由于无法与税务局的完税证明进行数据对接，该流程仍需通过线下进行，降低了办事效率。政府部门存在条块化、层级化和数据保护现象，个别部门以数据敏感为由进行数据垄断，在很大程度上影响了数据汇聚共享水平。由于缺乏统一标准且部门数据更新不及时而影响了数据质量以及共享交换效果。此外，电子政务数据在司法诉讼或审计监督中的法律效力缺乏法律支撑，制约了"互联网+政务服务"改革的发展。

3. 数据开放利用程度不高

由于政府数据开放原则和利用原则尚未明确，且数据并未实现合理分级分类，尚无法律法规对数据权属进行界定，导致数据缺乏相关法律保护，部门对数据开放存在顾虑，对企业及民众的数据开放程度不高。深圳市政企数据对接机制还未确立，企业对数据进行开发利用困难较大，在一定程度上限制了数字经济相关产业发展。深圳市政府在利用数据分析业务关系、优化审批流程等方面仍有较大提升空间。

4. 数据安全监管能力较弱

深圳市政府各部门对数据安全的考核较欠缺，对部门历史数据存储手段、时限以及安全保护措施缺乏明确规定。数据安全保护机制以及数据安全投诉举报机制仍待制定和完善，隐私泄露、数据窃取等数据安全问题亟待解决。缺乏相应法律法规对数据流通后出现的数据安全问题进行定责，如交通数据涉及众多的交通参与者信息，包括个人出行信息、司机违章信息等，若此类数据信息发生泄露将会给社会带来隐患。此外，监管部门对数据的监督管理体制机制仍待完善。

5. 数据跨境流通尚未实现与国际接轨

我国至今仍没有独立的关于数据跨境流通的法律，数据跨境流通管理制度尚未形成，需进行出境评估的数据类型、内容以及评估频率和责任主体尚未明确，缺乏对我国信息服务企业（如跨境金融、跨境电商等）及境外大型跨国公司可能存在的涉及我国公民个人隐私甚至涉及我国国家安全、经济发展和社会公共利益的重要数据出境行为的规范和指引。此外，我国在数据跨境流通领域的政策和法律与其他国家存在较大差异，现有的《网络安全法》规定以数据本地化为原则对数据跨境传输采取安全评估措施，与国际跨境数据流动管理机制存在较大差异，增大了我国数据跨境流通的难度，并且可能加剧信息不对称现象从而影响我国的国际竞争力。

（二）企业视角

1. 数据权属不清易引发法律纠纷

在数据采集、流通过程中，现存关于数据治理的法律边界和权责模糊，同时确权门槛过高，企业易陷入法律纠纷。

2. 数据合规使用方式和范围不清

大数据时代，数据资源是企业竞争的重中之重。未来的竞争，将是在"云端"之上、依赖大数据的 AI 竞争。海量数据的结构性关联充分扩展了网络空间、促进了经济发展，但因缺乏明确法律约束，在法律灰色地带的数据采集、利用行为屡见不鲜，在此背后，数据竞争激烈，纠纷频发。

3. 数据衍生产品权属模糊、缺乏相应产权保护

如今，企业得益于数据红利，可以基于政府公开数据进行数据创新和利用，进而打造数据衍生产品，这证明数据所蕴含的巨大经济价值已得到广泛认可。但现阶段，数据衍生产品如何成为受保护的财产权益、此种财产权益的权属应如何确认、应对数据财产权益保护到何种程度等都是理论界与实务界亟待回答的问题。现实诸多相关案例反映了由于数据衍生产品权属模糊、缺乏相应产权保护而阻碍数据经济进一步迸发活力的难点。

4. 数据流通规则不清、流通边界待明确

如今，互联网的大规模数据流通活动刚起步，数据作为一种商品变得前所未有的重要。当前数据的流通和交易规则还很不完善，大数据交易主体的法律性质与地位未明确，准入标准、权责不清；企业、个人数据可交易范围不清；个人数据与非个人数据差异化的自由流动规则未界定；已开放数据是否可用于国际协作、数据跨境如何合规操作等问题尚待思考。

（三）市民视角

1. 无法掌握个人信息被采集、使用、流通等情况

对个人而言，大数据时代的便利程度越高，也就意味着个人信息曝光程度越高。在政务服务层面，个人数据的汇聚、加工、利用，方便了群众办事，各类"一站式"服务也收获了众多市民口碑，但在市场这只"看不见的手"的操控下，"数据多跑路"模式似乎带给市民更多的是个人信息泄露的烦恼甚至是恶意骚扰。

个人信息容易被泄露的渠道众多，各类 App 和银行信用卡疑似主要泄露风险点，各类 App 和银行掌握的可以利用、流通的用户数据量庞大。很多相关案例反映了在大数据时代，市民面临对个人信息被采集、使用和流通等情况无法掌控的无力局面。

2. 不了解对个人信息保护的有效手段和投诉渠道

当前，网络个人信息泄露现象十分严重，特别是银行卡敏感信息泄露现象时有发生，被泄露的信息被一些不法分子利用并从事违法犯罪行为，损害市民利益。我国政府正从立法、立规及建标准、建技术保护手段等多方面促进网络个人信息保护。但就市民个人而言，对个人信息泄露造成的骚扰往往懒得"小题大做",大部分原因在于其不清楚个人信息保护的有效手段和投诉渠道。国家网信办、工信部、公安部等有关部门将加快个人信息保护相关法律的研究制定,加快实施网络安全审查制度,重点将加强对网络服务提供者的监管,加大对非法收集、泄露、出售个人信息行为的打击力度。

五 深圳市数据立法需求分析

(一)政府需求

1. 明确数据分级分类管理

由于目前对政府、企业及个人的数据尚未进行合理的分级分类和管理,政府在数据采集、汇聚、共享、开放以及利用的过程中缺乏法律法规的支撑。针对这一问题,应出台相关法律条例,根据数据来源主体对各类数据的敏感程度进行分级,并明确数据控制主体在数据采集、存储、利用、流通等过程中对不同敏感程度数据采用相应的处置规则,进一步健全数据采集、汇聚、共享制度,最大限度实现数据的开放与利用。

2. 建立政务数据标准规范

政务数据互联共享是推进政务服务改革的重要前提,但目前因政府部门条块化、层级化导致的"信息孤岛"仍然存在,尚未建立对各部门数据进行统一规范的标准,增大了部门进行数据共享交换的难度。深圳市应尽快制定相关标准以统一规范各部门数据,明确政务数据资源的分类、责任方、格式、属性、更新时限、共享类型、共享方式、使用要求等内容,为部门进行数据存储、共享、开放提供依据。

3. 提升数据共享开放水平

目前深圳市各部门的数据共享交换仍存在数据需求方强烈、供给方回应不足以及数据共享交换平台部分数据更新不及时等现象。针对这些问题,深圳市应制定数据共享质量考核管理机制,提升各部门数据共享交换以及更新数据的积极性;制定数据共享负面清单,实行除负面清单外的数据一律共享的机制；以需求为导向汇聚数据，通过利用数据发现数据问题；通过数据共享质量考核管理机制，倒逼各部门逐渐提升数据质量。对此，深圳市政府应在完成数据分级分类和明确数据权属的基础上，对负面清单上无记录的数据脱敏后，通过时空大数据平台对行业、企业及个人进行开放。

4. 加强数据安全保护与监管

当前数据采集、共享等环节存在隐私数据审查缺失、技术标准不统一、软硬件设施升级维护不足等安全问题。对此，深圳市政府应建立完善数据安全保护机制以及数据安全投诉举报机制，将首席信息官制度与首席隐私官制度结合起来共同加强数据保护，降低安全隐患和数据泄露造成的经济损失。在数据采集汇聚环节增设个人隐私信息审查，对于涉及个人隐私而对实际政务行为无用的数据予以剔除并不再采集汇聚，降低数据共享使用的敏感程度。同时，深圳市应明确在数据提供、利用和保护过程中的数据供给方、共享平台管理方及数据使用方的权利和责任。此外，深圳市应继续完善监管部门对数据的监督管理体制机制。

5. 提高数据跨境流通程度

目前，数据跨境流通法律的缺失导致缺乏对重要数据出境行为的规范和指引，加大了数据跨境流通难度。针对该问题，应在参考《网络安全法》以及《数据安全法》等法律法规的基础上，针对深圳互联网产业发达、信息服务企业及境外大型跨国公司较多的情况，出台深圳市本地数据跨境流通相关规章制度，在保护我国国家安全、经济发展、社会公共利益和公民个人隐私的前提下，加强与世界各国数据跨境流通程度。

（二）企业需求

1. 明确数据权属

通过立法或是司法解释明确数据的权属关系，是奠定大数据发展法律基础的重要手段。目前，数据权属问题在理论上没有统一、完整、通行的定义，数据从法律上没有被赋予资产的属性，所以数据的所有权、使用权、管理权、交易权、享有权没有得到相关法律的充分认同和明确界定。针对政府、企业、个人不同数据来源主体，深圳市需要明确相应数据权属，例如，对关乎国家安全的数据应确定主权和管辖范围，对关乎个人隐私的安全数据应结合民法、物权法等法律法规明确数据所有权、使用权等。从法律上明确政府、企业、个人在大数据权属关系中的地位，既符合国情，又能与国际数据确权法律和制度接轨。

2. 明确数据合规使用方式及范围

在大数据时代，数据资源成为企业竞争最重要的资源之一，然而，数据的不法利用非但不能激发数字经济活力，反而会使数字社会陷入危险甚至危机。因而，数据合规使用的重要性不言而喻，通过立法或司法解释对数据合规使用的方式和范围进行确定，有利于确保企业对数据进行创新利用的同时不侵犯他人权益。明确数据合规使用方式及范围的重点在于如何区分哪些数据可以公开、哪些数据有条件公开并按规范使用、哪些数据不得公开，同时在分类基础上，怎样形成一个良好的循环数据利用体系等方面同样重要。

3. 明确并保护数据衍生产品权属

数字经济激发数字活力的根本在于数据价值可以流动。在大数据时代，数据流动不仅是数据的采集、利用、流通等过程，也是利用大数据、人工智能、物联网、云计算、区块链等技术，通过采集、存储、加工、使用、传输、共享、交易、备份、更改、删除等一系列数据行为，将原本价值有限、单一碎片化和相对静止的个人信息数据变成集约化大数据（尤其是衍生数据产品，如数据画像）的活跃化过程。对大数据企业而言，在合法合规采集、使用个人信息及非个人信息的前提下形成的数据产品所享有的合法权益应该得到法律的认可和保护，即大数据产品的商业模式应当通过法律上的确权来被肯定。但在数据产品财产权和财产权益的认定过程中，因为涉及网络用户、网络运营商等多方权益，所以无法简单认定权利或权益的归属。

4. 确定数据流通规则及边界

数据流通要发展，亟须建立行业规则及确定流通边界。需要研究探讨数据权属、流通方式及边界、流通的合规性、安全与隐私保护、监管机制等问题。当前，数据流通缺乏规则，一定程度上使数据相关方处于尴尬境地，包括数据来源方、数据使用方、政府和数据流通交易平台。从数据来源方角度，也就是数据流通的源头，既要承担法律风险和舆论风险，也要承担数据控制权丧失的风险，但经济效益并不一定十分显著。从数据使用方角度，其面临着数据来源是否合法、数据质量能否保障的问题。从政府角度，数据流通如何监管、谁来监管、监管到什么程度也是待定问题。从数据流通交易平台角度，如何按照一定标准和管理规范提升平台的可信度和质量，进而让数据流通活跃起来，是非常关键的问题。

（三）市民需求

1. 明确个人信息控制权

"告知-同意"的核心是保障用户对其个人信息的控制权。同意并不是真正的重点，确保用户个人信息控制权才是核心。目前我国现有的隐私政策均未直接赋予用户个人信息控制权，对于实现用户数据可携带权、删除权功能的设计尚在探索之中。我国《网络安全法》规定，收集、使用、共享用户个人信息需要征得用户同意，因此寻求同意是目前个人信息合规的最优解方案，但以发展的眼光来看，个人信息保护一定要从最高层开始，真正落实相关法律法规和国家标准。同时，需积极引导与鼓励网络运营者将用户个人信息保护作为重点，网络运营者需要在意识上真正重视用户隐私保护，而不是仅仅为了应对监管评审，做一些表面上的合规处理工作。

2. 维护个人数据主体权利

维护个人数据主体权利是尊重人权的表现之一，如今，按照国家相关法律法规，已有三种维权方式。一是按照全国人大常委会《关于加强网络信息保护的决定》，遭遇信息泄露的个人有权立即要求网络服务提供者删除有关信息或者采取其他必要措施予以制止。二是个人向公安部门、互联网管理部门、工商部门、消协、行业管理部门及其他相关机构进行投诉举报。三是消费者依据《侵权责任法》《消费者权益保护法》等，通过法律手段进一步维护自己的合法权益，如要求侵权人赔礼道歉、消除影响、恢复名誉、赔偿损失等。但就市民而言，不清楚维权方式和不懂如何维权等难点使个人数据

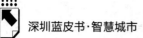

主体权利未得到有效且及时的保障。因此，需要大力向深圳市民宣讲和培训关于维护个人数据主体权利的手段和投诉渠道。同时，配套以司法救济为主的相应救济机制，切实做好数据维权过程中对困难群众的救助工作，有效维护当事人合法权益，保障社会公平正义，促进社会和谐稳定。

六　结论

根据《中共中央、国务院关于支持深圳建设中国特色社会主义先行示范区的意见》的要求，在最强保护、最佳发展、最优治理的立法总目标下，《深圳经济特区数据条例》发布。该条例的编制思路：根据数据来源主体的不同，将数据区分为个人数据、法人数据、非法人组织数据、政府数据和公共数据。在确定数据主体定义及其相应权利义务的基础上，根据数据来源主体对各类数据的敏感程度，将数据划分为五级，并对各级数据建立动态调整清单以及相应处置规则，为数据主体在数据采集、存储、利用、流通和安全保护等过程中提供参考。此外，在条例中明确政府在数据采集、存储、利用、监管等方面的职能以及社会在数据流通及利用过程中扮演的角色。

B.12
深圳智慧法治的治理实践
与提升路径研究

邓达奇　王官*

摘　要： 深圳作为经济特区，在深入推进智慧城市改革的过程中，需要健全制度体系建设，将智慧城市改革纳入法治的轨道。同时，深圳也正积极提升智慧法治水平，在执法、司法乃至法律服务等领域基本实现了"智慧法治"建设和改革的阶段性目标。深圳在智慧城市建设方面已取得显著成效，但仍未有效建立起深圳全市一体化规划建设运行管理机制，亟须通过专项立法的形式，完善智慧城市制度体系，强化规划管理统筹与部门协同，为深圳城市发展、智慧法治建设提供坚实的法治保障。当前深圳智慧法治建设存在的问题主要体现在：其一，智能化建设水平参差不齐且缺乏统一的标准；其二，智能技术的应用水平仍然不高。为解决这些问题，需要进一步完善法律制度支撑、提高科学技术在智慧法治建设中的实质性应用，将科技与法律统一起来，实现智慧法治的兼容性目标，以推进深圳社会治理现代化。

关键词： 智慧城市　智慧法治　智能化　治理现代化

"十三五"期间，深圳智慧城市建设在多层次、各领域全面铺开。新

---

* 邓达奇，法学博士，深圳市社会科学院政法研究所研究员，武汉大学法学院校外硕士生导师，主要研究方向为法律经济学、政治学、公共管理；王官，博士，深圳市智慧城市规划设计研究院高级工程师，主要研究方向为智慧城市顶层规划、政策设计。

型基础设施建设全国领先，政府治理"一网统管"初见成效，政务服务"一网通办"全面推行。数字技术向经济社会生活全方位渗透，逐渐形成覆盖公共服务、城市治理、数字经济和安全防控等多领域场景的智慧应用体系。智慧城市的建设与发展，离不开智慧法治。中共中央于2021年1月印发的《法治中国建设规划（2020—2025年）》明确提出要充分运用大数据、云计算、人工智能等现代科技手段，全面建设智慧法治，推进法治中国建设的数据化、网络化、智能化。对此，习近平总书记强调：要建立健全大数据辅助科学决策和社会治理的机制，推进政府管理和社会治理模式创新。

迈进"十四五"时期，深圳数字经济蓬勃发展、"双碳"减排倒逼转型、深港融合深入推进，深圳"双区"建设步入关键阶段。深圳应不负改革使命，抢抓发展先机，在数字化驱动经济社会发展的新一轮变革中发挥先锋作用。立足于全面提升智慧城市建设发展能级，深圳需在体制机制上谋划创新，努力推出一批智慧城市重大改革措施，以数字化解决超大城市治理问题，提升市民美好生活体验，为"数字中国"建设贡献深圳智慧，创建智慧城市范例。

经济特区成立40多年来，深圳利用信息技术快速发展的优势，积极发展智慧治理，不断将科技与法治相结合，逐步提升智慧法治水平，创造标准化和动态的法律环境。诚然，深圳智慧法治的发展刚刚起步，也面临一系列新的机遇和挑战。深圳作为中国特色社会主义先行示范区，国内现存可借鉴的经验不多，智慧法治建设亟待探索和发展。深圳需要勇于面对困难，发扬"拓荒牛"精神，推动智慧法治进一步拓展深度和广度。

一 人工智能法治发展的重要意义

随着现代智能信息时代的发展，以移动互联网、物联网、云计算、大数据、人工智能、区块链为代表的信息技术，不仅推动了以生产关系为核心的各领域社会关系的变革，还在时空的维度拓展了人类生活的深度和广度。一方面，深圳的数字技术得到了高速的发展，这不仅推动了深圳数字产业规模的持续扩大，而且使法律体系由传统走向了现代的数字化，并不断向信息化方向延展。另一方面，法律与技术的融合给法律的发展和进化嵌入了新的形式，不仅推动了法律装备与法治技术的变革，甚至全面重构了法治的基本原理。

其一，深圳智慧法治发展推动了深圳法治实施方式的变革。当前，我国社会主要矛盾中的一个重要方面就是人民日益增长的法治需求同法治资源、法律制度供给不足之间的矛盾。就我国的司法实践而言，"案多人少"、专业性法律人才尤其是法官的遴选体制机制建构不完善，一直是我国司法存在的客观问题。深圳通过智能化、数字化、信息化技术的发展，如通过智能机器人、数据信息化处理等打破了传统法律专业人才不足的条件限制，在一定程度上缓解了"案多人少"的矛盾，促进了司法体制改革。同样就司法领域而言，智能技术的运用，精简了司法的程序，拓展了司法的功能，并降低了诉讼成本等。可见，智慧法治不仅变革了技术，从一定意义上来说，还全面重构了法治基本原理。

其二，大数据的应用与发展是未来深圳法治发展的趋势。一般来说，数据主要是指物质世界中以实体文字、声音图像、有形实物等物体为载体的事物本身客观表现形式，是事物本身信息的数字化、网络化，是数字网络世界构成的基础。随着5G、物联网、人工智能等新信息技术快速推广，深圳智慧城市应用场景不断拓展，涉及教育、医疗、公共交通、政务服务、生态环境、应急管理等诸多重点领域，示范效应显著。在信息化迅速发展的今天，要推进深圳智慧法治建设，信息技术的运用有着重要的推动作用，甚至已成为深圳智慧法治建设的基本工具。就信息技术的特征而言，大数据有其独特性、特殊性，不同事物本身的数字符号也是不同的。

换言之，信息技术的运用，必须在伦理基础上符合法治的基本原则和精神，因为一旦数据出现问题，将可能带来一系列问题。此外，数据必须具有三性，即真实性、安全性、有效性，这既是深圳智慧法治建设的要求，也是对数据流通的要求。从安全性上来看，在现代信息流通和交换的过程中，任何一项数据信息的纰漏，都可能导致整个信息系统崩溃，这是由信息技术本身的特点所决定的。而就有效性来说，数据如果欠缺有效性，则可能无益于智慧法治建设。当然，无论是大数据还是人工智能技术的应用和创新发展，都必须秉持基本的原则，即技术是为人服务的，技术发展必须符合人类的伦理价值、尊严及人格权利。更进一步说，技术的应用应以促进深圳法治建设、促进人的自由全面发展为最终目的。

其三，深圳智慧法治建设在立体规划上推动了深圳法治的快速发展。深圳智慧法治建设是一项综合性、系统性的工程，不可避免地会面临很多问题和挑战。这就需要深圳各部门多方协同努力，尽可能地实现统筹协调、一体推进。更进一步说，除了要持续一体推进深圳智慧法治建设，还要从制度保障及体制机制完善这一层面着手，通过构建各部门联动机制来强化信息技术的广泛应用，不断提升信息技术在各部门的覆盖率。

法治是人类文明进步和发展的重要标志，也是治国理政的基本方式。深圳智慧法治建设，集中呈现了科技与法治建设的交互影响，在一定程度上代表着中国智慧法治未来的发展格局和方向。客观来说，深圳智慧法治建设是推进深圳治理体系和治理能力现代化的题中应有之意，是深圳法治建设的应有要求，也是推进深圳社会管理和治理模式及方法论的创新，更是实现深圳法治建设科学化、社会治理现代化的具体路径。

二 深圳智慧法治建设的治理成效

数字技术打破了以往的地域限制，在虚拟的网络世界创造了一个极具包容性的空间。[①] 深圳的法治建设借助互联网、大数据、云计算、人工智能等信息技术，不仅提高了办事效率，还提高了透明度。尤其是在司法执行领域，信息技术的运用在很大程度上推动了执行难问题的实质性解决，使

---

① 马金星：《以"智慧法治"开启法治中国建设的数字化时代》，《中国发展观察》2021年第8期。

得执行环节更加高效、便捷。深圳所采取的这些举措，不仅顺应了新一轮科技革命的时代浪潮，更推动了深圳的法治发展，并有力地提升了深圳司法的公信力，推动了深圳法治政府的建设，同时也推动了深圳城市治理的现代化。

随着数字化时代的发展，深圳在利用科学技术、运用大数据推进全面依法治市和城市治理现代化，在立法、执法、司法、守法等各环节、各领域进行了一系列卓有成效的探索，对推进智慧深圳与深圳的智慧法治建设等都起到了重要作用。尤其是在 2021 年，为了贯彻落实加快深圳智慧城市和数字政府建设的目标，深圳市政府印发了《深圳市人民政府关于加快智慧城市和数字政府建设的若干意见》，有针对性地对深圳智慧法治建设的总体目标、重点任务等进行了详细的规划，提出到 2025 年，要将深圳打造成全球新型智慧城市标杆和"数字中国"城市典范。具体来说，主要体现在以下几个方面。

其一，完善并创新持续性智慧执行制度，着力解决执行难问题。2011年以来，深圳市各个法院通过综合运用"一网两平台"，构建了强大的执行平台，有力地破解了执行的关联性问题。例如，通过运用"鹰眼查控网"，对被执行人及其财产实现了全面的查控。基于"一网两平台"，不仅引进了人工智能，还实现了信息的数据化，进而实现了数据的安全、便捷、快速流通。这不仅提升了执行业务的数字化、信息化、网络化水平，还基本实现了业务的网络办理和流程公开。与此同时，还使深圳基本形成了综合性的网格化社会治理体系。不仅如此，通过利用数据化的执行，还变革了执行送达方式，进一步拓宽了送达的渠道，使得送达的程序更加自动化、规范化、智能化，推动了深圳法院执行业务的全流程无纸化进程。此外，深圳在依托信息化建设平台的基础上，从运行体制机制上构建了党委领导、人大监督、政府支持、法院主办、各部门联动、社会配合的"大执行"工作格局，有针对性地解决了不同阶段、不同难度的执行问题，达到了很好的执行效果。

其二，以智慧司法建设推动司法改革深化。司法的现实需求与司法的现有资源之间一直存在供需矛盾。深圳通过不断地探索智慧法治建设，已经达到了解决该矛盾的良好效果，基本实现了预期的目标。深圳"融·智·慧"三大平台的系统性建构，实现了智慧法院的基础性工程建构。其中，"融"平台的推出，使得纠纷在线上就可以被化解，不仅实现了诉前的调解，而且达到了实质性化解争议的效果，在一定程度上还减少了进入实体化诉讼程序的司法案件数量。"智"平台的推出，一方面通过智能化速裁程序，提高了裁判效率；另一方面也提升了当事人参与智慧诉讼的体验。"慧"平台的构建，进一步加强了对诉讼事务的管理，促进了线上资源的合理配置和使用。

其三，在公共法律服务领域，深圳开创了网络互动服务新举措。首先，深圳市司法局借助互联网平台，建立了法治地图，通过大数据建立了信息查询和业务办理平台，实现了地图查询、法律咨询等"一站式"法律服务。其次，通过"互联网+"的方式积极提供公共法律服务。这种服务形式不仅创新了公共法律服务的形式，突破了既往法律服务社会面窄、法律服务难以深入社会生活、法律服务传播和影响的覆盖面有限、法律服务不到位等现实问题，还积极推动了网络化、信息化、智能化公共法律服务的普及和全面覆盖，集中展现了深圳公共法律服务工作的转型升级和快速发展。这为群众信息查询和业务办理、化解群众的纠纷和矛盾、解决冲突等发挥了积极的作用。简言之，信息化、智能化公共法律服务的方式和形式，不仅能使需要法律服务的人更便捷及时地获取法律知识，促进群众自助解决所遇到的法律难题，同时也打开了深圳智慧法治建设的新局面，为深圳智慧法治建设增添了新生力量。

其四，开创了"管理人+辅助拍卖服务+网络平台"破产网拍新模式。从破产领域来看，作为我国首个智慧破产创新试点城市，深圳开创的"管理人+辅助拍卖服务+网络平台"破产网拍新模式，推动了深圳破产管理的革新。一方面，深圳的这一网络系统为我国其他地方的破产网络建设提供了样本。另一方面，在刑事司法领域，深圳一些地方还实现了各司法职能机关之间智慧网络的协同化构建，实现了"远程视频庭审系统"的落地，推动了深圳刑事司法体制机制的改革创新。与此同时，深圳还通过实施数字化、智能化、信息化带动战略，将数字信息技术作为城市转型、产业结构调整、改善深圳司法和法治建设环境的创新驱动力量，积极推进了深圳智慧司法转型，实现了信息技术与经济发展、法治建设等的融合发展，带来了深圳智慧法治建设全方位、多层次的信息技术覆盖和创新应用，成本更低、更高效地推进了深圳智慧司法数字信息基础设施建设，在有形的推动和无形的数字信息网络中，积极促成了"互联网+"背景下深圳智慧破产的创造性转化和创新性发展。

其五，"互联网+"法庭在不断完善中发展。自助立案一体机建设完成后，实现了不排队、当事人自己操作，而且一些法院正在实行无纸化办案。同时，通过数字化处理，实现了整个平台系统电子送达、立案、在线庭审等的规范化、智能化、自动化、数字化运行，不仅提高了诉讼效率，同时还提升了诉讼服务水平。深圳各法院通过安全的网络信息化诉讼服务建设，不仅确保了深圳智慧诉讼服务建设的安全性，还推进了法院、法庭诉讼的信息化、智能化发展，逐渐推进和普及深圳"一站式"智慧法院、智慧法庭建设工作，实现了审判工作和诉讼业务智能化、信息化的高质量发展。客观来说，深圳积极推进智慧法院、智慧法庭建设，运用人工智能、互联网、大数据等现代信息技术手段，不仅完善了诉讼服务体系，也大力推进了智能化、多元化纠纷解决机制的建立健全。这在一定程度上促进了"让人民群众在每一个司法案件中都能感受到公平正义"目标的实现，同时也积极推动了深圳一体化的智慧法院、智慧法庭建设，优化了深圳的司法服务系统，进而推进了整个深圳的智慧司法和智慧法治建设。

三 国内外智慧城市相关制度体系的建设情况

（一）国外在智慧城市相关制度体系方面的建设情况

放眼全球，各个国家根据智慧城市发展面临的不同情况，对相关制度体系进行相应的调整与完善。

2012年2月，纽约市通过了《开放数据法案》，这是美国历史上首次将政府数据大规模开放纳入立法。美国国会在2017年、2019年、2021年通过该年度的《智慧城市和社区法案》（Smart Cities and Communities Act），该法案提出以改善联邦政府在智慧城市（或社区）技术方面的协调和宣传、提升智慧城市（或社区）技术质量和性能、保护数据隐私安全、培养精通智慧城市或社区技术的劳动力、扩大智慧城市或社区技术国际合作与贸易等方式来提升城市的公平性和经济增长水平。

早在2002~2005年，欧洲就开始实施一个名为"电子欧洲"的行动计划，直至2006~2010年，欧洲宣布基本完成了信息社会的发展战略，2010年欧盟委员会正式公布实施为期5年的《欧洲数字化议程》，该议程已成为欧盟促进经济增长的重要战略之一。在此期间欧洲各国纷纷开展了智慧城市法律建设：如英国2018年发布新的《2018数据保护法案》及相应的行为准则，保障行业稳定与数据安全等；欧盟于2016年发布《网络和信息系统安全指令》，于2018年出台《通用数据保护条例》。

日本是全球较早开展智慧城市建设的国家之一，在相关建设领域已有多年经验。2020年5月，日本国会通过《国家战略特区法》修正案，旨在使用最新信息通信技术，解决城市建设和经济的可持续发展问题；通过整合分散存储于政府、企业、社会团体等不同主体的数据资源，推动人工智能、自动驾驶等最新技术在城市生活中的应用，构建智慧城市；并指定约5个城市参与"超级城市"特区建设。

2008年韩国政府发布U-City法案，并于次年颁布首个U-City综合规划，正式揭开韩国智慧城市建设的序幕。2017年，韩国将U-City法案更名为《智慧城市法案》（Smart City Act），旨在促进智慧城市及其产业的发展，并将该法案负责范围扩展到城市中心，以便高效开发、管理和运营智慧城市。随后，韩国政府根据城市需求两次修订《智慧城市法案》，扩展了智慧城市发展项目和公共服务的内容，并通过引进"智慧城市监管沙盒"来进一步加大监管力度。

新加坡早在 2006 年为推进"智慧国家 2015"计划，出台了《电子交易法》等法律及相关指南，期望通过发展信息技术，将新加坡建成互联网时代一流的智慧国家。此外，马来西亚也成功编制了世界第一套电子法律立法架构。

（二）国内在智慧城市相关制度体系方面的建设情况

2012 年，住房和城乡建设部发布了《国家智慧城市试点暂行管理办法》与《国家智慧城市（区、镇）试点指标体系（试行）》两个文件，在全国范围内开展智慧城市试点。2014 年，国务院发布《国家新型城镇化规划（2014—2020 年）》，并联合财政部等八部委发布《关于促进智慧城市健康发展的指导意见》，首次明确了智慧城市建设的指导思想、基本原则和主要目标。2016 年，中共中央办公厅、国务院办公厅发布《国家信息化发展战略纲要》，首次明确了信息化的法治建设、维护网络空间安全，引入"网络主权"概念。同年，我国发布了第一部全面规范网络空间安全管理方面问题的基础性法律——《中华人民共和国网络安全法》。2021 年，国家发布《中华人民共和国个人信息保护法》，旨在保护个人信息权益，规范个人信息处理活动，促进个人信息合理利用。

我国政府发布了多个关于智慧城市建设的政策文件，鲜有关于智慧城市建设的法律法规。2016 年，银川市公布了全国第一部涉及智慧城市建设的地方性法规——《银川市智慧城市建设促进条例》，成为第一个以立法推动智慧城市建设标准体系的城市。随后济宁市、大同市、鹰潭市、海口市相继发布当地的智慧城市地方性法规。通过地方立法确立智慧城市建设的路径，明确智慧城市建设的责任机制，对加快新型智慧城市建设，提升城市治理和服务水平起到引领和保障作用。2022 年，深圳市公布了《深圳经济特区人工智能产业促进条例》《深圳经济特区数字经济产业促进条例》等相关法规，但尚未出台智慧城市建设的地方性法规。

在全球范围内，智慧城市的建设都没有一个固定的形式，大部分国家/城市在建设过程中选择一个或几个关键领域进行突破。智慧城市伴随着信息技术的不断进步而发展变化，具有较大风险性，需要相对完善的法律法规和相关标准规范来提供法律保障和制度保障，在法治环境下推进智慧城市建设高效、安全地开展。

四　深圳智慧法治建设面临的现实问题

深圳经济特区作为我国改革开放的前沿阵地，不仅经济走在全国前列，深圳的智慧法治建设同样也引领着中国智慧法治的发展并走在全国前列。当然，深圳的智慧法治建设并非已经实现了体系化建构而达到了相当完备的状态，就当前的实际情况而言，深圳的智慧法治建设仍然面临诸多问题。

第一，深圳智慧法治建设仍处于探索阶段，协调统一的智慧法治体系仍然尚未建构完全。从目前的发展和建设状况来看，深圳智慧法治的建设并不规范、统一，虽然经过多部门、多方向试验，且呈现了百花齐放的智慧法治建设现象，但现实中仍然存在实践先于立法、实践突破立法的情形，尤其是立法也滞后于整个智慧系统的建设，这使得所采取的相关措施基本没有明确的法律文件的统一指引。这主要表现为，一方面，深圳市各系统、各职能部门基本是在各自的系统内推进智慧系统建设，智能技术的应用推广存在部门化的倾向，因而导致智慧系统的发展应用水平和能力参差不齐，同时还导致了各系统、各部门之间智慧系统难以协调衔接、运行的问题。另一方面，行业之间、市、区之间智慧系统仍以条块分割式建设为主，功能相似的信息化项目在部门间反复立项、同一位置的感知终端多头部署等现象不仅造成资源浪费，更加导致数据无法有效整合，制约了数据资源开发利用，难以实现全局视角下智慧城市的协同治理、智能决策，亟待优化体制机制，打通部门壁垒，促进跨部门跨领域应用及数据整合。例如，就司法系统来说，无论是横向上，还是纵向上，各部门都存在数据共享交换壁垒，与此同时，司法系统并未随着大数据的迅猛发展而进行司法数据的分层次、分类别管理，也未做专门化的区分，导致司法大数据难以发挥其应有价值，进而从整体上影响了深圳智慧法治一体化建设和应用的实质效果。

第二，对深圳智慧法治建设的重视程度不够，推进成效和成果并未实现预期目标。与此同时，在一些领域，深圳智慧法治建设和发展仍然存在空白，需要进一步拓展智慧法治建设的覆盖领域。例如，从目前深圳智慧法治建设的现实状况来看，与行政、执法、司法领域的智慧系统建设相比，同样作为法治元素的普法以及法治意识培育等方面智慧法治体系的建设和发展就相对落后，这主要还是因为对于普法的重视程度不够。又如，目前深圳智慧法治建设在促进经济发展、社会治理这些方面是适度领先的，尤其是在社会治安管理、交通管理、商事登记等与生活、生产密切相关的基本社会治理领域投入较多，运用也较多。相形之下，基本的生产、生活领域以外的其他领域的智慧法治建设并未得到同等的重视，其自动化、数字化、智能化发展水平仍然较低，仍然存在不充分、不平衡的现实问题。

第三，深圳智慧法治建设人才供给不足。法治人才对科学技术的掌握和应用落后于智慧法治建设的要求，而且，因学科、专业等背景的不同，数字技术、自动化技术、智能技术等理工科专业出身的人才缺乏法治思维，而法学等文科出身的人才则几乎不懂科学技术，科技与法治复合型人才较为欠缺。现如今，虽然信息技术发展日新月异，智能软件、数字信息技术等在系统升级、推陈出新方面速度不断加快，所产生的实际效能也在不断提高。深圳的数字智能系统承载着众多官方的信息及法律文件，但一些政府网站的设计和运营都未实现简单、方便的使用设计。

第四，数据信息保护的物理基础不完善，信息保护的意识和能力不足。当今世界已经进入信息化的时代，所有客观的事物都可以通过信息化的数据来呈现和表达。在信息化的时代背景下，数据信息的共建、共享、共有，是实现数据技术开发和数据信息再利用的基础和主要方式，数据的信息化传播、共享等也带来了诸如个人信息泄露、个人隐私被非法侵犯，以及个人信息、隐私保护与数据安全等方面的问题。客观来说，信息化时代，数据信息的共建、共享、共有给个人信息安全等带来了严重的威胁。如果不对数据流通环节中的个人隐私、个人信息等实行严格保护，那么就很容易导致个人信息泄露而隐私权被侵犯。例如，人作为信息主体的数据化表达，必然会涉及个人隐私和信息等，甚至是非常敏感的信息，而如果不对这样的数据信息进行相应的处理，则可能进一步产生其他问题，甚至会造成一系列关联性的不利影响。就当前的数据信息处理技术和保护制度来看，其在体制机制上仍然存在瑕疵和漏洞，且个人信息保护的意识也不是很强，甚至出现了大量自身造成的隐私信息泄露等现象。我们在享受数字化、信息化、智能化技术所带来的便捷的同时，必须注重数据信息的安全性以及个人隐私、信息的保护，防止个人信息被泄露，隐私权被侵犯。简言之，在发展智慧法治的同时，也要强化并确保数据信息的安全。

第五，多元市场主体蓬勃发展，统筹机制尚不完善。从智慧城市建设市场主体来看，深圳既拥有腾讯、华为、平安等深耕信息化多年的行业龙头企业，也拥有大量精专于各细分领域的创新型企业，智慧城市技术支撑力量十分雄厚。但由于政府的统筹机制未能有效建立，这些企业在基础设施、技术平台、大数据资源等方面的突出优势难以有效发挥。"重建设、轻运营"现象普遍存在，技术厂商只注重系统功能的交付，在项目质量上难以整体把控，也无法持续支撑系统后续升级迭代，甚至不少系统因缺乏"养护"而成为"僵尸系统"，造成政府投资浪费。

五 深圳智慧法治提升路径

总的来说，深圳的智能化发展将深圳法治建设与科技相结合，使得深圳的法治发展在未来具有了无限的可能性。具体来说，深圳的智慧法治建设和发展，要解决上述问题，应当从以下几个方面着手。

首先，完善深圳智慧法治建设的基础信息配置管理。物质基础是实现深圳智慧法治建设的基本保障，因此应不断推进数字化、信息化、智能化建设，完善深圳智慧法治建设的基础信息配置管理。具体来说，深圳应在现有的信息基础设施的基础上，对数据信息进行备份保存，并及时更新其智能信息运行系统。与此同时，还要基于深圳建设的大数据中心，进一步完善数据信息共享、交换等系统，从而促进深圳数据信息的流通。其中，要注重个人隐私和个人信息的保护，必须从根本上确保数据信息的共享、交换等不侵权。

其次，从深圳智慧法治实施的顶层制度设计出发，以制定特区法规的方式来构建和完善深圳的智慧法治体系。在信息化时代，立法领域应运用科技手段来发展法治。① 对此，深圳在智慧法治建设方面进行了勇敢的探索和尝试，并出台了相应的规范性文件、政策等予以规范和指导，如 2021 年 7 月 6 日，深圳市人大常委会发布了《深圳经济特区数据条例》。这是我国数据领域首部综合性专门立法，契合了我国数据立法的迫切需要。② 在此基础上，要加紧构建智慧城市法定规划体系。为有效解决当前阻碍深圳市智慧城市建设发展的矛盾症结，规范智慧城市规划、建设、运营各项工作，建议由政府部门牵头，在市人大、市智慧城市和数字政府建设领导小组的监督指导下，尽快推动起草智慧城市专项立法，将深圳市智慧城市顶层规划纳入法定规划体系，提高顶层规划设计的权威性和约束力，促进智慧城市、数字经济健康发展。一是确立智慧城市顶层规划的法定地位，推动智慧城市总体规划及细分领域专项规划法定化，以充分发挥规划体系在推动一体化、集约化建设中的关键作用。二是明确权责关系，厘清深圳智慧城市规划、建设、运营过程中所涉及的不同主体角色，强化主管部门统筹职能，明确各部门和市、区两级政府的职责分工和权利义务，消除体制性障碍，促进跨部门、跨区域协同。三是建立相关配套制度，明确智慧城市的投资、建设、运营模式，落实监督管理、考核评价、资金保障、人才引培等系列保障措施。四是加强立法层面与执法层面之间的交互校正，通过立法后评估持续推动制度创新，确保智慧城市顶层规划体系的适应性和先进性。

再次，通过深圳智慧法治建设推动普法服务。法治意识是实现法治的

① 江必新、郑礼华：《互联网、大数据、人工智能与科学立法》，《法学杂志》2018 年第 5 期。
② 张钦昱、张拓方：《开放共享数据法治　赋能深圳智慧治理》，《深圳特区报》2021 年 1 月 19 日。

核心动力及实质性影响因素，如果不重视大众法治意识的培养，将阻碍深圳法治的发展，无法让法治深入人心，同时也难以使人们真正认可并遵守法律。因此，普法工作是必不可少的。智慧普法与智能技术的广泛运用应是密切相关的，在信息化、数字化、智能化时代，普法最关键的问题就是要利用好智能技术。客观来说，在当前的时代背景下，不依靠科学技术，不运用数字化、智能化、信息化技术普法，是难以实现普法的精准化、专业化的。信息传播的网络化，使人更容易接收信息，也更容易推进信息在更广泛的范围内传播。与此同时，深圳还可以利用信息技术，创新普法宣传的展开方式，积极探索法治及其精神的传播途径和形式，如通过规定特定时期或者具体日期参与网络互动等方式展开普法活动，把普法与社会心理、社会需求等结合起来，并通过运行数据信息等技术平台来推动深圳智慧普法系统建设。

最后，进一步推进深圳法治智能信息系统平台建设，管理并维护好智能信息平台的运行，强化规划管理统筹与部门协同。深圳推进智能化、信息化的法治建设，在大数据及数据信息的整合和利用过程中，势必会引发各类信息安全隐患。为此，处于智慧法治领先地位的深圳，可利用其智慧法治建设的资源优势，积极探索并建立起数据及隐私权保护的体制机制及其配套制度，在确保数据和信息安全的前提下不断推进数据信息自由、高效流通。要充分认识智慧城市作为复杂巨系统的整体性和关联性，进一步健全"统一规划""一体协同"机制。强化政府部门在智慧城市顶层设计、项目审批、资源整合、数据管理等方面的统筹管理职能，各区、各部门在统一规划的指导下，加强规划对接，破除系统壁垒，协同有序构建深圳市智慧城市"一盘棋"格局。一是由政府部门根据深圳建设全球数字先锋城市发展目标，统筹考虑各部门建设需求，制定全市智慧城市建设总体规划、配套法规制度和标准规范，明确顶层规划与分项规划之间的衔接关系。二是各区、各部门按照顶层规划要求，结合业务发展需要，编制专项规划、详细规划，落实建设和管理任务，逐步形成推进有序、协同部署、集约高效的智慧城市建设格局。三是建立智慧城市项目统筹协调机制，由政府部门整体把控项目立项可行性论证，统筹协调相关部门评议系统，避免系统割裂和重复建设。

六 结语：深圳在智慧法治建设进程中不断实现创新发展

智慧法治是现代信息技术与法治相结合的产物，推进深圳智慧法治建设，也是深圳法治建设进入信息化时代的必然结果。大数据、云计算、人工智能等技术在深圳法治建设中的应用不仅可以推进深圳构建智慧治理体系，还能为深圳法治建设提供充足的创新驱动力量，实现科技与治理兼容，推进国家治理现代化。[①] 更进一步说，推进深圳智慧法治建设，是深圳作为改革开放先行示范区服务中国法治建设不可推卸的责任。客观而言，深圳智慧法治建设，不仅从体制机制上提高了深圳的法治水平，还为深圳的经济建设和社会发展构建了新的法治保障体系。显而易见的是，深圳通过智慧法治建设，既从科技上实现了法治发展方式的突破，也在创新治理上补足了深圳法治发展的短板。

当前深圳智慧法治建设仍然存在一些问题。一方面，深圳通过网络和人工智能技术推进了智慧立法，通过大数据推进了智慧执法，通过智能化改革助推了智慧司法实践。另一方面，当前深圳仍然无法完全解决信息技术应用给深圳法治建设带来的诸多冲击和挑战，其中，不仅包括对法律主体、法律权利以及法律秩序等的冲击和挑战，还包括对法学理论、法律价值、法治理念等的全方面冲击和挑战。这就需要深圳在智慧法治建设的进程中，对智慧法治建设同法律和伦理规则体系不断进行调适。

客观来说，从深圳目前的理论研究和社会智慧法治实践来看，科技与法治的结合仍存在不足。但其顺应时代发展的潮流，切合我国现代化建设，特别是在推进粤港澳大湾区和深圳法治先行示范城市建设的背景下，在习近平

---

① 彭中礼：《智慧法治：国家治理能力现代化的时代宣言》，《法学论坛》2020 年第 3 期。

新时代中国特色社会主义思想，尤其是习近平法治思想的指引下，终将能突破科技和法治结合的壁垒，实现深圳治理的数字化、信息化、智能化，进而推动深圳智慧法治建设，实现深圳社会治理的现代化。

参考文献

宋晓晖：《"智慧司法"基础设施建设路径探析》，《人民论坛》2020 年第31 期。

马靖云：《智慧司法的难题及其破解》，《华东政法大学学报》2019 年第 4 期。

李云新、韩伊静：《国外智慧治理研究述评》，《电子政务》2017 年第 7 期。

翟云：《智慧治理："互联网＋"时代的政府治理创新》，国家行政学院出版社，2016。

张春满、王震宇：《未来已来？人工智能的兴起与我国国家治理现代化》，《社会主义研究》2019 年第 4 期。

王庆、姚雾云、何爱军：《浅析智慧司法中法治大数据的应用》，《中国司法》2020 年第 4 期。

陈婧：《以智慧法务助推司法行政信息化建设》，《人民论坛》2020 年第 5 期。

国 际 篇
International Part

B.13
国外智慧城市建设趋势分析

黄江楠　余自雯*

摘　要： 智慧城市在全球已经有几十年发展历程。美国、英国、新加坡、日本、韩国以及中国等具有代表性国家的智慧城市建设各有侧重，通过横向比对与趋势分析，各个典型区域智慧城市的发展历程、建设模式、涉及领域、主要参与者、未来发展关注点以及目前存在的发展问题都值得关注。国外智慧城市建设呈现电子政务成为主要支撑、基础设施建设与智慧技术的融合度进一步提升、公众参与智慧城市建设的机会进一步增多、建立更加高效的综合协调机制、大数据成为智慧城市发展的重要驱动力等五大趋势。

关键词： 智慧城市　新型智慧城市　数字政府　建设模式

　　自20世纪70年代美国首次尝试通过计算机技术优化城市运营与决策开

---

* 黄江楠，德勤管理咨询（上海）有限公司深圳分公司政府与公共事务高级顾问，主要研究方向为公共事务等；余自雯，中国财政科学研究院硕士研究生。

始，运用信息技术帮助城市建设逐渐成为新时代背景下城市发展与治理不可或缺的重要环节。经过几十年演变，全球的智慧城市建设在各地呈现不同的发展阶段与特征，其内涵与概念也在不断丰富。从全球来看，20世纪后期还未出现智慧城市概念，仅利用相对简单的信息技术分析城市问题；步入21世纪后，智慧城市概念在科技龙头企业的不断拓展下迅速发展并席卷全球；2010年以后全球领先的国家与地区已进入比拼式实践阶段，不同类型的智慧城市层出不穷，"智慧"也逐渐成为城市建设与规划过程中的标准配置话题。

一 国外智慧城市建设回顾

整体来看，国外智慧城市建设可以分为大致3个阶段：20世纪后期的诞生阶段、2000~2009年的飞速发展阶段以及2010年至今的全球实践阶段，全球智慧城市建设的重要节点与实践体现了其阶段性发展特征。

1.20世纪后期：数据库与互联网技术推动智慧城市的诞生

1974年，美国洛杉矶社区分析局（Community Analysis Bureau）发表了一篇名为《洛杉矶聚类分析研究》（*A Cluster Analysis of Los Angeles*）的报告，旨在利用信息技术与海量数据库对社区人口经济情况、房屋质量等数据进行梳理与聚类分析，使得决策者能直观了解社区发展情况，并有效地分配社会资源以缓解社区贫困与发展衰退问题。此报告一经发布，引发了人们对城市数据使用的新思考，也就此拉开了智慧城市的发展序幕。

荷兰阿姆斯特丹于1994年打造了第一个线上"数字之城"来推广互联网的使用。数字之城项目原本是阿姆斯特丹文化中心和当时的计算机杂志推广的一项倡议性活动。通过线上的数字之城，参与者可以获得一个免费账户，用于登录电子邮箱、访问互联网以及主页空间。作为一个原本只规划了十周的实验项目，数字之城一经推出，其受欢迎程度远超预期，因此该项目的举办时间被延长。在这一时期，政府通过互联网的线上应用，对城市信息与情况进行掌握与了解，形成了早期政务线上化的雏形，也为后来电子政务的发展提供了实践基础。阿姆斯特丹数字之城项目的成功，催生了后续一系列数字之城，也引发了一系列对智慧城市的思考。

2. 2000~2009年：科技龙头企业引导智慧城市概念飞速发展

迈入21世纪，全球对于智慧城市的认知与理解从单一地采用数据库或数据平台进行收集、理解、分析演变为更加多元化、多维度的不同种类的技术研究与应用。2005年，思科（Cisco）公司作为全球科技引领者，计划在五年时间内投入2500万美元用于研究智慧城市，并先后与旧金山、阿姆斯特丹和首尔等城市联合试验领先项目，针对社会变动、科技应用、绿色环保、可持续发展等问题进行研究，最终拓展为城市发展互联的大型项目。2008年，IBM宣布启动"智慧地球"项目，旨在通过互联网获取相关数据并以此对城市问题进行分析，研究领域涉及智慧医疗、智慧交通、智慧能源、智慧物流、智慧通信等。美国前任总统奥巴马曾对IBM提出的"智慧城市"项目重点关注并积极做出回应，将其纳入国家战略并作为应对金融危机、拉动经济增长的新手段之一。[①] 2009年，IBM投入5000万美元到全球智慧城市行动，推动智慧城市更加有效运行与发展。

3. 2010年至今：进入全球领先国家与地区比拼式实践阶段

经过最初两个阶段的探索与实践，智慧城市相关的理论与技术被逐渐完善，全球领先的国家与地区也从其发展中认识到智慧城市潜在的社会与经济价值，在此观念基础上，各国纷纷投入大量财力、物力，进行智慧城市的实践探索。

2010年，日本政府宣布将横滨市作为智慧城市样板进行打造，旨在通过智慧能源管理系统、智慧社区、智慧交通等技术打造一个城市尺度级的大型基建项目，以实现2025年碳排放减少30%的宏伟目标。2011年，西班牙

---

① IBM Institute for Business Value, *A Vision of Smarter Cities: How Cities Can Lead the Way into a Prosperous and Sustainable Future*, 2009.

巴塞罗那邀请了来自全球 50 个国家、共 6000 名访问者参加了首届智慧城市博览会，2012 年，巴塞罗那着手打造了一个由城市数据推动的城市运作系统，其中包括智慧停车、智慧路灯、公共交通中转系统等重要内容。

2013 年，中国住房和城乡建设部出台了首批国家智慧城市试点名单，共计 90 个城市。同年 8 月，公布了 103 个城市（区、县、镇）试点名单，其中包括上海市浦东新区、温州市、珠海市、广州市番禺区、深圳市坪山新区、佛山市乐从镇、东莞市东城区等。国家开发银行与住建部合作投资智慧城市的资金规模达 800 亿元，此项资金用于推进智慧城市项目试点相关工作。

2013 年，英国伦敦大力推进智慧城市战略。时任英国市长的鲍里斯·约翰逊为践行伦敦数字技术战略，带领团队构建了智慧伦敦委员会，智慧伦敦委员会后续提出了一系列智慧伦敦的愿景目标与规划方案。

2017 年，中国香港政府推出了"香港智慧城市蓝图"，在智慧出行、智慧生活、智慧环境、智慧市民、智慧政府与智慧经济等六大范畴提出了 76 项具体措施，推动香港智慧城市的建设。2018 年，由谷歌旗下子公司 Sidewalk Labs 和加拿大多伦多政府合作的智慧城市项目横空出世，试图在多伦多滨水区打造一个围绕智慧城市概念展开的现代乌托邦。该项目采用了气动垃圾收集系统、智慧交通监测技术、共享单车、电动滑板、能源存储等一系列前沿技术与管理模式，同时也倡议通过空间内无处不在的数据接口不断收集所有城市运行的数据以便及时做出决策。遗憾的是 2019 年该项目因为数据使用的透明度问题等不得不终止。该项目也引发了业界对智慧城市的一大思考：在城市数据越来越容易获取的今天，如何安全、有效地使用城市数据？这成为智慧城市发展进程中不可避免的问题。

此后，全球各个领先城市与地区不断推出适应本地情况的智慧城市发展战略与项目，越来越多的城市级项目在全球范围内开展。2018 年，新加坡在智慧城市博览会上荣获 2018 智慧城市奖项。2019 年，美国联邦通讯委员会将纽约市与盐湖城选定为 5G 试点城市。2020 年，越南在河内市周边投入 4.2 亿美元，用于建设一个全新的智慧城市，暂定 2028 年完工。

二 美国智慧城市建设与趋势

美国作为建设智慧城市的领先发达国家，从 1970 年开始，以信息技术为核心不断推动并引导全球智慧城市概念发展与应用。整体来看，美国智慧城市的发展是由政府牵头，以高科技企业及相关技术为核心力量，关注环境能源、公共建设等应用领域，最终形成了政府、企业、科研机构多方合作投资共建的发展模式。

1. 发展历程

1974 年，《洛杉矶聚类分析研究》报告发布，美国成为第一个应用智慧城市相关技术的国家，并不断从数字技术方面推动美国智慧城市建设。IBM作为美国本土企业，于 2009 年与美国西部艾奥瓦州的迪比克市宣布打造美国第一个智慧城市，项目旨在通过将城市各种资源的使用数据完全数字化，并对这些数据进行整合、分析，从此举可以窥见美国数字孪生城市的早期形态。[①]

2010~2015 年，政府成为美国智慧城市发展的主要领导者与推动者，在全国范围内掀起了政府与科技巨头联手打造智慧城市的潮流，通过在城市公共建筑设施上植入数字化技术，实现数据监测与城市决策。2012年纽约市政府开展一项智慧城市建设项目，对老旧的收费电话亭进行改造，添加智能互动屏幕，便于市民随时查看信息并使用城市热点网络；2013 年西雅图政府与微软等宣布打造"高效能屋宇领先计划"，通过实时监测楼宇能耗使用来进行运营调节以降低碳排放；2014 年，圣荷西政府与 Intel 公司联合，共同打造了"绿色愿景"发展策略，通过植入感应装置，了解空气污染情况、噪声以及交通流量等实时情况，实现能源、交通的优化改善。

2015 年后，美国智慧城市发展愈发关注整体城市运营如何与智慧城市

---

① 王如君：《智慧城市成就生活之美》，《人民日报》2018 年 1 月 12 日。

技术相结合，例如从城市战略层面打造智慧战略并出台详细实施路径，同时更加聚焦城市交通流动。2015年，纽约市政府公布了《一个纽约：繁荣而公平的城市发展规划》(One NYC: the Plan for a Strong and Just City)，概括来说，该战略详细阐述了打造经济繁荣、公平、可持续发展、具有韧性的智慧城市的详细路径与具体举措，强调纽约将充分利用智慧城市的相关技术，如智能电网、智慧能源、数据共享等，将其应用在城市的公共建筑设施与城市决策等方面。[①] 同年，美国交通运输部发起了一项名为"智慧城市挑战"的项目，倡导中型城市集思广益，通过数据与技术推动智慧城市交通发展，让人货流通更加便捷有效且花费的成本更低。截至2017年6月，该项目已收到来自美国78个城市的申请，各份申请聚焦的问题与提交的解决方式各异，如中部城市底特律的申请报告指出，底特律将在自动驾驶与技术领域发力，与技术专家和高校研究人员合作研究智慧交通，并最终提供共享电动车、集成App门户等有效解决路径[②]。

2. 发展趋势

近十年，美国智慧城市实践进一步关注城市决策领域、交通治理、智能楼宇以及环保节能等领域。2019年，大型城市如圣地亚哥、圣何塞、丹佛等城市关注数字平台建设、数据治理、5G网络等领域；中型城市如迈阿密关注数据共享、城市面板；而其他城市如温斯顿塞勒姆、贝尔维尤关注智慧交通、数据资产等领域。

回顾美国从20世纪70年代发展至今的智慧城市建设，从模式上来看，从以政府为主导，到引入市场力量，再到如今以政府携手科技龙头企业，形成了政企共同牵头启动项目、科研高校提供技术与资源助力的多方合作模式。以通信类基础设施为基底，通过数据的共享互联实现城市运行可视化，并由BIM、Google、Cisco等龙头企业作为技术核心引领建设。从投资来看，包含了政府与科技龙头企业等多方投资，且通过政府的大力宣传与企业招

---

① The City of New York, *One New York: the Plan for a Strong and Just City*, New York, 2015.

② US Department of Transportation, *Smart City Challenge*, 2017.

引，不断吸引各界企业持续投入。从涉及的领域来看，美国智慧城市项目聚焦城市数据治理决策、城市交通能力提升以及环保节能方面。随着智慧科技的不断研发与应用，智慧城市建设过程中涉及的各个环节与领域都将产生大量的城市数据。但在早期规划阶段，对数据使用与监管领域的忽略，导致当下数据使用存在诸多问题。2021年美国重新提议《在线隐私法》并呼吁建立数字隐私监管机构，也印证了在接下来的智慧城市建设与发展过程中，数据的使用与监管也将成为重要的课题领域。[①]

从目前美国智慧城市的建设发展过程可以观察到三大发展趋势。[②] 首先，从顶层设计角度来看，美国智慧城市从散点式的基础设施建设逐渐转变成为城市层级的统筹规划与建设。自2015年开始，《白宫智慧城市行动倡议》提出了智慧城市的四大重点建设领域，其中包括了创建物联网应用的试验平台、推动民间科技活动之间的合作、聚焦已有的智慧政务工作，以及寻求国际之间的合作。2017年美国发布了《联邦智慧城市和社区战略计划：共同探索与创新》，该规划中提及了建设智慧社区的顶层战略体系。2018年又正式发布了《连接和保护社区——为支持智慧城市和社区技术的研究、开发、示范和部署的联邦机构提供指南》，确立了五个高级别智慧社区的实践建议。其次，从机制保障角度来看，美国愈发重视合理规范地在智慧城市和社区建设中使用新兴技术。《2017年智慧城市与社区法》提出了在不同规模的社区中使用新兴技术的规划，并在2019年新增了对于能源部门试点项目的要求以及团队人员的架构。2020年又进一步提出了交通领域的相关要求以及对于智慧交通技术的应用要求。最后，美国智慧城市的发展领域正从单一的领域转变成为复合的多领域，涉及交通、能源、住房建设、水资源、城市农业以及城市制造业等多个方面。

---

① 李润泽子：《美国两议员重提"在线隐私法"，建议引入专门数字隐私机构》，《21世纪经济报道》2021年11月29日。
② 朱春奎、王彦冰：《美国智慧城市建设的发展战略与启示》，《地方治理研究》2021年第4期。

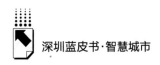

三 英国智慧城市建设与趋势

英国是世界上最早进行智慧城市建设与发展的国家之一，英国中央政府不断下放权力，不对智慧城市建设设置统一标准，鼓励地方政府根据区域需求发展各自的智慧城市战略，推崇自下而上的发展模式。

1. 发展历程

2000 年，时任英国首相托尼·布莱尔提出要加速推动政务服务线上化进程，2000 年 4 月，英国政府提出了在信息化新时代下，应充分运用在线信息资源为公民、企业提供信息与服务，并根据此目标愿景，提出了 12 项建设任务，其中包括了建立隐私规约、发展电子数据管理、建立互操作网络结构等内容。[①] 2003 年初，英国中央政府的公共服务线上化已经初具规模，并成功打造了在线政府门户入口平台。同时，英国地方政府如苏格兰、威尔士以及北爱尔兰三大行政区域政府，也开始制定自己的电子政府计划并提供一定的在线服务能力。

2009 年，英国发布了《数字英国报告》（*The Digital Britain Report*），宣布英国将按照世界数字之都的定位进行打造，而伦敦作为英国的政治经济中心，同时也是欧洲重要的金融中心，通过建设信息基础设施、城市建设应用推动智慧城市发展。例如，在基础设施方面，伦敦为全城公共建筑配套场所提供免费 WiFi 等网络接入信号，并通过将伦敦西区 4.5 万余座建筑进行数字化建模，为城市管理、设计规划、交通决策、环保节能等方面提供新视角。

2011 年，一款名为 Citymapper 的交通计划类 App 上线英国，并迅速在英国多个城市应用。这款应用程序与城市的公共交通信息系统相连接，能够通过用户输入的出行信息提供可选择的出行方案以及所需费用。这款应用程序是英国建设智慧城市的一个缩影，即通过城市基础设施建设的投入（如感应系统、信息互联等）合理使用城市开源数据，为公众生活提供便利。

---

① 李章程、王铭：《英国电子政务建设进程概述》，《档案与建设》2004 年第 3 期。

2015 年，英国米尔顿凯恩斯以打造未来之城为目标，开启了智慧城市项目，旨在通过前沿科技提升生活质量并带动经济繁荣发展。该项目由米尔顿凯恩斯与英国商业部合作，多所高校、基础设施类企业、以华为、三星为代表的科技公司纷纷积极参与其中。项目在全市范围内通过物联网传感器收集城市数据并提供应对的解决方案，例如垃圾管理系统将通过传感器收集的数据分析垃圾装载情况，一旦垃圾桶装满，系统会自动向控制中心发出信号，垃圾车收到指令后会按照设计路线前往并清理垃圾。这些通过物联网传感器收集的数据形成了一个城市数据库，数据库内数据经过脱敏后也会向公众开放，从而推动公众参与和城市研究。

2019 年，纽卡斯尔获得了英国最佳智慧城市荣誉。纽卡斯尔市政府与纽卡斯尔大学以及技术企业合作，在纽卡斯尔市中心的路灯以及垃圾箱等设施上安装了大量的物联网传感器，用于收集本地实时数据，这些数据包括：停车位空置情况、交通情况、空气污染因素、垃圾处理情况、街道照明情况、路面质量等。通过收集这些动态实时的城市数据，结合 AI 分析，能及时了解城市运营动态、及时提供城市解决方案。

英国设置创新机构（Innovation UK），其旗下设有数个创新中心，涉及高端制造、离岸再生能源、未来城市、运输系统等多个领域，并设立相应领域的委员会，旨在为相关企业提供所需要的咨询建议和最先进的技术资源。创新中心集中了顶尖科学家、工程师以及高校学者，倡导企业间的合作共建。用于收集城市数据与资料，通过建模、模拟、分析、视觉化与试验等方式，快速形成城市创新解决方案。在此过程中，参与者由科学家与设计师共同组成团队，而设计师需要走进地方社区，与居民互动，深切了解其真实需求，以保证项目成果能够满足居民生活的真实需要。与美国的智慧城市建设相比，英国采取了自下而上的方式，在涉及领域上，更加关注城市与居民本身的行为活动，关注居民如何与环境进行互动。在整个过程中，居民是重要参与者，而非旁观者。

2. 发展趋势

整体来看，英国的智慧城市建设强调以人为本，关注公众参与度，大量的公众参与活动产生的城市数据又反哺英国智慧城市建设发展。因此，关于城市数据的使用与保密也成为未来英国智慧城市建设发展的重要关注点。英国重视开源数据的使用与创新，并使用统一的数据接口公开脱敏城市数据信息，为企业与高校研究提供便利。2012 年，开源数据研究中心（Open Data Institution，ODI）创立，作为一家非营利公司，ODI 致力于与政府及企业共同打造一个开源可靠的生态数据系统。2021 年 11 月 24 日，英国数字、文化、媒体和体育部宣布，议会提出了《产品安全和电信基础设施法案》，该法案要求连接到互联网或其他产品的数字技术的制造商、进口商和分销商遵守严格的新网络安全标准，否则将被处以重罚。[①] 该法案适用于所有可连接产品，包括智能手机、智能电视、游戏机、安全摄像头和智能玩具等。

四 亚洲智慧城市建设趋势分析

亚洲以新加坡、日本、韩国以及中国为发展主力。整体来看亚洲的智慧城市建设多以政府为主导，科技公司、企业、高校机构作为辅助力量参与，资金多来自政府财政以及政府牵头的商业融资。

1. 新加坡智慧国家建设项目

新加坡作为最早建设智慧城市的国家之一，早在 20 世纪 80 年代至 21 世纪初便推动了信息技术发展计划，在此期间，新加坡注重通过信息技术方式提升政府的公共服务与管理能力，推行政府无纸化办公，打通政府部门之间的数据流通壁垒，促进信息共享与合作，建设了覆盖全国的网络系统，并为电子政府服务市民提供了强大的信息互联平台。2006 年，新加坡资讯通信发展管理局（IDA）便启动了"智慧国家 2015"计划，整个计划为期 10 年，通过建设具有竞争力的信息通信基础设施，实现国家运作、城市管理的智能化并推动新加坡成为以信息驱动的全球化都市。2015 年，新加坡再次发布了"智慧国家 2025"计划，这也是全球第一个智慧国家的构想项目，

---

① 吕娜：《全球数治：纽约建设智慧城市的主要路径和手段》，《澎湃新闻》，2021 年 12 月 3 日。

通过建设能够覆盖整个国家的数据收集、分析、决策系统，使得所有公众服务能够实现线上协作、数据共享。整体来看，新加坡的智慧城市建设始终以政府领导为核心，以连接、收集、理解为原则，以政务电子化推动政企合作、企业间合作，最终实现智慧国家目标。① 在不断的发展过程中，可以看到政府从强硬的领导角色逐渐向合作参与者的角色，在建设信息化推动智慧城市基础设施的同时，也采取了一系列加强政府、跨国公司、高校、科研机构、企业以及民众合作的策略，优化了资金扶持政策，推动各界共创智慧国家。

2. 日本以民间资本为主的多层次智慧城市建设

日本的智慧城市发展了近 20 年时间，其建设路径与其他国家存在较大差异。2009 年 7 月，日本政府推出"I-Japan 战略 2015"，旨在将数字信息技术与民众日常生活紧密结合，此战略主要关注电子政务、医疗服务以及教育三大方面，为民众提供远程、便捷的线上服务。此后，日本企业积极参与智慧城市的建设，推行了一系列大型智慧城市建设运动，如丰田提出的智能化高速公路、松下提出的光纤技术武装城市等一系列相关建设项目。② 2008 年日本柏之叶地区由千叶市、柏市、东京大学、千叶大学共同提出建设"柏之叶国际学园城"构想，该项目以能源管理中心为起点，逐渐引进智慧能源监控系统并向智慧城市建设理念靠拢，同时还有更多民企受此鼓舞，积极推行通过企业技术建设智慧城市，包括松下电器在藤泽市打造的可持续智慧城市、丰田汽车集团推行的丰田市智能低碳小区等。在整个建设过程中，日本智慧城市建设集聚多方力量，例如在柏之叶项目中引入了三井不动产、日立电器、国际航业等 20 余家专业企业共同参与，成为柏之叶智慧城市建设的中坚力量。总体来看，日本的智慧城市建设是以民间资本为主体，且已经取得一定成效的城市项目多由大型企业进行牵头建设，日立、丰田、松下以及三井不动产等都是常见的主要参与者。在建设过程中，各参与者也推崇

---

① 沈霄、王国华：《基于整体性政府视角的新加坡"智慧国"建设与启示》，《情报杂志》2018 年第 11 期。

② 杨巍、包凯丽：《日本智慧城市建设的经验及借鉴意义》，《中国工程咨询》2020 年第 2 期。

合作互补而非单打独斗，在不同建设阶段通过不同方式吸引社会资本力量参与进来。

3. 韩国政企协作的智慧城市建设路径

韩国的智慧城市建设路径综合了新加坡与日本的建设特点，以政府为主要牵头方，不断引入雄厚的民间资本力量。2014年韩国推出了"U-Korea"战略，确定通过2006~2010年发展期以及2011~2015年成熟期两个阶段执行。[①] 2011年6月，首尔发布了"智慧首尔2015"规划，以三大任务为主要目标，其中包括部署全覆盖宽带网络以便能够进行社区能源管理、处理民众日常诉求，整合政务系统与管理架构、提升协同有效性，并推动智慧应用服务普及化。而在2014年5月，韩国新发布的《物联网基本规划》也提出要促进物联网参与者相互合作。"U-Korea"战略下衍生的"U-City"建设计划包含了仁川松岛未来城、首尔数字媒体城等大型项目。2022年3月，根据《纽约时报》报道，韩国釜山将从零开始打造一座智慧城市，其不仅体现在已相对成熟的智慧基建、电子政务等方面，还将拥有独立且智慧运作的污水处理、净水以及太阳能和水力发电系统，除此之外，智慧技术将会进一步融入民众日常生活。总体来看，韩国的智慧城市建设是自上而下展开的，强调对于能源、交通、医疗、通信等基础设施的升级改造。

五 中国智慧城市建设分析

1. 发展历程

与其他有关国家与地区进行比较，我国的智慧城市建设起步期较晚，但发展迅速。整体来看，我国智慧城市建设可以分成四个阶段：2008~2012年智慧城市概念导入阶段、2013~2015年智慧城市试点探索阶段、2016~2020年新型智慧城市发展阶段、2020年之后新冠肺炎疫情发生后的智慧城市建

---

① 岳宇君、仲云云：《日韩智慧城市建设经验及对我国的启示》，《城市观察》2018年第4期。

设阶段。① 自 2008 年 IBM 提出 "智慧地球" 概念后，全球智慧城市建设浪潮席卷而来，受国际技术传播与建设影响，我国智慧城市在这一阶段主要受到行业应用驱动，聚焦无线通信、信息分发、遥感定位等技术领域，在此阶段展开了一系列的数字化改造工作，但建设分散，缺乏统一的规划与顶层设计战略。

2012 年，住房和城乡建设部出台了《国家智慧城市试点暂行管理办法》，标志着中国智慧城市建设起步。在这一阶段，我国智慧城市建设更加注重以移动通信、射频、云计算等大数据新兴技术驱动的变革发展，整体由国家部委牵头，统筹发展的意识逐渐增强。2014 年国家发改委颁布了《关于促进智慧城市健康发展的指导意见》，该指导意见指明到 2020 年建成一批特色鲜明的智慧城市。国内智慧城市发展分为不同类别，包括以创新推进智慧城市发展建设类、智慧产业类、智慧服务与管理类、智慧技术和基建设施类、智慧人文与智慧生活类等。第一类以深圳为例，以建设智慧城市为契机，大力推动并完善智慧基础设施、发展电子商务、推动智能交通等发展。此类别城市围绕智慧城市建设，其目的是提升城市的创新能力与综合竞争力。第二类以武汉、昆山为代表，聚力完善信息产业发展环境，推动信息化建设。第三类关注城市的智慧服务与管理，佛山作为典型代表，推出了 "智慧佛山" 项目，并提出了建设智慧服务基础设施的十大重点工程，基本围绕数据治理与电子政务展开。第四类以上海为例，关注智慧技术与基建设施，上海出台了《上海推进云计算产业发展行动方案（2010~2012 年）》，推出适宜本地的云计算解决方案，在智慧技术的基础上支持并推动上海智慧城市建设。最后一类聚焦智慧人文与智慧生活，以成都、重庆为代表，旨在建设优质生活氛围、提升生活质量以推动安居乐业。

自 2016 年我国第一份智慧城市的建设标准文件《新型智慧城市评价指标》发布后，我国正式迈入新型智慧城市建设阶段。在此阶段，围绕人工智能、大数据、区块链、5G 等技术形成了一个数据驱动的智慧城市发展时

---

① 亿欧智库：《"新基建" 驱动城市建设新篇章：2020 中国智慧城市发展研究》，2020。

期。在此期间，智慧城市建设理念进一步演变，关注以人为本、重视顶层战略设计并充分发挥各个参与主体的力量。同样也是在 2016 年，虚拟现实（VR）、人工智能等技术浪潮席卷全球，被应用到各行各业。同年的乌镇大会上，百度无人车发布引发全社会关注。同年的智慧家居博览会为人们开启了智慧技术应用在家居领域的先河。此后，智慧技术在各行各业广泛使用并发展。2016 年 10 月起，阿里巴巴在杭州构建"城市大脑"，整合管理杭州市路口信号灯并实现无人调控，在杭州市主城区自动交通报警准确率达 92%，提升并优化了执法效率与指向性。受此影响与鼓励，苏州市 2017 年也与阿里巴巴签订协议，共建"城市大脑"，拉动公安、市容市政、交通、旅游等多个部门进行合作，推动城市治理智能化发展。截至 2019 年底，所有副省级以上城市、95%以上地级市、50%以上县级市均提出了建设智慧城市规划。以地理分布上来看，试点集中在河北、江苏以及江西三大省份，由东部沿海地区向内陆地区试点集中程度逐渐减弱。而 2020 年后，随着新冠肺炎疫情席卷全球，智慧城市建设逐渐加强了电子政务领域建设发展，并通过整合数据信息，大力推动了各行各业相互融合。

2. 发展趋势

智慧城市是一个复杂而庞大的系统，从中枢端来看，涉及城市综合管理、数据中心以及服务平台；从应用来看，涉及政务、医疗、交通、教育、安防、家居等多个方面；从感知终端来看，手机、电脑、摄像机等都是重要的感知捕捉设备，而工业互联网、云计算、5G 通信则成为重要技术手段。在我国智慧城市发展过程中，政府起主导作用，对整体建设进行统筹规划、制定建设标准并推动机制体制创新，同时引入大型企业，使其在智慧应用、数据平台、网络通信以及物联感知领域充分发挥协同作用，以丰富的市场经验与运营管理经验将技术创新融入智慧城市建设，各个智库深度参与规划、评估与监管环节并加强了与企业之间的产学研互动，民众也作为间接参与者的角色通过建言献策参与城市治理。

从技术领域来看，目前我国智慧城市关注新基建领域的技术创新，尤其针对通信基础设施、算力基础设施，聚焦以物联网技术为主的前沿技术与科技。相关资料显示，2022 年上半年，我国智慧城市行业中标项目信息有 3000 余条，其中与智慧城市建设（如城市大脑、运营中心等）相关的中标项目有 254 条，智慧政务类（如政务云、政务信息化等）中标项目有 529 条，智慧交通类中标项目有 253 条。总体来看，2022 年智慧水务与水利、企业数字化、城市生命线、智慧应急、数字乡村及农业类项目逐渐增加。回顾以往研究，可以明显地观察到我国智慧城市建设的领域正在从基础设施建设、城市数字化、活动连接等逐渐向数字化城市、智慧化运营、万物互联转变。

六　结语

整体来看，全球智慧城市建设发展分为三个阶段，即 20 世纪 70 年代诞生期、2000~2009 年飞速发展期以及 2010 年至今的实践期。全球领先的智慧城市建设的国家与地区基本符合这三个阶段的发展特征，但受不同因素影响，各国之间的发展差异也较大。

从模式上来看，我国以政府为主要参与者与投融资推动方，引导商界力量充分参与智慧城市建设；美国秉承以政府为主导，不断引入科技企业作为核心力量进而丰富智慧城市内涵；新加坡与韩国也同样聚焦政府力量的推动作用。相比之下，在日本及英国的智慧城市建设进展过程中，政府的角色更偏向协助型，帮助社会力量与资本融入建设发展。

在不断的实践与应用过程中，从大的发展方向来看，可以清楚地观察到英、美等西方国家更加重视通过智慧城市的科技解决城市基建问题以及环保节能等问题，而亚洲更加重视电子政务、管理运营等领域。从智慧城市发展的重要节点与实践可以看到，尽管各国之间发展有较大差异，在未来智慧城市的整体建设中均存在一个不可避免的问题，即智慧城市带来的海量数据应当如何被充分高效使用，此问题有待在后续的研究中进一步进行分析。

总的来说，从国外智慧城市发展建设可以明显看到五大趋势。第一，由于目前全球智慧城市建设均存在发展重心不够清晰、发展思路较混乱的问题，搭建正确的智慧城市的顶层设计的工作越来越受到重视，而新一代信息技术与政务应用的结合越来越紧密，电子政务也将作为当代智慧城市建设的主要支撑，进一步关注、收集、反馈更多社会公众需求，并提供更多元化服务。第二，基础设施建设与智慧技术的融合度将进一步提升，经历过大修大建的基础设施推进时代后，当下智慧城市对数据感知与自动化水平的要求更高，简而言之，更多的感知、分析、调节设备将结合物联网技术进一步与民众日常生活进行绑定，未来将会进一步衍生出更多精细化、智能化城市基础设施。第三，未来公众参与智慧城市建设的机会将进一步增多，智慧城市建设将回归以人为本的核心原则，在现阶段建设过程中，政府部门与社会资本为参与主体，而城市居民的参与度较低，基于此情况，智慧城市的进一步发展将更多关注人与城市之间的互动，其未来发展将包含更多的群众参与。第四，未来将建立更加高效的综合协调机制，明确智慧城市建设过程中各个部门职责，统一部间的战略定位与决策目标，尽可能降低信息壁垒，实现一体化治理，进一步强化政府治理能力。第五，大数据与智慧城市的建设发展是相辅相成的，大数据作为智慧城市建设发展的重要驱动力之一，为智慧城市发展提供了新的技术工具，而智慧城市理念的不断实践与丰富也不断督促大数据的使用创新。

B.14
国外智慧城市的研究热点
与发展现状分析

杨扬 司宇琦 陈换*

摘 要： 智慧城市在发展数字经济、提升城市治理水平、治疗"大城市病"和提高公共服务质量等方面发挥了重要的推动作用，是世界各国城市发展的核心方向。为了全面系统地了解国外智慧城市的研究热点与发展现状，本报告首先通过文献计量学的分析方法，对1999~2021年发表的2758篇智慧城市文献进行回顾和梳理，其次选取新加坡、伦敦和纽约三个代表性智慧城市进行剖析，最后提出智慧城市建设要坚持"以人为本"，让居民享受智慧城市建设带来的舒适和便利，因地制宜地开展智慧城市规划和建设，需要注重共享开放，有效地挖掘大数据背后所蕴藏的价值等意见和建议。

关键词： 智慧城市 数字经济 信息技术

全球城市化正以不可阻挡的趋势向前推进，到2050年，预计70%的人口将居住在城市，全球人口预计将增长到100亿人。人类的未来将不可避免地迈入城市化，但由此也给城市经济、社会和环境带来诸多问题，包括气候变化、环境污染、资源浪费、交通拥堵和社会经济发展不平衡等。大数据、

---

* 杨扬，管理学博士，深圳市社会科学院助理研究员；司宇琦，暨南大学深圳旅游学院硕士研究生；陈换，暨南大学深圳旅游学院硕士研究生。三位作者的主要研究方向为城市管理、智慧城市建设。

5G、物联网和人工智能等信息通信技术的迅猛发展给城市管理者带来了新的希望，通过整合多种先进的信息通信技术，智慧城市能够改善城市运营和管理的各个方面，解决以往遇到的诸多问题，使城市变得更"聪明"，因而智慧城市的建设成为各国促进经济增长和社会发展、应对急剧城市化的理想解决方案。① 国家发改委2022年印发的《"十四五"新型城镇化实施方案》，也明确提出要加快新型城市基础设施建设，推进城市智慧化转型发展。

近年来，关于智慧城市的研究显著增加，学者们采用各种分析方法对智慧城市的研究进行梳理和整合。例如伊斯玛吉洛娃（Ismagilova）等人对104篇智慧城市研究文献进行了回顾，发现智慧城市的概念和实践有潜力实现联合国可持续发展目标。② 郑（Zheng）等人综合文献检索和CiteSpace科学制图的混合技术，对1990~2019年智慧城市主题搜索的7840条文献记录进行计量分析，研究表明在智慧城市建设中，人的重要性日益凸显，以人为本有利于整体建设智慧可持续城市。③ 基米（Kim）等人通过系统的定量综述法，对智慧城市节能系统的技术发展水平进行了回顾，然后通过定性方法分析了智慧城市可持续发展的障碍并提出相应解决方案。④

通过回顾过往研究可以发现，学者们对智慧城市的研究分析已经初具规模。然而，大数据、物联网和云计算等新兴的信息通信技术正在快速发展，关于智慧城市研究的文献数量也迅速增加，这使得研究人员很难对这一领域的知识进行全面系统的概述。同时，在新冠肺炎疫情发生的背景下，城市的传统交通被按下暂停键，而以信息通信技术为支撑的智慧城市信息服务不仅调节了常规的城市交通网络服务，也凸显了信息化背景下远程协作模式的潜

---

① 汪光焘、李芬：《推动新型智慧城市建设——新冠肺炎疫情对城市发展的影响和思考》，《中国科学院院刊》2020年第8期。

② Ismagilova, E., et al., "Smart Cities: Advances in Research – An Information Systems Perspective," *International Journal of Information Management* Vol. 47, (2019).

③ Zheng, C., et al., "From Digital to Sustainable: A Scientometric Review of Smart City Literature Between 1990 and 2019," *Journal of Cleaner Production* Vol. 258, (2020).

④ Kim, H., et al., "A Systematic Review of the Smart Energy Conservation System: From Smart Homes to Sustainable Smart Cities," *Renewable and Sustainable Energy Reviews* Vol. 140, (2021).

力，使得城市依旧保持活力，展现了智慧城市在维护城市日常运行管理与危机应对方面的优势。因此，结合新时代背景下的变化特征，探索当前智慧城市的研究热点与发展现状有着重要意义。

基于此，本文首先利用 CiteSpace 软件，从研究数量、文献共被引量、研究热点和趋势等多个分析角度，对 1999~2021 年的 2758 篇国外文献的智慧城市研究进行了较为系统、全面和直观的梳理，然后选取了新加坡、伦敦和纽约三个具有代表性的智慧城市进行剖析，旨在为智慧城市的建设和发展提供重要参考。

一　国外智慧城市研究的计量统计分析

（一）研究方法

Web of Science（WOS）是世界著名的科学引文索引数据库之一，涵盖了不同类型的科学文献，本文选择 WOS 核心合集数据库作为文献数据的来源。采用自定义主题词的高级检索形式，检索词为"smart city"，不限数据时间，将文献类型限定为"Article"，文献语言类型为"English"，检索时间为 2021 年 11 月 15 日。在对标题、关键词、摘要等逐一核实及整理筛选之后，最后选定 2758 篇文献作为研究智慧城市的数据集。下载文献的标题、国家、机构、作者、主题词、关键词、摘要、参考文献等数据信息，用于下一步的信息处理。

CiteSpace 是美国德雷塞尔大学陈超美教授于 2003 年基于 JAVA 语言开发的一款信息可视化软件。研究人员基于 CiteSpace 可以运用共引、聚类和突变词等方法，对知识领域和新兴趋势进行有效分析。[①] 因此，本文选择 CiteSpace 作为主要的分析工具，以下为本文的主要研究结果。

---

① 陈悦、陈超美、刘则渊、胡志刚、王贤文：《CiteSpace 知识图谱的方法论功能》，《科学学研究》2015 年第 2 期。

（二）智慧城市研究趋势分析

图1显示了1999~2021年国外智慧城市研究的发文数量。根据每年的发文量，可以将智慧城市的研究分为三个阶段：第一阶段为起步阶段（1999~2010年），学者开始关注智慧城市领域，但整体发文量比较有限。第二阶段是探索阶段（2011~2014年），智慧城市的研究受到更多学者的关注，每年的相关研究数量开始增加，但整体增速较慢。第三阶段为快速发展阶段（2015年至今），2015年的发文数量为176篇，在2020年达到峰值556篇，这一阶段整体处于增速较快且稳定的状态。

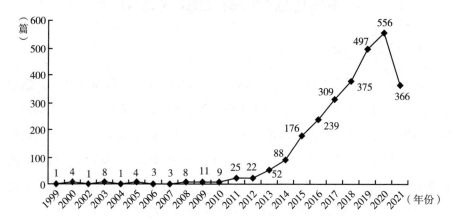

图1　1999~2021年国外智慧城市研究发文数量

整体来看，智慧城市的研究是比较吻合世界各国智慧城市的发展趋势的。受到新冠肺炎疫情的影响，城市需要依赖更多的数字化技术来增强城市的抵御力和韧性，城市之间需要更多的数据共享与合作。[1] 因此，未来几年关于智慧城市的学术研究仍将不断增加，并成为学者共同关心的热门话题。

---

[1]　Allam, Z., Jones, D. S., "On the Coronavirus (COVID - 19) Outbreak and the Smart City Network: Universal Data Sharing Standards Coupled with Artificial Intelligence (AI) to Benefit Urban Health Monitoring and Management." *Healthcare*. Vol. 8, No. 1 (2020).

（三）智慧城市文献共被引分析

文献共被引分析主要用于揭示智慧城市研究的潜在治理结构和科学演变。同时，聚类分析作为共被引分析的延伸，也被用于解释被引文献聚类的性质以及聚类之间的关系。本文对国外智慧城市研究关键词共现图谱进行聚类分析，并运用 LLR 算法对提取的研究术语进行聚类命名，共聚成 16 类，平均轮廓值（S 值）作为评估图谱的绘制效果，当 S>0.7 时，意味图谱的绘制效果非常显著。以下主要介绍最具有代表性的 6 个聚类。

（1）智能卡技术（Smart Card Technology），该聚类包含 51 个作者，轮廓值为 0.981。该聚类相关性最大的研究内容是智慧城市中治理系统的整体功能，以及该技术在公共交通系统和支付服务领域对智慧城市建设的作用和影响。[①]

（2）智慧城市方法（Smart City Approaches），该聚类包含 48 个作者，轮廓值为 0.827。该聚类主要研究内容为智慧城市中多方利益相关者的整合与参与。[②]

（3）开放物联网生态系统（Open IoT Ecosystem），该聚类包括 47 个作者，轮廓值为 0.884。该聚类主要讨论技术在医疗保健要素中的作用，并提出了隐私保护和安全的"智能医疗系统"（SMS）可以作为智慧城市生态系统的框架。[③]

（4）结构方程建模（Structural Equation Modeling），该聚类包括 40 个作者，轮廓值为 0.957。该聚类相关性最大的文献主要围绕住宅开发模式与新城市主义，以及智慧城市理念契合的规划。

（5）调查研究（Survey Research Issue），该聚类包括 36 个作者，轮廓

① Gohari, S., et al., "The Governance Approach of Smart City Initiatives. Evidence from Trondheim, Bergen, and bodø," *Infrastructures*. Vol. 5, No. 4 (2020).

② Ferraris, A., et al., "The Role of Universities in the Smart City Innovation: Multistakeholder Integration and Engagement Perspectives," *Journal of Business Research*. Vol. 119, (2020).

③ Tripathi, G., et al., "SMS: A Secure Healthcare Model for Smart Cities," *Electronics* Vol. 9, No. 7 (2020).

值为 0.94。这个聚类主要是针对智慧城市研究成果的文献综述，其中最具代表性的是智能无人技术与物联网之间的协作对智慧城市建设的应用。

（6）智慧城市模型（Smart City Model），该聚类包括 33 个作者，轮廓值为 0.925。该聚类主要研究内容是不同视角下智慧城市普遍存在的路径和实践，最具代表性的研究成果是以公民为中心的实践路径。

（四）智慧城市的研究热点和趋势

关键词是一篇文章的核心和精髓，是对文章的高度概括和凝练，能够准确地体现文章的研究方向。通过对智慧城市文献的关键词提取，能够清晰了解该研究领域的热点和前沿问题。在总结国外智慧旅游的研究热点时，本报告首先将 WOS 的数据导入 CiteSpace 软件，把时间切片定位为 1 年，在"Node Types"界面选择"Keyword"进行可视化分析，同时在研究热点关键词中将相关学科的名称或常用词汇进行合并，最终获得研究热点词频统计。如表 1 所示，文献中使用频率较高的主题词是城市（city）、互联网（internet）、系统（system）、模型（model）、框架（framework）、物联网（iot）等，同时也关注政策（policy）、设计（design）和挑战（challenge）等。

表1　国外智慧城市研究热点统计（频次≥59 的主题词）

序号	频次	主题词	序号	频次	主题词
1	655	city	11	115	network
2	284	internet	12	102	governance
3	176	system	13	100	technology
4	160	thing	14	77	ict
5	157	model	15	68	future
6	153	framework	16	63	information
7	134	management	17	62	security
8	134	challenge	18	60	impact
9	133	iot	19	60	policy
10	129	innovation	20	59	design

进一步，将国外智慧城市研究关键词可视化布局模式调整为时间线图（Time Line），可以展现出词频随着时间变化的趋势，从而探究该研究领域的发展趋势。分析结果显示，在热门关键词中，频次变化率最高的是"城市"（city）和"互联网"（internet），两个主题词出现时间都较早，说明学者在城市早期就已经有结合互联网的构想，侧面反映了信息技术在城市发展过程中起到了不可或缺的作用。随着时间的推移，人们对于城市的研究更具大局观，逐步转向环境、健康、隐私、安全、最优化等更高层次的需求，这也表明智慧城市的研究方兴未艾，研究领域仍在逐步扩大，研究程度也在逐渐加深。

此外，本文还利用 CiteSpace 突变词探测算法的功能，从众多主题词中将某段时间范围内频次变化率较高的突变词探测出来。突变词（Burst Term）是指某一关键词在某一年份所发表的文章中频次骤增，能够反映研究方向在时间线上的产生、发展和衰退情况，体现的是动态和即时的研究主题，具有一定的时效性。为了更好地了解国外智慧城市研究在不同时段的变迁，本文采用突变词分析的方式进行识别，共获得突变词 15 个。根据关键词突变的时间演变过程，可以将 1999 年至今关于智慧城市的研究过程划分为三个阶段。

（1）第一阶段（1999~2010 年）：突变词主要包括行为、土地使用、社区、可持续发展和智能增长等。学者最早运用交通运输数据对美国城市的生存环境进行研究，紧接着围绕水质监测管理、城市与郊区增长、智慧城市生活质量、公民参与和社区参与等问题展开讨论，不过整体的研究重点聚集公共交通的提升与完善。①

（2）第二阶段（2011~2016 年）：此阶段的突变词主要包括网络、智慧城市、政策、交通、信息、知识、表现和手机等，其中智慧城市一词的突变最大，突变开始时间为 2014 年。在这一阶段，主要以具体城市为案例来开

---

① Jang, W., "Travel Time and Transfer Analysis Using Transit Smart Card Data." *Transportation Research Record*. Vol. 2144, No. 1 (2010).

展智慧城市的研究，包括巴塞罗那、阿姆斯特丹、柏林、曼彻斯特等。[1] 其中技术是被提及频率最高的要素，它不仅可以影响治理、人和社区、自然环境、基础设施和经济等方面，还对管理和政策等产生作用。2014 年后，智慧城市的概念不再局限于信息通信技术的传播，而是关注居民和社区的需求，智慧城市的研究开始借鉴可持续城市的概念，向宜居、创意、数字和知识城市等方向演变。[2]

（3）第三阶段（2017 年至今）：近几年的突变词是信息通信技术、协议、转变和平台等。信息通信技术是智慧城市的重要推动力，它可以为智慧城市的建设发展提供独特的解决方案。[3] 在新冠肺炎疫情影响下，也更加凸显了对相关技术的需求，例如城市健康主题管理和病毒的早期检测等，因此迫切需要增强智慧城市通信协议的标准化，实现智慧城市技术领域的民主化，以鼓励利益相关者之间的公平和透明，从而在突发事件和灾难发生时促成更多可能的合作。

二 国外代表性智慧城市的发展现状

目前各国智慧城市建设如火如荼，全球约有 1000 座智慧城市正在建设中，智慧城市的数量将以 20% 的速度逐年增长，各国投入金额也逐年升高。为了了解国外智慧城市的发展现状，本文分别选取了亚洲的新加坡、欧洲的伦敦和北美洲的纽约作为研究对象开展分析。

（一）新加坡——智慧国家战略

自 2019 年开始，新加坡连续三年位列瑞士洛桑国际管理发展学院

[1] Albino, V., et al., "Smart Cities: Definitions, Dimensions, Performance, and Initiatives," *Journal of Urban Technology*. Vol. 22, No. 1 (2015).

[2] Martínez-Ballesté, A., et al., "The Pursuit of Citizens' Privacy: a Privacy-Aware Smart City is Possible," *IEEE Communications Magazine*. Vol. 51, No. 6 (2013).

[3] Rathore, M., et al., "Exploiting IoT and Big Data Analytics: Defining Smart Digital City Using Real-time Urban Data," *Sustainable Cities and Society*. Vol. 40, (2018).

（IMD）和新加坡科技设计大学（SUTD）联合发布的 IMD-SUTD 智慧城市指数（IMD-SUTD Smart City Index）榜首。新加坡致力于建设全球第一个智慧国家，从 20 世纪 80 年代起，政府开始实施国家计算机化计划（National Computerization Plan），20 世纪 90 年代发布"IT 2000 战略"，2000 年实施信息通信 21 世纪计划，分别于 2006 年和 2015 年推出"智能城市 2015"计划和"智慧国家 2025"计划。

智慧国家计划的目的不仅是寻求通过技术改善城市和市政服务，而且致力于推动新加坡关键领域的转型发展，如健康、教育、交通和金融等。为此，新加坡的"智慧国家"计划主要围绕数字经济、数字政府和数字社会三个方面来打造。数字经济的目标，是通过加速现有经济部门的数字化转型，培育由数字技术支撑的新生态系统，以及在网络安全等部门发展下一代数字产业作为增长引擎。数字政府致力于建立更精简、更强大的公共机构，这些机构以数字化为核心，在提供服务、转型和创新方面处于全球领先地位。数字政府将会使公共服务更加便利，提高人们的数字素养，并鼓励人们参与到数字社区和平台建设中。数字社会力求使新加坡公民有能力最大限度地利用数字社会的机会和便利，来追求个人价值的实现。

为了达成上述目标，新加坡政府重点实施了以下六项国家数字战略项目。（1）开发国家数字身份生态系统，为用户提供单一数字身份，从而安全、方便地与政府和私营部门进行交易。（2）进一步推广电子支付，使公民、企业和政府机构能够进行简单、安全和无缝的电子支付，减少处理现金和支票的需要。（3）以公民为中心，将服务和信息捆绑一起，通过 Moments of Life 软件，为公民提供一种数字方式来处理高接触的服务。（4）打造智慧城市交通项目，利用数据和数字技术，包括人工智能和自动驾驶汽车技术，进一步提高公共交通通勤效率。（5）建立智能国家传感器平台，以改善市政服务、城市层面的运营、规划和安全。（6）搭建核心运营、开发环境和交流数字平台，鼓励公共部门和私营部门合作，更快、更高效地开发以用户为中心的服务。

2019 年，新加坡发布国家人工智能战略，目标是到 2030 年，成为开发和部署可拓展的、有影响力的人工智能解决方案的领导者，特别是针对公民和企业具有高价值和相关性的关键部门。新加坡采取以人为本的方法，关注公民和企业的利益，让人工智能为人类需求服务。同时，新加坡开始实施首批五个国家人工智能项目，分别是智能货运规划、无缝和高效的市政服务、慢性疾病的预测和管理、个性化教育、边境通关业务。这些举措都将助推新加坡在建设智慧国家的道路上更进一步。

（二）伦敦——共创智慧城市

伦敦是欧洲的科技之都，拥有超过 1/3 的欧洲"独角兽"企业，4.6 万家科技公司，支撑着 24 万个就业岗位，创造约 440 亿英镑收入。同时，伦敦是一个天然的人工智能中心，有 750 家行业供应商，这些特点都有助于伦敦实现其成为国际智慧城市的目标。

2018 年，伦敦市长推出了共创智慧伦敦的发展蓝图，旨在使伦敦成为"世界上最智慧的城市"。共创智慧伦敦重点围绕以下五个方面来开展。（1）提供更多用户导向型的服务，将用户放在工作的核心位置，开发数字包容的新方法，在设计和共同标准方面发挥领导作用。（2）为城市数据达成新的协议，启动伦敦数据分析办公室计划，以增强数据共享和协作，协调应对企业、公共服务和公民面对的网络威胁，加强数据权利和问责制，在公共数据的使用方式上建立信任，支持开放生态系统，提高透明度和增加创新。（3）建设世界一流的互联互通和更智能的街道，启动"联通伦敦"计划，以促进光纤、公共 WiFi 的覆盖和 5G 项目的开发。（4）提升数字领导力和技能，通过市长技能战略，支持计算技能和数字人才储备，让市民积极融入数字世界，使得公共服务对创新更加开放。（5）改善整个城市的合作，建立伦敦技术与创新办公室，以支持未来创新的共同能力和标准，探索与技术部门和商业模式的新伙伴关系，与英国及全球其他城市合作，分享有效的方法。

为了进一步推动智慧城市的建设，伦敦首席数字官为伦敦市长制定了 2021~2024 年六项关键优先事项。（1）加强全民数字接入，使伦敦人能够获得在线所需的技能、联系、设备或其他支持。（2）搭建一个新的城市数据平台，以更合法、合乎道德和安全的方式使用城市的公共数据，造福所有伦敦人。（3）为伦敦制定新的新兴技术规章，以指导如何在城市试验和部署新技术。（4）扩大绿色科技规模，通过全市智能项目的共同设计、治理和调试，确保广泛进行绿色创新。（5）通过围绕高价值或高竞争性的绿色新政，与科技部门进行开放式创新。（6）通过建立必要的内部数字和数据共享平台，制造、共享、再利用或购买相关产品和服务，从而更好地为伦敦人服务。

（三）纽约

智慧城市的概念最早是由美国 IBM 公司提出的，纽约作为美国以及世界范围内的大都市，在智慧城市的建设中也取得了卓越的成绩。2007 年，纽约发布了 PlaNYC 2030 规划，重点围绕土地、水资源、交通、能源和空气五个方面打造更绿色、更美好的纽约。2015 年，纽约发布《一个纽约：繁荣而公平的城市发展规划》（*One NYC: the Plan for a Strong and Just City*），提出繁荣城市、公平公正、可持续性和具有弹性四项发展愿景，建设智慧城市是实现该愿景的主要路径和手段，具体内容包括：建立能够指导设备连接和物联网实施的原则和战略框架，作为城市机构的新技术和物联网部署的协调实体，与学术界和私营部门开展创新试点项目等。2019 年，纽约发布"纽约 2050"总体规划，着重围绕八个方面来探索未来城市的建设：（1）充满活力民主，让每一个纽约人参与到城市的公民和民主生活中；（2）包容性经济，纽约将实现经济增长和多元化，从而为所有人创造机会；（3）活力的街区，保证纽约所有的社区都是安全的，共享公园、文化等资源；（4）健康的生活，所有的居民都能平等地获取医疗保障、清洁的空气和健康的食品；（5）公平和卓越的教育，为每个学生提供优质的教育；（6）宜人的气候；（7）安全可靠和可持续的交通出行方式；（8）现代的基础设施，为纽约市民提供可靠的物理和网络基础设施。

同时，纽约市政府认识到技术在所有政府服务中发挥的重要作用，建立了技术与创新办公室，重点开展以下几个方面的工作。（1）打造互联城市，运行数字包容计划，帮助所有纽约人充分利用互联网接入，升级整个城市的 WiFi 网络。（2）提供数字服务，与市政府机构合作，为城市服务创建一套标准化的应用程序，让每个人都能更轻松地找到和访问他们需要的服务。（3）提高数据透明度和信任度，尽快开放政府公共数据，使得领导者能够利用数据做出决策，保护纽约人与其政府分享的信息安全。（4）为所有人提供创新的机会，与机构合作，支持对高优先级问题提供创造性的解决方案，教育和培训多元化的技术劳动力，为所有纽约市员工、企业家和开发人员创造机会以扩大影响。（5）构建雄厚的技术基础，提高城市系统、机构和服务的效率，用强大的网络安全和应急通信系统保护公众信息安全。

此外，新冠肺炎疫情期间，纽约还实施了一些智慧城市技术，主要包括以下内容。（1）智能本地连接。得益于突破性的物联网解决方案，纽约居民可以在线支付市政账单和财产税，获得智能停车解决方案，建立交互式在线交流，减少不必要的外出。（2）增强型"9·11"系统。新冠肺炎疫情增加了政府对紧急事件快速反应的需求，借助该系统，紧急调度中心可以快速找到呼叫者的准确位置；同时配备摄像头、传感器和无人机，可以帮助政府捕获难以访问的位置和数据信息，加强对紧急情况的应对管理能力。（3）智能街道路灯。使用新的 LED 技术升级的高压钠路灯可为政府节约成本，安装智能调光器和定时器可以根据城市区域的明暗程度调节用电量来进一步降低能源成本，预计该方案每年可减少约 8500 吨温室气体排放。（4）网络安全。政府通过实施网络安全改进策略来保证纽约成为世界网络生态系统的中心，将网络劳动力的最佳代表联合起来。（5）智能工业控制系统。纽约政府通过创新的基础设施解决方案升级旧的能源、水和废水系统，使用带有电磁或超声波传感器的新仪表来即时监测泄漏和断线情况，同时为下水道配备检测传感器，以监测下水道管道中的水位，这些新技术有效地提高了社区的生活质量，在艰难的新冠肺炎疫情期间，也为城市带来了经济利益。

三 结论和启示

本文通过对国外智慧城市文献的计量分析，结合对新加坡、伦敦和纽约三个代表性智慧城市的发展历程梳理，为智慧城市的建设和发展提供以下参考建议。

1. 智慧城市的建设要坚持"以人为本"

在智慧城市的建设过程中可以发现，无论是新加坡以公民为中心，伦敦的用户共创，还是纽约的公平公正，均体现出鼓励居民积极参与社区建设，更好地解决居民需求，增进居民福祉，是各个城市共同努力的方向。过往有关智慧城市的研究也指出，"智慧城市"的概念不仅可以应用于"硬"领域，如建筑、能源网格、自然资源、水管理、废物管理、移动和物流；还可以用于"软"领域，包括一些人为因素和社会因素，如教育、文化、政策创新、社会包容、安全性和政府等。这就表明，智慧城市是实现城市发展的一种手段，而不是目标本身，只有坚持"以人为本"，强化服务意识，围绕人们迫切关心的民生问题，如住房、医疗、教育和交通出行等，结合新兴的信息通信技术，提供有效的解决方案，通过智慧生活、智慧出行、智慧民生和智慧政府等科学手段，让居民享受城市发展带来的舒适和便捷，才是智慧城市建设和发展的根本目标。

2. 智慧城市的建设需要"因地制宜"

目前，全球约有1000座智慧城市在建，新加坡旨在打造成为全球首个智慧国家，伦敦强调共创智慧城市，纽约则注重以智慧城市实现公平公正。我国也已有300多个城市启动智慧城市项目，如何找准自身定位，解决城市基础设施和服务资源的差异，避免千篇一律的智慧城市规划，是城市管理者必须思考的问题。只有结合时代的发展特征，找准实际的发展需求，因地制宜地开展智慧城市规划和发展，才能有针对性地解决城市自身不平衡、不协调的问题。特别是面对新冠肺炎疫情防控常态化，城市管理者更应从长远考虑，加强智慧城市的顶层设计与规划，为城市的未来发展谋全局，引导智慧

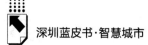

城市高质量发展。

3.智慧城市的发展需要"共享开放"

数据作为数字经济发展的关键生产要素，已经被摆在与土地、劳动力、资本和技术等传统要素同等重要的地位。智慧城市的建设离不开城市海量的数据，目前新加坡、伦敦和纽约都上线了自己的数据开放网站，并进行周期性的更新，主要涉及人口统计、地理统计和城市3D建筑模型等方面。要有效地挖掘大数据背后所蕴藏的价值，需要政府管理者在保障数据安全的同时，充分共享开放数据。积极鼓励和调动社会力量、研究机构参与对数据的应用创新，为智慧城市的发展提供更多的创造性解决方案。

4.智慧城市的发展要坚持"可持续性"

通过对关键词聚类分析和突变词的分析，可以发现"可持续性"不仅是智慧城市的重要战略组成部分，同时也是智慧城市发展贯穿始终的问题。而现有的可持续城市形态，在智慧城市的发展和实施过程中，面临很多问题和挑战。开发一种智能可持续城市的新模式，其基础是将新兴的和未来的信息通信技术与现有可持续城市形态的类型和设计概念有效融合。因此，未来的智慧可持续城市建设需要在设计上具有可拓展性，通过将新的信息通信技术作为主要工具，积极探讨其与城市可持续发展之间的关系，为城市创造新的物理和社会模式。同时在运作和管理方面具有灵活的规划，以应对城市发展、环境压力和社会经济需求的变化。

Abstract

With the new type of smart city as the goal, China's smart city construction has entered the stage of deepening promotion. As one of the first pilot cities of new smart city construction in China, Shenzhen has started by building digital government at a high level and is at the forefront of smart city construction in China.

To build an international benchmark of a new smart city and a model of a "Digital China" city and to become a global digital pioneer city, Shenzhen is focusing on building a "digital twin city," moderately over-deploying smart city infrastructure, comprehensively promoting the wisdom of livelihood services, and improving the "one city" of urban governance. Shenzhen is making efforts to build a "digital twin city," deploying smart city infrastructure in advance, comprehensively promoting the wisdom of people's livelihood services, perfecting the "one network management" of urban governance, accelerating the development of digital economy, and continuously strengthening the organizational leadership, financial and social investment, and talent support for the construction of the smart city.

Shenzhen promotes the planning and construction of a smart city, focuses on the supply of digital public services, establishes city-level CIM and BIM digital standard systems, and increases support for the development of the big data industry. Shenzhen has effectively built a digital grassroots governance model and made continuous new progress in constructing Internet data centers and multifunctional smart poles.

In terms of smart city public services, Shenzhen uses digital technology to construct a new model of smart elderly and community services, helps to improve

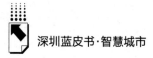
the level of refinement of social governance in Longgang District through the "Longgang One Map," and builds a new model of smart medical services by creating a universal health information platform in Pingshan District.

Shenzhen smart city construction focuses on enhancing the level of the intelligent rule of law to promote data protection and open legislation, Shenzhen research, and scientific formulation of the Shenzhen Special Economic Zone Data Regulations.

Keywords: Digital Government; New Smart City; Digital Economy; Big Data

Contents

I General Report

Abstract: The smart city originated in the United States and has gone through four development stages in China, intending to build a new type of smart city to advance continuously. Shenzhen, one of the first pilot cities of new smart city construction in China, has been at the forefront of smart city development and online government service capability after years of exploration and practice. Shenzhen, one of the earliest pilot towns of new smart city buildings in China, has been at the forefront of smart city development and online government service capability following years of research and experience. Shenzhen is currently attempting to build a new international smart city benchmark and "digital China" city model, as well as a global digital pioneer city. As a result, Shenzhen is moderately ahead of deploying smart city infrastructure, constructing a "digital twin city," and comprehensive promotion of livelihoods. To this end, Shenzhen is deploying smart city infrastructure, constructing a "digital twin city," comprehensively promoting the wisdom of people's livelihoods, speeding up the "one network" of urban governance, accelerating the development of the digital economy, continuously enhancing the network security capabilities, and optimizing policies and measures to protect the city by strengthening the organizational leadership of smart city construction, implementing financial and social policies, and promoting the wisdom of people's livelihoods.

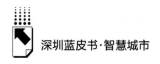

Keywords: Smart City; New Smart City; Digital Government; Digital Economy

II Planning Part

B.2 Increasing the Supply of Digital Public Services and Promoting the Overall Development of the Digital Economy

Ding Yi, Wang Gong and Hong Jiadan / 045

Abstract: Urban digital public services development is significant, and urban CIM/BIM construction is particularly prominent. To increase the supply of digital public services, fully exploit the potential value of the "new infrastructure," and promote the high-quality development of Shenzhen. Presently, Shenzhen has shown initial results in the digitalization of public services, and several achievements have been made in the exploration and promotion of BIM applications. It is urgent to speed up the transformation of new infrastructure into new public services, build digital public service supply based on "cloud, network, digital intelligence," accelerate the establishment of city-level CIM and BIM digital standard system, accelerate the development of urban digital economy, guarantee the efficient operation of the city, and let the fruits of "new infrastructure" benefit thousands of industries and thousands of households.

Keywords: Digital Public Services; Digital Economy; New Infrastructure; Urban CIM/BIM

B.3 Shenzhen Big Data Industry Development Research Report

Chen Kai, Yuan Yicai and Li Yanming / 056

Abstract: China's big data industry is stepping into the stage of high-quality development, ranking the overall scale second in the world. Shenzhen's big data industry development is at the forefront of the country, with obvious advantages in the layout of new information infrastructure fields such as 5G base stations and multifunctional smart poles, and a step ahead in the application fields of big data such as smart city and digital government. Presently, Shenzhen's big data center architecture, cloud storage, is accelerating the trend of expansion, accelerating the construction of big data storage centers, and deepening the integration of applications to put forward greater business needs. To promote the development of the big data industry, Shenzhen needs to carry out forward-looking planning of the big data industry, continuously strengthen the construction of the big data standard system, promote the deepening of the application of the big data technology industry, accelerate the construction of big data infrastructure, promote the construction of the data element market, and continuously strengthen the big data industry. Furthermore, introduce and cultivate data talents, and strive to become a global benchmark city for big data applications.

Keywords: Data; Big Data Industry; Cloud Computing; Digital Economy

B.4 The Status Quo, Problems and Countermeasures of Promoting
Digitalization of Grassroots Governance in Shenzhen

Kong Moli, Chen Tinghan / 076

Abstract: The digital economy's development has put realistic demands on the digitization of social governance. Shenzhen has an early layout on the digitization of grassroots governance. Each administrative district has built a digital grassroots governance model with the actual situation of grassroots governance, which has been effective. However, in reality, there are still practical problems, such as insufficient leadership core role of grassroots party organizations, lack of digital thinking of grassroots government, fragmentation of grassroots government management system, etc., which restrict the development of digital grassroots governance in Shenzhen. Therefore, we should lead the digitalization of grassroots governance with the digitalization of party building, strengthen the training of leading cadres in "digital thinking," improve the construction and application of digital infrastructure, promote the integration of "three governance" to "four governance" To continue to promote the digitalization of grassroots governance in Shenzhen.

Keywords: Grassroots Governance; Urban Governance; Smart Community; Party Building

Ⅲ　Infrastructure Part

B. 5　Problems and Countermeasures in the Construction of Shenzhen Internet Data Center

Chen Kai, Yuan Yicai and Zhang Qi / 091

Abstract: Internet data centers are the core IT infrastructure for developing new infrastructures. With the development of the digital economy and the promotion of new infrastructure, various Internet data centers face integration and adjustment development, among which the PUE index is in the core position. To adapt to the development of new generation information technology and digital transformation and industrial Internet demand, Shenzhen must increase the construction of Internet data centers to solve the problems of resource mismatch, supply tension, and lack of low latency facilities. To promote the construction of Internet data centers in Shenzhen, it is necessary to fully or even ahead of time consider the demand for land for Internet data center construction, give preferential treatment to energy-efficient Internet data centers with low PUE values to strengthen energy policy support, formulate relevant preferential policies to promote the introduction and research and development of advanced Internet data center technologies by enterprises, include big data high-end talents into the introduction targets of urgently needed and shortage talents, and strengthen information network security The Internet Data Center.

Keywords: Internet Data Center; PUE, Low Latency; New Infrastructure

B.6 Research on Promoting the Construction of Multifunctional

Smart Rods in Shenzhen

Chen Xiaoning, Yuan Yicai / 098

Abstract: Multi-functional smart poles are digital sites that gather data from urban IOT sensing devices. Shenzhen's multi-functional smart pole construction and operation have made great progress. Still, some obvious problems exist, such as difficult scale expansion, unified operation and maintenance, coordinated construction and intensive utilization, etc. Therefore, it is necessary to clarify the public welfare and market-oriented interface of new infrastructure, clarify the investment and construction mode, strengthen the coordination of construction, and increase the policy and regulation protection to promote the healthy and sustainable development of the new infrastructure of multi-functional smart pole construction.

Keywords: Multi-functional Smart pole; Information Infrastructure; Public Welfare

IV Public Services Part

B.7 "Longgang a Map" to Help Improve the Level of Refinement

of Social Governance *Zhou Lihong, Chen Bangtai* / 110

Abstract: Smart city construction vigorously promotes the development of social governance in the direction of refinement, Longgang District based on the Longgang information system could be better. It lacks an urban refinement governance concept, and the urban refinement governance system is not harmonious, urban refinement management services are not exquisite, the urban refinement evaluation system is not complete, urban refinement supervision and feedback mechanism are not perfect through the "Longgang A map" digital information platform to help break through "data islands" and "data barriers," promote cross-level and cross-field information sharing, orderly open key areas of government data information, and promote public information resources It has improved the level of social governance refinement, ensured the efficient use of urban social management information, and achieved a replicable and replicable experience in the path and function of social refinement governance.

Keywords: Smart City; Social Refinement Governance; Big Data; Information Technology

B.8　Research on the High-Quality Development of Smart Meteorological Services in Shenzhen under the New Situation

Sun Shiyang, Qiu Zongxu and Liu Donghua / 121

Abstract: The Shenzhen meteorological system has built a "six-one model" infrastructure for smart meteorology, which has strengthened and comprehensively constructed an essential support system for the rapid and high-quality development of information technology to guarantee the outcome of smart meteorological services, forming a benchmark for the development of smart meteorological services and creating a practical example for the national meteorology in Shenzhen. Based on the analysis of the development basis of the new situation of smart meteorological services to guarantee the construction of the "twin zones," we systematically analyzed the demand challenges, risk challenges, capacity shortcomings, mechanism bottlenecks, and other elements of the high-quality development of smart meteorological services, and proposed the mechanism guarantee, capacity support, data elements market allocation for the Shenzhen meteorological service digital government and smart city. The systemic development suggestions are provided to build a new type of smart city meteorological service supply system with high quality and efficiently empower the smart city and digital government.

Keywords: Smart City; Smart Meteorology; Meteorological Services; Digital Government

B.9   Creating a Universal Health Information Platform and
Building a New Intelligent Medical Service Model
Lang Hai, *Chen Tinghan* / 135

Abstract: In the context of accelerating the construction of smart cities in China, Shenzhen Longhua District built a district-level universal health information service platform and realized the interconnection between various information platforms, which became a model for deepening the connotation of digital governance and innovative supervision mode in Shenzhen and even in the national medical system. Shenzhen Longhua District, Shenzhen City, has implemented the "114 Project" plan for intelligent medical care, which includes the construction of a regional health network and data center, a regional health information platform and four basic applications, the establishment of a regional unified medical comprehensive service system, and the promotion of the wisdom and precision of medical services for residents. To promote the optimization of smart medical services in Longhua District, Shenzhen, the parties concerned need to strengthen the data governance of medical services, work on continuous improvement of data standards, construction of data models, modification of data processing rules, development of data assessment and management mechanisms, and development of governance tools to continuously improve data quality; further develop business scenarios, take specialized medical care as the main breakthrough, and constantly enrich the medical and health big data Application system.

Keywords: Intelligent Medical Care; National Health Information Service Platform; Medical Health Big Data; Data Governance

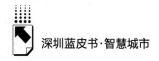

B . 10   Constructing a New Intelligent Aging and Community Service

Model in Shenzhen with Digital Technology

Zhu Dongwen, *Shen Qining and Hong Jiadan* / 142

Abstract: Senior care service is a significant project of people's livelihood, and the community is the basic unit of a city, which concerns the well-being of hundreds of millions of people, social harmony and stability, and the overall development of the country. At present, the age structure of Shenzhen's population is relatively young. Still, in the future, there is a trend of "old age" and "rapid aging" as the early builders in Shenzhen become old in batches and senior citizens. A smart community refers to a model that integrates all kinds of existing service resources in the community through intelligent technology to provide a variety of convenient services for community residents, such as government affairs, living, entertainment, and medical care. Beijing, Shanghai, Guangdong Province, and Shenzhen are at the forefront of smart community construction in China because of their advanced economy and digital foundation. Using digital technology as the basis to empower the elderly and community services, based on digital space and digital services, to enhance the specialization and refinement of elderly and community services, all-round reconstruction of the way of life, accelerate the construction of digital Shenzhen's new intelligent elderly and community service model.

Keywords: Smart Senior Care; Smart Community; Digital Life; Digital Technology

V   Laws and Regulations Part

B . 11   Shenzhen Data Protection and Open Legislation Study

Guo Chen, *Zhao Yingying*, *Wu Hongliang and Yang Yaying* / 154

Abstract: Data legislation is a critical path for developing a digital society. It is a common practice in the world to guarantee data's healthy and orderly development by means of legislation. Driven by the goal of "Network power" and "digital China," national and local governments have been accelerating the pace of data legislation and issuing local regulations, rules, or action plans on data. Shenzhen data legislation will distinguish data into personal data, legal person data, unincorporated organization data, government data, and public data according to the different data source subjects, and based on the definition of data subjects and their corresponding rights and obligations, the data will be divided into five levels according to the sensitivity of the data source subjects to various types of data. A dynamic adjustment list and corresponding disposal rules will be established for the data at all levels to provide data subjects in data collection, storage, utilization, circulation and security protection, etc. , to provide legal regulation. The Shenzhen Special Economic Zone Data Regulations are formulated on this basis.

Keywords: Data Legislation; Data Governance; Smart City; Shenzhen Special Economic Zone Data Regulations

B. 12 Study on the Governance Practice and Enhancement Path of Shenzhen's Smart Rule of Law

Deng Daqi, *Wang Gong* / 171

Abstract: "Smart City" is a new stage of China's urbanization into the digital era embracing digital technology, and "Smart Rule of Law" is a modern concept introduced with the development of science and technology. As a special economic zone, Shenzhen needs to improve its institutional system and integrate smart city reform into the rule of law to promote smart city reform further. At the same time, Shenzhen is also actively improving the smart rule of law in law enforcement, justice, and even legal services. We have achieved the stage of "the smart rule of law" construction and reform. Shenzhen has achieved remarkable results in the construction of the smart city. Still, it has not effectively established a city-wide integrated planning, construction, and operation management mechanism, the urgent need to improve the system of the smart city through the form of special legislation to strengthen planning and management coordination and departmental coordination, for the development of Shenzhen city, for the construction of the smart rule of law to provide a solid guarantee of the rule of law. The current problems of the construction of the rule of law in Shenzhen are mainly reflected in the following: first, the level of intelligent construction varies and needs a unified standard; second, the level of application of intelligent technology still needs to be higher. To solve these problems, it is necessary to improve the legal system support further, improve the substantive application of science and technology in the construction of the smart rule of law, unify science and technology with law, and achieve the goal of compatibility of the smart rule of law to promote the modernization of social governance in Shenzhen.

Keywords: Smart City; the Smart Rule of Law; Big Data; Intelligence; Modernization of Governance

VI   International Part

Abstract: International smart cities have been developed for decades. The United States, the United Kingdom, Singapore, Japan, South Korea, China, and other representative countries have a focus on the construction of smart cities through the relevant horizontal comparison. Trend analysis, each typical regional smart city development history, construction mode, involved areas, significant players, future development concerns, and the current development problems deserve attention. The international smart city construction presents five major trends such as e-government becoming the main support, further integration of infrastructure construction and smart technology, further increase of opportunities for public participation in smart city construction, the establishment of a more efficient comprehensive coordination mechanism, and big data becoming an important driving force for smart city development.

Keywords: Smart City; New Smart City; Digital Government; Construction Mode

B.14　Analysis of Research Hotspots and Development Status of
　　　　Foreign Smart Cities

Yang Yang, *Si Yuqi and Chen Huan* / 203

Abstract: Smart cities play an essential role in promoting the development of the digital economy, improving the level of urban governance, cracking the big city disease, and improving the quality of public services, and are the core direction of urban development in the world. To systematically and comprehensively understand the research hotspots and development status of foreign smart cities, this paper first reviews and summarizes 2, 758 smart city literature published between 1999 and 2021 using bibliometric analysis and then selects Singapore, London, and New York for analysis. Lastly, it is advocated that the development of a smart city should be "people-oriented," allowing residents to enjoy the comfort and convenience brought about by creating a smart city and planning and constructing smart cities according to local conditions. Furthermore, it is vital to pay close attention to "sharing and opening" to use big data's value successfully.

Keywords: Smart City; COVID-19 Epidemic; Digital Economy; Information Technology

社会科学文献出版社

皮 书

智库成果出版与传播平台

❖ 皮书定义 ❖

皮书是对中国与世界发展状况和热点问题进行年度监测，以专业的角度、专家的视野和实证研究方法，针对某一领域或区域现状与发展态势展开分析和预测，具备前沿性、原创性、实证性、连续性、时效性等特点的公开出版物，由一系列权威研究报告组成。

❖ 皮书作者 ❖

皮书系列报告作者以国内外一流研究机构、知名高校等重点智库的研究人员为主，多为相关领域一流专家学者，他们的观点代表了当下学界对中国与世界的现实和未来最高水平的解读与分析。截至 2021 年底，皮书研创机构逾千家，报告作者累计超过 10 万人。

❖ 皮书荣誉 ❖

皮书作为中国社会科学院基础理论研究与应用对策研究融合发展的代表性成果，不仅是哲学社会科学工作者服务中国特色社会主义现代化建设的重要成果，更是助力中国特色新型智库建设、构建中国特色哲学社会科学"三大体系"的重要平台。皮书系列先后被列入"十二五""十三五""十四五"时期国家重点出版物出版专项规划项目；2013~2022 年，重点皮书列入中国社会科学院国家哲学社会科学创新工程项目。

权威报告·连续出版·独家资源

皮书数据库
ANNUAL REPORT(YEARBOOK)
DATABASE

分析解读当下中国发展变迁的高端智库平台

所获荣誉

- 2020年，入选全国新闻出版深度融合发展创新案例
- 2019年，入选国家新闻出版署数字出版精品遴选推荐计划
- 2016年，入选"十三五"国家重点电子出版物出版规划骨干工程
- 2013年，荣获"中国出版政府奖·网络出版物奖"提名奖
- 连续多年荣获中国数字出版博览会"数字出版·优秀品牌"奖

皮书数据库

"社科数托邦"
微信公众号

成为会员

登录网址www.pishu.com.cn访问皮书数据库网站或下载皮书数据库APP，通过手机号码验证或邮箱验证即可成为皮书数据库会员。

会员福利

- 已注册用户购书后可免费获赠100元皮书数据库充值卡。刮开充值卡涂层获取充值密码，登录并进入"会员中心"—"在线充值"—"充值卡充值"，充值成功即可购买和查看数据库内容。
- 会员福利最终解释权归社会科学文献出版社所有。

数据库服务热线：400-008-6695
数据库服务QQ：2475522410
数据库服务邮箱：database@ssap.cn
图书销售热线：010-59367070/7028
图书服务QQ：1265056568
图书服务邮箱：duzhe@ssap.cn

社会科学文献出版社 皮书系列
SOCIAL SCIENCES ACADEMIC PRESS (CHINA)

卡号：222626451735
密码：

S 基本子库
UB DATABASE

中国社会发展数据库（下设 12 个专题子库）

紧扣人口、政治、外交、法律、教育、医疗卫生、资源环境等 12 个社会发展领域的前沿和热点，全面整合专业著作、智库报告、学术资讯、调研数据等类型资源，帮助用户追踪中国社会发展动态、研究社会发展战略与政策、了解社会热点问题、分析社会发展趋势。

中国经济发展数据库（下设 12 专题子库）

内容涵盖宏观经济、产业经济、工业经济、农业经济、财政金融、房地产经济、城市经济、商业贸易等 12 个重点经济领域，为把握经济运行态势、洞察经济发展规律、研判经济发展趋势、进行经济调控决策提供参考和依据。

中国行业发展数据库（下设 17 个专题子库）

以中国国民经济行业分类为依据，覆盖金融业、旅游业、交通运输业、能源矿产业、制造业等 100 多个行业，跟踪分析国民经济相关行业市场运行状况和政策导向，汇集行业发展前沿资讯，为投资、从业及各种经济决策提供理论支撑和实践指导。

中国区域发展数据库（下设 4 个专题子库）

对中国特定区域内的经济、社会、文化等领域现状与发展情况进行深度分析和预测，涉及省级行政区、城市群、城市、农村等不同维度，研究层级至县及县以下行政区，为学者研究地方经济社会宏观态势、经验模式、发展案例提供支撑，为地方政府决策提供参考。

中国文化传媒数据库（下设 18 个专题子库）

内容覆盖文化产业、新闻传播、电影娱乐、文学艺术、群众文化、图书情报等 18 个重点研究领域，聚焦文化传媒领域发展前沿、热点话题、行业实践，服务用户的教学科研、文化投资、企业规划等需要。

世界经济与国际关系数据库（下设 6 个专题子库）

整合世界经济、国际政治、世界文化与科技、全球性问题、国际组织与国际法、区域研究 6 大领域研究成果，对世界经济形势、国际形势进行连续性深度分析，对年度热点问题进行专题解读，为研判全球发展趋势提供事实和数据支持。

法律声明

"皮书系列"（含蓝皮书、绿皮书、黄皮书）之品牌由社会科学文献出版社最早使用并持续至今，现已被中国图书行业所熟知。"皮书系列"的相关商标已在国家商标管理部门商标局注册，包括但不限于LOGO（ ▨ ）、皮书、Pishu、经济蓝皮书、社会蓝皮书等。"皮书系列"图书的注册商标专用权及封面设计、版式设计的著作权均为社会科学文献出版社所有。未经社会科学文献出版社书面授权许可，任何使用与"皮书系列"图书注册商标、封面设计、版式设计相同或者近似的文字、图形或其组合的行为均系侵权行为。

经作者授权，本书的专有出版权及信息网络传播权等为社会科学文献出版社享有。未经社会科学文献出版社书面授权许可，任何就本书内容的复制、发行或以数字形式进行网络传播的行为均系侵权行为。

社会科学文献出版社将通过法律途径追究上述侵权行为的法律责任，维护自身合法权益。

欢迎社会各界人士对侵犯社会科学文献出版社上述权利的侵权行为进行举报。电话：010-59367121，电子邮箱：fawubu@ssap.cn。

社会科学文献出版社